Ruth von Wedemeyer
In des Teufels Gasthaus

Ruth von Wedemeyer

In des Teufels Gasthaus

Eine preußische Familie
1918–1945

Herausgegeben von
Peter von Wedemeyer und
Peter Zimmerling

Brendow Buch Kunst Verlag

Quellenhinweis
Abbildungen: S. 156 Schlabrendorff, Wiesbaden;
S. 161 © Chr. Kaiser/Gütersloher Verlagshaus, Gütersloh;
alle übrigen Abbildungen stammen aus Familienbesitz.

Texte: S. 112 ff., 160 f., 163 f.
© Chr. Kaiser/Gütersloher Verlagshaus, Gütersloh

Die Deutsche Bibliothek – CIP-Einheitsaufnahme

Wedemeyer, Ruth von:
In des Teufels Gasthaus : eine preussische Familie ;
1918–1945 / Ruth von Wedemeyer.
Hrsg. von Peter von Wedemeyer und Peter Zimmerling. –
2. Aufl. – Moers : Brendow, 1994
(Edition C : C ; 396)
ISBN 3-87067-493-8
NE: Wedemeyer, Ruth von;
Wedemeyer, Peter von [Hrsg.]; Edition C/C

2. Auflage 1994
ISBN 3-87067-493-8
Edition C, Reihe C 396

Einbandgestaltung: Büro für Gestaltung init, Bielefeld
Printed in Germany

Inhalt

Meiner Tochter Maria
in Liebe zugeeignet

Vorwort

Im Herbst 1990 waren wir als Kommunität der «Offensive Junger Christen» zur Jahresklausur im Kloster Kirchberg, dem Berneuchener Haus bei Sulz am Neckar. Beim Stöbern in der Hausbibliothek fand Horst-Klaus Hofmann das kopierte Manuskript des nun vorliegenden Buches. Er gab es mir zu lesen, und ich war begeistert. Nach der nächtlichen Lektüre stand für mich fest: Dieses Buch müßte einer breiteren Öffentlichkeit zugänglich gemacht werden. Dankenswerterweise unterstützte mich Hans Steinacker, der Leiter des Brendow Verlags, von Anfang an bei diesem Vorhaben. Besonders dankbar bin ich, daß die Familie von Wedemeyer nach anfänglichem Zögern ihre Zustimmung zur Veröffentlichung gab und Peter von Wedemeyer als Mitherausgeber beauftragte.

Die vorliegenden Erinnerungen an Hans von Wedemeyer stellen ein einzigartiges Zeugnis der Bewährung des christlichen Glaubens in schwerer Zeit dar: Der lebendige Christus ist da, auch wenn sonst alles zusammenbricht. Das vorliegende Buch ermutigt, Gott zu vertrauen. Daneben zeigt es, daß der Glaube eine unvergleichliche Quelle der Inspiration darstellt. Christsein muß weder Lebensbeschränkung noch Rückzug aus der Weltverantwortung bedeuten. Die nachfolgenden Seiten belegen, daß Christsein vielmehr zur Lebensfreude und zur Verantwortung befreit.

Wer war Hans von Wedemeyer?

Aus allen Facetten seines Lebens geht hervor, daß er ein außergewöhnlicher Mann gewesen ist. Das gilt zunächst für sein Wirken als politischer Mensch: Franz von Papen, Hans von Wedemeyers Freund aus dem Ersten Weltkrieg, war von Hindenburg im Mai 1932 zum Reichskanzler ernannt worden. Hans suchte ihn in einsamer und resignierter Lage auf, um ihm in dieser verzweifelten Situation zu helfen. So hat er in der für Deutschland entscheidenden Zeit vom 17. November 1932 bis Ende Mai 1933 Papen beratend zur Seite gestanden. Er hatte den Auftrag, ihm bei der Zusammenstellung eines neuen Kabinetts zu helfen, das eine Beteiligung der Nationalsozialisten an der Regierung verhindern sollte. Sowohl bei Unterredungen mit Hitler wie auch mit Göring und anderen nationalsozialistischen Führern war Hans von Wedemeyer als dritter Mann zugegen. Die Autorin, seine Frau Ruth, schreibt von dieser Zeit: «Dann kam es vor, daß er mitten in der Nacht aufrecht in seinem Bett saß und alle Schrecken kommen sah, die uns dann tatsächlich beschieden waren: den Zusammenbruch der alten Welt ohne Hoffnung...» Prophetisch hat Hans von Wedemeyer das Unheil vorhergesehen, das Deutschland treffen würde. Trotzdem scheute er keine Minute davor zurück, weiterhin Verantwortung zu übernehmen. Das zeigte sich auch an den ständigen Diskussionen in Pätzig über die Rangordnung der Werte. Immer war Hans von Wedemeyer darum bemüht, den roten Faden im Leben zu finden und festzuhalten.

Auch als Soldat ist er sich selbst treu geblieben. Die Ausbildung als Rekrut hatte ihm gezeigt, daß man seiner selbst gewiß sein muß, um scheinbar demütigende Gehorsamsforderungen nicht als persönlichkeitszerstörend zu empfinden. Nur aufgrund dieser Erziehung wie auch der seines Elternhauses wird verständlich, daß er später in Familie und Beruf selbst so sehr Autorität war und Menschen an ihm wachsen konnten.

Die Ehe zwischen ihm und seiner Frau Ruth muß außergewöhnlich glücklich gewesen sein. So berichten es alle, die sie gekannt haben. Die entsprechenden Abschnitte der Erinnerungen zeigen, daß Hans von Wedemeyer gerade seiner Ehe viel Zeit und Kraft gewidmet hat. Es ging ihm um vollständige Transparenz zwischen den Ehepartnern. Kein Schatten eines Unverständnisses sollte ihre Gemeinschaft trüben. In einer bindungsscheuen Zeit, die vom Zerbruch menschlicher Beziehungen in der Gesellschaft geprägt ist, stellt ein solches Zeugnis heute eine große Herausforderung dar.

Als Mann charakterisiert Hans von Wedemeyer eine besondere Mischung von Zartheit und Konsequenz. War es ihm in seiner Jugend äußerst wichtig, die Wahrheit über jede Sache herauszufinden und zu verbreiten, so daß er gelegentlich die Menschen darüber vergessen konnte, wurde ihm mit zunehmendem Alter der einzelne Mensch immer wichtiger und die Erforschung dessen, was diesem im Augenblick not tat.

Den Familienvater charakterisiert ein ausgeprochenes pädagogisches Geschick. Er ist in seinen Erziehungsgrundsätzen fordernd. Doch vermittelt er gleichzeitig allen seinen Kindern und Mitarbeitern, daß er sie bedingungslos zu lieben sucht. Sie waren gewollt, geliebt und wurden gebraucht. – So könnte man seine Einstellung der Großfamilie im Gutshaus gegenüber beschreiben. Die Lebensweise in Pätzig unterschied sich wesentlich von einer heutigen Kleinfamilie. Bei einer siebenköpfigen Kinderschar war eine Überbehütung des einzelnen gar nicht möglich. Hinzu kam das Eingebettetsein in den Gesamtrahmen des großen Gutsbetriebes. Stille und Andacht am Morgen waren die Basis des alltäglichen Zusammenlebens. Man wurde nicht gezwungen, die Andachten zu besuchen. Doch spürte jeder sehr schnell, daß in ihnen die einende Mitte des gemeinsamen Lebens lag.

Hans von Wedemeyer gehört zu den Gründungsmitgliedern der Berneuchener Bewegung, aus der später die Michaelsbruderschaft hervorgegangen ist. Es ging ihm darum, die Nähe Gottes mitten in der Welt zu erfahren. Dankbarkeit wurde darum für ihn zum hervorragenden Lebenselement. – Genau dies versucht auch die «Offensive Junger Christen» heute als seelsorgerliche Grundhaltung auf Schloß Reichenberg vielen Teilnehmern der Seelsorge-Kurse und den jungen Erwachsenen unserer Lebensgemeinschaft mitzugeben.

Als Landwirt war Hans von Wedemeyer ein Mensch, der die Natur achtete und hegte. Selbst in seinen Briefen aus dem Krieg spricht noch seine Liebe zur Natur. Er hatte mitten in den unmenschlichen Kämpfen an der Ostfront noch Augen für die Schönheit der Schöpfung. Seine Ausführungen sind angefüllt mit Poesie.

Schließlich war er von seinem ganzen Selbstverständnis her Preuße. Er fühlte sich immer für das Gemeinwohl mitverantwortlich. Damit verbunden war die Bereitschaft, das Recht im Land weit über den eigenen Vorteil und das eigene Wohlergehen zu stellen.

Hans von Wedemeyer hatte die Freiheit, furchtlos in unmittelbarem Kontakt mit Gott zu leben und bereit zu sein, diese Überzeugung zu bekennen. So schreibt es seine Frau Ruth.

Unserer Gesellschaft ist die Verantwortung des einzelnen für andere fremd geworden. Sich durchzusetzen auf Kosten des Nächsten, gilt als normal. Vor diesem Hintergrund soll das vorliegende Buch eine Hilfe zum Nachdenken und zum Umdenken werden. So empfehle ich es allen, Jungen und Alten, die als Christen Verantwortung für ihre Mitmenschen übernehmen wollen.

Ich danke der Großfamilie der «Offensive Junger Christen» in Reichelsheim im Odenwald für die Hilfe bei der Erstellung der Druckvorlage sowie besonders Gerrit Boomgaarden, Helmut Hammer, Evelyn Hoffmann, Philipp Meier, Tobias Weisflog und Michael Weyer-Menkhoff.

Schloß Reichenberg — Peter Zimmerling

Einführung

1965 holte mein Bruder Hans-Werner unsere Mutter zu sich in den Schwarzwald in die Stille und Geborgenheit seiner Gaststube. Er fühlte, daß sie in diesem Moment die Kraft hatte, Rückschau zu halten. So schrieb sie in wenigen Wochen ihre Lebensgeschichte mit ihrem Mann nieder. Heiße Tränen mischten sich mit großem Glücksempfinden. Sie verstand selber kaum, wie unter ihren Händen die Gestaltung dieser Erinnerungen entstand.

Ich selber war als der Jüngste nach dem Krieg lange an ihrer Seite und erlebte, wie sie bis an ihr Ende im inneren Dialog mit meinem schon 1942 gefallenen Vater war. Gerade deswegen bin ich für dieses Buch besonders dankbar, weil es, im Grunde für die Enkel geschrieben, meinen Vater und die Welt meines Herkommens schildert. Für mich, der ich jetzt kaum älter bin als Vater zum Zeitpunkt seines Todes 1942, ist diese Zeit 1918–1945 recht schwer zu verstehen. Das Buch regt mich an zum Dialog mit der noch lebenden Generation vor mir und insbesondere mit meinen Geschwistern, die Vater noch als Vater erlebt haben und mir noch die Auseinandersetzung mit dem Nationalsozialismus vermitteln können. Dabei fehlt allerdings meine Schwester Maria. Sie starb 1977 in Boston. Sie stand unserem Vater besonders nah. Ich vermute, daß Mutter ihr deshalb dieses Buch widmete.

So ist ein Gedanke an sie, ihre unendlich glückliche und so schmerzvoll endende Verbindung zu Dietrich Bonhoeffer in den «Erinnerungen an die Familie» enthalten. Seine Freundschaft mit unserer Großmutter, Ruth von Kleist-Retzow, die der Verlobung vorausging, wird von meiner Schwester Ruth-Alice beschrieben, die beide besser als ich gekannt hat. Sie schreibt auch über das Engagement unserer Eltern im Entstehen der liturgischen Bewegung, an dem sie selbst beteiligt war (s. S. 211).

Die Urfassung des Buches, so wie es meine Mutter für die Enkel geschrieben hat, wurde von Peter Zimmerling leicht bearbeitet. Das gilt auch für die Kapitelordnung und die Überschriften. Hinzugefügt wurden drei Briefe meiner Großmutter Ruth von Kleist-Retzow an Dietrich Bonhoeffer, für deren Abdruckrechte ich Konstantin von Kleist-Retzow danke, und Mutters Bericht über ihre Reise ans Sterbebett ihrer Mutter in Pommern im Oktober 1945. Mutters besonderes Verantwortungsbewußtsein ihr und dem ganzen Dorf gegenüber läßt die enormen Gefahren beiseite, sich der Vertreibung entgegen nach Osten durchzuschlagen. Sie erreicht die Mutter in der letzten Lebensstunde, wird gefangengenommen, bricht aus, findet die Pätziger Dorfbewohner, die über die Oder nach Hohenfinow ausgewiesen waren, und kehrt nach sechs Wochen zurück zu ihren teils noch kleinen Kindern.

Im Anschluß daran habe ich einen kurzen Abschnitt über das Leben meiner Mutter nach dem Zweiten Weltkrieg geschrieben.

Anmerkungen, Lebensdaten, Ahnentafeln und Orientierungskarte sind zum Verständnis und zur leichteren Lesbarkeit des Buches beigefügt.

Ich danke allen, die mir bei der Vervollständigung und Herausgabe dieses Buches geholfen haben, insbesondere meinen Geschwistern Ruth-Alice und Hans-Werner.

Peter von Wedemeyer

I.

Hans von Wedemeyer –
Erinnerungen aus seinem Leben

Liebe Kinder!

Hier gebe ich Euch mit Freuden meine Erinnerungen an Euren Vater in die Hände. Lest sie oder lest sie nicht. Aber um eins bitte ich Euch: Hebt sie auf für Eure Kinder. Denn ich habe dies nicht leicht dahingeschrieben. Ich habe nichts beschönigt und nichts verschwiegen. Und weil ich mich nur schwer an dieses Werk herantraute, darum schrieb ich, was mir zufloß. Es wuchs mir unter den Händen wie ein Strom, den ich nicht halten konnte, der mich ergriff, mich trug und mich glücklich machte. So ist es kein geordneter Lebenslauf geworden. Es wird also nötig sein, daß Ihr beim Lesen meine Sprünge durch die Zeiten in ihrem inneren Zusammenhang mitvollzieht oder Euch herausgreift, was gerade interessiert.

Wenn Ihr es lest, so laßt dabei keinen Schatten in Eurer Seele haften. Das wäre nicht im Sinne dessen, dem die Zeilen gelten und der bis zuletzt ungewöhnlich bescheiden von sich und ungewöhnlich gütig über andere dachte. Freut Euch vielmehr, daß er Euer Vater war und eifert ihm nach!

Ruth von Wedemeyer, Weihnachten 1965

Es begann in Pommern

Unsere Verlobung 1918

Es begann in Kieckow im Kreis Belgard a. d. Persante in Pommern. Dort waren wir seit 1914 auf dem väterlichen Gut der Kleist-Retzows zu gemeinsamer Arbeit vereint: wir drei Schwestern Spes Stahlberg, Maria von Bismarck und ich und meine Schwägerin Maria (Mieze) geb. von Diest als Hausfrau, samt den jeweiligen Kindern, und vor allen Dingen meine Mutter als unser geistiges Oberhaupt. Ein kluger Besucher hat uns damals mit einem gut gestimmten Orchester verglichen, meine Mutter mit dem Dirigenten. Ich hatte seit dreieinhalb Jahren das Gutsbüro in der Hand, keine ganz leichte Sache für mich. Als ich es übernahm, war ich 17 Jahre alt und bar jeglicher Ausbildung und Anleitung. Im ersten Krieg gab es kaum U.K.-Stellungen.[1] Der Gutsherr, mein Bruder Hans-Jürgen, samt Beamten und Rechnungsführer wurden sofort zum Heeresdienst einberufen. Die Güter umfaßten ca. 6000 Morgen. In Klein-Krössin gab es noch einen tüchtigen alten Hofmeister, aber Kieckow wurde in dieser Zeit von einem im Grunde schon ausgedienten und an starken Verkalkungssymptomen leidenden Beamten verwaltet. Die guten Pferde wurden sofort ausgemustert, außerdem im Laufe der Jahre 80 Mann der Belegschaft. Es blieben keinerlei motorische Acker- oder Fahrgeräte. Die Kriegsgesetze für die Landwirtschaft strotzten vor Unerfahrenheit der Behörden. Um nur ein Beispiel zu nennen: Es wurde von uns verlangt, mit drei Pfund Hafer als Futter für die Pferde täglich auszukommen. Natürlich wurden dafür nicht etwa Kraftfuttermittel in annähernd ausreichendem Maße angeboten.

Aber jeder von uns war tief davon durchdrungen, daß es in Gedanken an unsere Soldaten draußen und an unser Vaterland um den letzten und höchsten Einsatz von einem jeden ging. Es war uns zumute, als stünde unser allereigenstes Haus in hellen Flammen. Ich habe in diesen Jahren arbeiten und auch etwas mit Menschen und Behörden umgehen gelernt. Wir lebten bereits unter den Zeichen der Enderscheinungen des Krieges, ohne daß wir Frauen das so ganz übersehen hätten oder sehen wollten.

Es war am 14. August 1918. Noch sehe ich vor meinen Augen den breiten Doppelbogen, mit großlinigen, aber schlichten Schriftzügen weiträumig bedeckt und mit den zwei ebenso groß oder klein geschriebenen Wörtern – Hans Wedemeyer – unterzeichnet, vor meiner Mutter liegen. Eine Anfrage aus dem Fliegerhorst in Köslin. Er sei soeben aus dem Schlamassel in der Türkei lebend heimgekehrt und wolle nach seiner dortigen Verwendung als Fliegerbeobachter nunmehr auf den Flugzeugführer schulen. Ob er uns besuchen dürfe.

Noch nie hatte ich den Namen Wedemeyer gehört oder gelesen. Und dann sehe ich ihn – unvergeßlich – im großen düsteren Wohnzimmer rechts gegen das Fenster sitzend und aufspringen, als ich ins Zimmer trat. Vor wenigen Minuten war er eingetroffen und schon tief im Gespräch mit der großen Runde, vor allem mit meiner Mutter, untergetaucht. Schon jetzt war er wie ein alter Hausfreund einbezogen. Der äußere Eindruck war genau der, den das Bild mit Papen[2] und seinem Fuchs in Israel wiedergibt.

Mein Bruder Konstantin war vor 14 Monaten als Flieger gefallen. Vor eineinhalb Jahren hatten wir ihn zum letzten Mal gesehen. Die Erinnerung war im Begriff zu verblassen. Wir hatten auf diesen Sohn und Bruder große Hoffnungen gesetzt, hatten ihn heiß geliebt und waren immer noch schwer geschlagen davon, ihn entbehren zu müssen. Und in dieser Stunde wurde jeder einzelne von uns erfaßt von dem Eindruck der Ähnlichkeit dieses völlig fremd in unserem Haus auftauchenden Herrn von Wedemeyer mit unserem Konstantin. Als sei dieser auferstanden, so wirkte Hans auf uns, und jeder suchte, möglichst unauffällig, diesem Wunder an Ähnlichkeit gegenüberzusitzen, um die frisch werdende Erinnerung in sich aufnehmen und genießen zu können. Schon allein dies sonderbare

Geschenk brachte Hans jedem von uns sehr schnell nah. Aber zugleich stimmten die Anschauungen über die Weltlage, über die Fragen der Monarchie und vieles andere erstaunlich überein.

Ich sehe noch den großen Kreis von über 20 Menschen auf der geräumigen Glasveranda vereinigt. Sie gab einen weiten Blick frei über den Garten hinweg in Wiesen und Wälder. Da breitete rechts die nun schon mächtige Eiche ihre Äste, die mein Vater als kleiner Junge gepflanzt hatte. Immer war sie uns wie ein Vermächtnis von ihm. Der Garten setzte sich in einem uns Kinder als Urwald anmutenden Teil fort. Mit begrüntem Teich, Sumpf und Brennesselmengen reizte er in seiner Wildheit unsere Phantasie und entfaltete unser freiheitliches Gefühl, unseren Mut. Er war der Tummelplatz unserer Kindheit, und vor allem wird keiner von uns die Räuber- und Prinzessinnen-Spiele vergessen, bei denen alle mittaten, auch die Erwachsenen, und deren besonderer Reiz in ihrer Ausdehnung bis zur völligen Dunkelheit lag. Hier war meine Heimat.

Nun waren wir schon bei zentralen und ernsten Themen gelandet. Hans forderte sich eine Bibel, um irgendeine Aussage belegen zu können. Die Wogen vertrauensvoller Gespräche gingen hoch und trösteten uns in harten, unheilvoll drohenden Tagen. Es wurde draußen dunkel, und die spätsommerlichen Nebel zogen in bewegten Schwaden über die weiten Gartenwiesen, als wir zum Abendbrot ins Haus aufbrachen. Ein schöner Klavierabend mit Tante Pessi[3] folgte. Auch sangen wir vier[4] Schwestern unsere vierstimmigen Chöre unter ihrer Leitung. Keiner hat wohl diesen feierlich harmonischen Tag kurz vor dem bösen Kriegsende je vergessen können.

Am Sonntag gab es dann einen großen Familienspaziergang. Dabei fügte es sich, daß wir beide höchstens zwei oder drei kaum wesentliche Sätze miteinander sprachen. Dann saßen wir alle in der Kiefernschonung südwestlich vom Klepperberg auf flachen, im Kreis liegenden Steinen, dem «Konstantin-Gedenkplatz». Hans erzählte seine Patrouille. Zum ersten Male erzählte er sie ausführlich, diese Feindpatrouille tief ins französische Land hinein, vor nunmehr genau vier Jahren. Der Gast fuhr wieder ab, wir alle waren durchwärmt von seiner bezaubernden Gegenwart.

Aber mir wäre es damals keinen Augenblick eingefallen, darüber nachzudenken, ob ich ihm einmal nähertreten könnte. Dagegen er, auf seinem Rückweg nach Köslin in Belgard (das war meine Geburtsstadt) auf den Anschlußzug wartend, ging in die Kirche am Markt, ohne zu ahnen, daß ich dort getauft war, und saß dort im Dämmern, um alles Erlebte zu bedenken. Dort geschah es, daß er von der, wie er's empfand, jubelnden Gewißheit erfaßt wurde: «Dies Mädchen wird meine Frau werden!» Vielleicht hat meine Mutter auch an dieses erstaunliche Ereignis gedacht, als sie bei unserer Hochzeit mit so starker Pointierung von der Realität des Vätersegens zu uns sprach.

Die Wedemeyer- und die Kleist-Eltern waren sich vor 21 Jahren in Bad Nauheim begegnet, nicht lange vor meines Vaters Tod, und sie hatten sich, für alle Teile aufregend, verstanden. Ein Wiedersehen hatte sich nie ereignet, aber von diesem Eindruck her riet meine Schwiegermutter ihrem Sohn, sich Kieckow anzusehen und Frau von Kleist zu besuchen.

Jetzt, im September 1918, suchte Hans seine Mutter auf – sie war zur Kur in Wiesbaden – und erzählte ihr ohne Umschweife, er würde mich heiraten. Auf die zutiefst erschrockenen und eindringlichen Fragen, wie denn das Mädchen sei, wie alt, wie sie aussehe, was ihm an ihr gefalle, lehnte er jegliche nähere Antwort ab. «Das weiß ich alles nicht, ich weiß lediglich, daß ich sie heiraten werde.» Bald danach, bei einem Brunftabend in Schönrade, erzählte Hans dann unumwunden von seinen positiven Eindrücken in Kieckow. Die Geschwister wurden hellhörig und bestürmten ihn schließlich eindringlich, ob da nicht noch ein Mädchen sei, – ja, ja, da sei doch noch eine, die solle er nur heiraten.

Hans in der Gewißheit, daß er den schlauen Bruder nur mit großer Sicherheit zu täuschen vermochte, erklärte, einer spontanen Eingebung folgend: «Ja, aber die ist klein und dick und sitzt den ganzen Tag im Büro.» Betretenes Schweigen war die Antwort.

Etwa zum 10. Oktober hatte meine Mutter sich Hans' Schwester, Anne Klitzing, als Cläre Waechters Freundin nach Kieckow eingeladen. Hans sollte einen Bock schießen. Er wollte sich mit seiner in seine Geheimnisse eingeweihten Schwester dort treffen. Am ersten

Morgen nach der Frühstückstafel, die für 24 Personen ausnahmsweise sogar mit Mutter geziert war und ohne Wrukenmarmelade[5] wie sonst täglich, hörte ich Hans beim Aufstehen in souveräner Harmlosigkeit sagen: «Gnädige Frau, ich würde gern noch eine Frage mit Ihnen allein besprechen.» Diese in der Öffentlichkeit gestellte Frage konnte in den Augen der anderen nichts bedeuten. Nun hatte meine Mutter eine Anlage zur Hellsichtigkeit. Aber außer ihr konnte gewiß keiner sich vorstellen, daß ein Mensch die Freiheit besaß, eine derart gravierende Unterredung, wie sie jetzt folgen sollte, der allgemeinen Beurteilung auszusetzen. Das war am 12. Oktober 1918, als Hans meine Mutter in aller Form bat, um mich werben zu dürfen. «Lieben Sie denn meine Tochter?» war die erstaunte Frage. «Nein, aber ich weiß, daß ich sie heiraten möchte und muß, und ich glaube, daß das Vertrauen die wichtigste Grundlage ist!» – «Glauben Sie denn, daß meine Tocher Sie liebt?» «Das weiß ich ebenso wenig, aber ich habe ja auch noch kaum mit ihr gesprochen.»

Eine gemeinsame Wagenfahrt wurde verabredet. Anne und Mutter hinten, Hans und ich auf dem Bock. Mutter mußte diesen Plan gegen den heftigen Widerspruch von Spes, Mieze, Maria und zuletzt natürlich auch gegen den von mir in vier Einzelgesprächen durchsetzen. Die drei Schwestern fürchteten zornig, Mutter würde mich diesem von allen geliebten Freund auf silbernem Teller präsentieren und etwas, was sich möglicherweise einmal anbahnen könnte, von vornherein gänzlich verderben. Geradezu aufdringlich fanden sie diese Idee und absurd. Aber Mutter konnte eine gute Klinge schlagen und erklärte, sie seien alle zusammen altmodisch, wenn sie den jungen Leuten die Chance zu einer zwanglosen Begegnung nicht gönnen wollten und ihnen durch ihr Mißtrauen jede Harmlosigkeit nähmen. Als letzte von dem Plan orientiert, erklärte ich, daß dies am Samstag und wegen der Lohnabrechnung unter gar keinen Umständen für mich in Frage komme. Außerdem sei jeder einzelne von den Geschwistern eher berechtigt, mitzufahren und würde Wedemeyer mehr interessieren. Mutter setzte ihren Plan durch, und nun saß ich plötzlich doch neben ihm. Dies wurde bis in die Dunkelheit mit angeknackster Deichsel, die notdürftig mit

Draht von uns beiden geflickt werden mußte, die schönste und wichtigste Fahrt meines Lebens. Es ging um lauter sachliche Fragen. Er spielte mir den Ball zu, und ich warf ihn spielend zurück. Wir verstanden uns.

Seit jenen Stunden wußte ich von dem Wehen des Heiligen Geistes, gleichgültig, worüber Menschen miteinander reden. Wußte etwas von der Glückseligkeit, die er auslöst. Meine Enkel werden hiernach ohne Frage denken: Wie umständlich, wie unnatürlich war doch jene Zeit! Warum mußte man mit großen Widerständen eine Wagenfahrt zu Vieren inszenieren? Wieviel einfacher wäre es gewesen, wenn Hans mich unmittelbar gefragt hätte, ob ich mit ihm spazierengehen wolle! Aber zu damaligen Zeiten und unter dem Schutz der Sitte wäre das eine Form der Werbung gewesen, mit der er das Mädchen kompromittiert hätte. (Man nannte das so und meinte «bloßstellen».) Außerdem wäre es für mich in hohem Maße erschreckend gewesen und hätte mich aller Voraussicht nach zu einer brüsken Ablehnung veranlaßt.

Am Abend stellte mir meine Mutter, die ich regelmäßig zu Bett brachte und die schon lag, eine vorsichtig tastende Frage. Mutter war meine Freundin. «Was würdest Du denn dazu meinen, Hans Wedemeyer zu heiraten?» Ich war empört über diese Frage. Ob sie mir durchaus künstlich Raupen in den Kopf setzen wolle? Ob sie mir zutraue, ich würde mich unglücklich machen lassen, wenn ich mich ein einziges Mal mit einem Mann gut unterhalten habe? Im übrigen empfände ich es für mich nach wie vor ganz unnötig zu heiraten. Meine Mutter war klug genug, sofort zu schweigen.

Am Sonntag war wieder ein Familienspaziergang. Diesmal aber waren wir schon im Gespräch, als es losging. Hans zeichnete mir im Sand mit seinem Stock lange den Verlauf des Anfahrtsweges in Pätzig auf, bis alle Hausgenossen uns überholt hatten. Ich war während vier Kriegsjahren in unserem abgelegenen Dorf fast ohne männliche Kontakte groß geworden. Heute scheint es mir rätselhaft, mit welchem Taktgefühl er diese Unterhaltung führte, offenbar bereits hellsichtig dafür, was ich ertragen konnte und was noch nicht. Aber er erzählte von seinem Vater, und ich spürte, daß er mir damit etwas für ihn sehr Wichtiges anvertraute. Am nächsten Morgen begegneten wir uns in der Diele. «Wie haben Sie geschlafen?» «Danke, gut!» «Ach, und ich habe schlecht geschlafen oder vielmehr gar nicht.» «Und ich habe Sie belogen, denn mir ging es ebenso.»

Diesmal fuhr Hans am Montagmorgen zur Garnison nach Schneidemühl, wohin er inzwischen versetzt worden war. Sein Bursche telefonierte sehr bald mit mir, der Herr Oberleutnant habe Grippe, käme aber dennoch am Sonnabend. Bursche Haase diktierte mir seine Adresse. Wir befanden uns gerade im Bereich einer oft tödlichen Grippe, die sich täglich weiter ausbreitete. Ich sorgte mich entsetzlich, rechnete bereits mit seinem baldigen Ende, und meine Empfindungen wechselten zwischen Seligkeit und Verzweiflung. In Wirklichkeit hatte ihn nur die ihm selbst sattsam bekannte

«... wie Ruth Kleist ist, wie alt sie ist, wie sie aussieht? – Das kann ich Euch alles nicht sagen, ich weiß nur, daß ich sie heiraten werde ...», sagt Hans von Wedemeyer zu seinen Eltern. Er verlobt sich mit Ruth von Kleist-Retzow am 18. Oktober 1918 in Kieckow.

sogenannte «Tour» überfallen, eine heftige Migräne, die ihn bei geistiger und körperlicher Überanstrengung öfter plagte. In diesem Falle kam sie ihm äußerst gelegen. Sie reichte dazu, daß er krank geschrieben und vom Dienst befreit wurde. Jetzt entwickelte er seine Aktivität. Hans war viel unterwegs, mußte beim Juwelier Proberinge einholen und sie wieder hinbringen und brauchte vor allen Dingen viel und geeignetes Briefpapier.

Er disponierte seine Zeit. Nach seiner geplanten Verlobung am 18.10. würden wir bis zum 21. in Kieckow verbleiben, dann bis zum 23. in Schönrade sein und am 24. in Pätzig im Beisein beider Mütter eintreffen. Die Brillantnadel, die ich noch heute trage, brachte er bereits mit. In einen aus Rosenholz geschnitzten Buchdeckel, den er in Jerusalem «für seine Frau» gefunden hatte, ließ er ein Gesangbuch einbinden und vorn mit Goldbuchstaben eindrukken: «Pätzig, 24.10.18». Außerdem schrieb er an seine Mutter und seine beiden noch nicht orientierten Schwestern Briefe voller übermütiger Glückseligkeit über seine erfolgte Verlobung.

Dieses alles unternahm Hans, bevor ein entscheidendes Gespräch sich ereignet hatte und obgleich die wirklich einzigen Liebesäußerungen zwischen uns die beiderseitigen Eingeständnisse einer schlechten Nacht gewesen waren. Nun kam noch der mit der Maschine geschriebene Brief an den langjährigen Beamten von Pätzig dazu («Vater Claus» hieß er bei uns). Dieser Brief enthielt lange Anweisungen, wie das sehr verwohnte und altmodische Haus für den Empfang der vier Personen hergerichtet werden sollte. Der alte Kutscher Gossow und ein Stalljunge mit zwei Kutschwagen sollten in Rostin sein. An der Grenze im Karlshöher Wald sollte Förster Gimm mit Hornsignal stehen, am Eingang der Lindenallee Vater Staek, der langjährige Hofmeier, mit Blumenstrauß und Rede. Vor dem Haus sollten uns die Schulkinder mit Herrn Lehrer Starke und mit Gesang erwarten. Im Saal sollte eine Reihe kleiner Fichten stehen, um die Wandnässe etwas zu verdecken. Rund um das Haus sollten die Hundeknochen gesammelt und entfernt werden; und natürlich sollte danach sorgsam gehackt und geharkt werden. Außerdem wünschte er reichlich Girlanden. Die Logierzimmer wurden bis ins einzelne schriftlich eingerichtet. Wie mögen die alten braven Claus', noch mitten im Krieg und Kriegsgeschrei, sich darüber erschrocken, aber sicherlich gleichzeitig amüsiert haben! Sie liebten Hans heiß und hatten sich nun die denkbar größte Mühe gegeben. Immerhin, all diese Briefe wurden noch nicht abgesandt. Er brachte sie zur Verlobung und der entscheidenden Frage an mich nach Kieckow mit, denn er wollte in diesen wichtigen Fragen keine Zeit mit Schreiben verlieren.

Inzwischen waren meine Taten sehr viel bescheidener. Mieze vertraute mir ihren Speisekammerschlüssel an – im vierten Kriegsjahr ein gehütetes Heiligtum –, und ich durfte aus wenigen Kostbarkeiten wählen, was ich nur wollte, um es für ihn zu verpacken. Ich schickte es wortlos nach Schneidemühl, wo er mit der vermeintlichen Grippe im Bett lag. Auch eine große «Medizinflasche» mit Cognac war dabei. Hans behauptete später, meine einzige Liebeserklärung sei die handschriftliche Widmung darauf gewesen: «Sehr gut gegen Grippe». Eine der letzten Rosen freilich wurde in ein hellblaues Kartonpapier gewickelt und mit Seidenband umwunden. Aber keine Aufschrift etwa, beileibe nicht! Noch war ja nichts geschehen.

Später erzählte Hans, die abendliche Fahrt im Bummelzug von Schneidemühl nach Villnow – etwa zwei Stunden – sei ihm ewig erschienen, aber nicht aus Ungeduld, sondern weil er – in einer ihm völlig neuen Gewißheit – die Vorfreude als eine Erfahrung zeitloser Ewigkeit genossen habe. Die bescheidene «Spinne» (Einspännerwagen) mit dem Kriegskutscher Plietz, einem geistig Behinderten, brachte ihn vom Dorf in den Hof, wie es üblich war. Dort bog der Weg nach rechts und noch einmal rechts in die Lindenallee auf den Pflasterdamm, geradewegs zum Herrenhaus. Der Wagen rumpelte dem Haus entgegen, und vor dem Haus sah Hans zu seinem unbeschreibbaren Schrecken erneut den großen Schwarm der Hausgenossen auf der Terrasse stehen. Sie hatten sich um den gerade aus dem Dorf kommenden Grippearzt geschart, verzogen sich aber alle blitzschnell, als sein Wagen nahte. Der Wagen schlug auf dem runden Sandplatz mit der Friedenseiche von 1871 den gewohnten Kreis, um danach die alte Pflasterauffahrt heraufzuklappern. Meine Mutter stand oberhalb der Treppe allein zum Empfang bereit. Hans sprang vom Wagen, lief eilend die sechs Stufen hinauf, breitete seine Arme weit aus und rief «Mutterchen». Wortlos führte sie ihn in ihr grünes Wohnzimmer, den stillen Winkel des Hauses. Dort wartete ich bebend, und nun – alleingelassen – schloß er mich in seine Arme. Alle beiderseitig ausgedachten Reden fielen ins Wasser.

Ihr könnt dies alles nur wie ein Märchen oder wie eine romantische Legende lesen, aber dennoch ist jedes Wort Wahrheit und nicht etwa nachträglich glorifiziert. Und ich frage mich, ohne etwa vergleichen zu wollen, ob mir jemals ein Brautpaar begegnete, das so glückselig war wie wir.

Der will ’was und der kann ’was

Hans’ Weg nach Kieckow

Aus Hans’ selbstgeschriebenen Erinnerungen an seinen Vater könnt Ihr manches aus seiner Jugendzeit entnehmen und lesen, wie glücklich er an sie zurückdachte. Der offenbar einzige Schatten war die sehr schwere Krankheit des Vaters, der 1905 starb, als Hans 17 Jahre alt war.

Seine Schwester Anne Klitzing schreibt ein Wort über Vater Max, das ich hier an den Anfang setzen möchte. Dieser ist mit der heißen Mahnung an seine Nachkommen gestorben: «Seid wahr vor anderen und vor allem vor Euch selbst!» Sie schreibt weiter: «Wie bescheiden dachten doch unsere Eltern von ihren Kindern, daß sie mit diesem so vielversprechenden Sohn gar nichts hermachten. Im Gegenteil, sie richteten ihr Augenmerk immer wieder auf die Gefahr, die sich unter Hans’ Anlagen zeigte: seine ungeheure Zerstreutheit. Ja, sie machten sich darum ernste Sorgen. Ihre Strenge in diesem Punkt hat Hans weitgehend dazu verholfen, dieser Anlage Herr zu werden.» Hans machte das Abitur als 20jähriger. Dazwischen lagen eine Nierenerkrankung und ein längerer Palästina-Aufenthalt. Nach dem juristischen Studium in Heidelberg und Breslau war er Referendar. Im Sommer 1910 arbeitete er fieberhaft an seiner Dissertation und befaßte sich meiner Erinnerung nach mit dem Thema, inwieweit die Nichtigkeit eines Rechtsgeschäftes durch die Unmöglichkeit seiner Durchführung bedingt oder herbeigeführt wird. Dem zensierenden Professor war das Thema langweilig und das Lesen unbequem. Er ließ Hans immer wieder zu sich kommen, hatte aber jedesmal nur hineingeguckt und nicht gelesen. Nach Hans’ Meinung mußte die Arbeit zur Doktorwürde reichen. Wochenlang ging das so weiter, bis schließlich Hans die Geduld riß. Zu Hause schrieen die Hirsche. Sollte er hier des dämlichen kleinen Titels wegen weiter warten? Er ließ ihn fahren. Sehr viel später, als er erlebte, wie leicht es den Menschen durch diesen Titel gemacht wird, sich Vertrauen zu erwerben, tat ihm diese Ungeduld leid. Dies scheint mir typisch zu sein für seine manchmal spontane und eigenwillige Rangordnung der Werte.

Die Jahre vom Herbst 1910 bis 1912 verbrachte er damit, zunächst Forst- und danach Landwirtschaft zu lernen. Er ging in die Oberförsterei Hochzeit im Kreis Friedeberg und wohnte dort in einem Dachstübchen mit seinem frechen Teckel mit Namen Tack. Er beaufsichtigte eine Schar von 40 Mädchen und Frauen bei einer Pflanzung: ganz einfache, aber fröhliche Mädchen, die ihre Arbeit eifrig machten und in den Essenspausen Lieder sangen, seiner Bitte folgend ohne Ende. Wahrscheinlich hatten sie einen tüchtigen Dorflehrer gehabt. Kam Hans von der Arbeit nach Hause, so ergriff er sofort seine Büchse und durchpirschte den großen Forst. Mit dem Forstmeister verband ihn eine herzliche Freundschaft. In dieser Zeit hat er viel gelernt auf forstlichem Gebiet, und er sagte später, nie wieder sei er so unbeschwert glücklich gewesen wie in dieser Zeit. Abends todmüde ins Bett gefallen, sei er sich keines einzigen Versäumnisses bewußt gewesen.

Im nächsten Jahr ging er in die landwirtschaftliche Lehre zu seinem Schwager Hans Klitzing nach Charlottenhof. Er hatte – wie man das damals zu tun pflegte – sein Reitpferd aus Schönrade mitgenommen und wird wohl nicht allzu intensiv in die körperliche Arbeit eingestiegen sein. Aber er liebte Hans und Anne heiß, und auch die alten Herrschaften schätzten ihn. Beide Männer waren besonders tüchtige Land- und Forstwirte. Hans Klitzing erprobte als einer der ersten im Osten, Kiefern- und Fichtenwälder rechtzeitig zu lichten und mit Laubholzpflanzen zu unterbauen. Er hatte hervorragende Erfolge damit. Als Wildfütterung wurden dort entbitterte Lupinen in großen Mengen ausgelegt. Es gab ungewöhnlich erfolgreiche Wildjagden.

Der alte Klitzing war ein Diktator und drückte seinen Sohn über Gebühr an die Wand. Hans konnte, da er beide sehr schätzte, oft zum Guten reden. Ebenso konnte er sich erlauben, die äußerst energische alte Dame auf die Qualität ihrer Schwiegertochter, seiner hochgeliebten Schwester Anne, unumwunden hinzuweisen. Sie hatte es in der explosiven Familie Klitzing nicht gerade leicht, ihren Lebensboden zu behaupten. Sie hat mir noch berichtet, der alte Herr – mit Lob sehr karg umgehend – habe ihr einmal zu ihrem größten Vergnügen über Hans gesagt: «Der will 'was und der kann 'was!» Von dem alten Herrn gingen herrliche Geschichten um.

Als Amtsvorsteher vom Charlottenhof verwaltete er auch die Schulkasse des Ortes und mußte darüber dem Provinzial-Schulkollegium Rechenschaft geben. Darauf kam eine Rückfrage: Für das Stroh zur Eindeckung der Schulpumpe sei in der Rechnung eine Ausgabe vom 2,50 Mark ausgesetzt. Es fehle aber im Frühjahr die dementsprechende Einnahme. Wo denn dies Stroh verblieben sei? Darauf die Antwort von Klitzing: «Wenn dieses Stroh nicht in den Köpfen der Herren vom PSK verblieben oder sich dort eingefunden habe, so wisse er auch nicht, wo es sein könnte.» Eine weitere Rückfrage unterblieb.

Als Abgeordneter des Herrenhauses wettete er eines Tages mit seinen Freunden, er würde ohne einen Pfennig Geld durch ganz Deutschland reisen. Das führte er durch. Er ging mit würdigem Aussehen und herrenmäßigem Gebaren durch jegliche Sperre und zeigte jedesmal seinen Ausweis als Abgeordneter vor, oder er sagte nur «Abgeordneter». Natürlich hatte er die Fahrkarten dennoch gekauft, legte sie aber ausnahmslos und ungelocht bei der Heimkehr seinen Freunden vor und gewann die Wette.

Mit Anne fand Hans sich vor allen Dingen in seinem lebhaften historischen Interesse. Beide waren durch ihren auf diesem Gebiet besonders gebildeten Vater dazu angeregt, viel Geschichtliches zu lesen und sich von dieser Erkenntnis her ihr Urteil über die Politik zu bilden. Vor allem Thomas Carlyle las er bis ins Alter lieber als einen Roman. Aber mit Anne hat er auch über jedes religiöse Problem, sicherlich zu beider Gewinn, reden können.

Er erzählte oft, das meiste habe er von Annchen gelernt, wenn er ihr erzählte, und zwar durch ihr Schweigen. Sie war nicht der Mensch, der leicht etwas verurteilte. Aber wenn sie schwieg, genügte das für ihn, um zu wissen, daß ihr irgend etwas nicht gefallen hatte. Das habe er dann für sich allein und mit Gewinn durchdacht.

Nun folgte seine Militärzeit. Seines Herzfehlers wegen wurde er zweimal bei der Musterung zum Militärdienst für untauglich befunden, sehr zur Befriedigung seiner Mutter, die ängstlich über ihren Kindern wachte. Hans, über die Maßen enttäuscht, daß er nicht für würdig befunden war, des Kaisers Rock zu tragen, ging heimlich zu seinem Bruder Werner nach Fürstenwalde, wo dieser aktiv diente. Vom dortigen Stabsarzt ließ er sich privat untersuchen und erreichte ein Tauglichkeitszeugnis, mit dem er bei den 3. Garde-Ulanen in Potsdam eingestellt wurde.

Er erzählte von dieser Zeit als von einer besonders schönen. Als junger Rekrut erstmalig auf ein Pferd gesetzt, sollte er vor dem Aufsteigen Wachtmeister Donsch sagen, ob er reiten könne. Nun war Hans auf dem Pferd nicht anders zu Hause als auf seinen eigenen Beinen. Dennoch lautete seine klare und kurze Antwort: «Nein!» Soviel wußte er vom Soldatsein, daß da jeder Anflug von Angeberei die allergeringste Chance hatte. Und schließlich, wer konnte schon reiten. Als er sich später sehr nahe mit diesem Donsch befreundete, hat dieser erzählt, er habe schon daran gemerkt, wie Hans die Zügel ergriff, daß seine Antwort nicht so ganz stimmte.

Einmal wurde er von diesem Donsch beim Pferdeputzen dabei ertappt, daß er den Bauch des Pferdes im Sitzen striegelte. Sein Morgendienst begann damals nachts um drei Uhr. Sehr einladend hing dort eine schwere, eiserne sogenannte Eskaladierstange, jeweils eine zwischen den einzelnen Pferden. Es gab ein fürchterliches Donnerwetter über den «eleganten» Junker, der wohl glaube, sich noch im Bett oder gar auf dem Kanapee ausruhen zu können. Donschs tüchtiger Blick hatte sofort erspäht, daß ausgerechnet diese Stange es war, die davon verbogen war, daß sich irgendwann einmal ein Gaul darauf herumgewälzt hatte. Menschenkraft und -gewicht konnten dafür nicht ausreichen. Also war hier der Ansatzpunkt für die soldatische Erziehung. «Bringen Sie die Stange zum Schmied und lassen Sie das Ding gerade richten, das Sie da mit Ihrer Lümmelei krumm gebogen haben. Und dann zu mir, morgens vor dem Stalldienst, auf meine Stube damit!» Donsch wohnte im vierten oder fünften Stock. Durch eine sehr enge Treppe gelangte man dorthin. Wenn er die Stange genau ausbalancierte, konnte er sie einigermaßen tragen. Aber sie die Treppe hinaufbringen war eine fast übermenschliche Anstrengung für ihn. Nachdem er sie zum drittenmal hinaufgewuchtet hatte, weil sie bis dahin nach Donschs Meinung immer noch nicht gerade genug geworden war, zeigte dieser sich zufrieden, und die heilsame Lehre war beendet.

Hans war von der Art seiner Rekrutenbehandlung außerordentlich angetan, zumal Donsch nie gemeine oder erniedrigende Maßnahmen erdachte. Er wußte immer genau, daß hinter Donschs Ordern der Wunsch steckte, die Kerle zu Männern zu erziehen, und daß sich hinter seiner Härte ein ungewöhnlich gutes Herz verbarg.

Vielleicht wird doch manches, was von dem Forum der Weltmeinung als menschenunwürdige Behandlung beim Militär ausgerufen wird, von den Rekruten unrichtig eingeschätzt. Wesentlich scheint mir, daß der betreffende Rekrut seiner selbst sicher ist und es darum nicht nötig hat, sich bei jeder Gelegenheit in seinem Ehrgefühl angetastet zu empfinden. Ohne Frage stand Hans gerade durch seine Unverletzlichkeit bei Wachtmeister Donsch in hohem Kurs.

Im Juni 1914 wurde Hans zum Offizier befördert und kam am 1.8.1914 mit seinem Regiment ins Feld. Er erlebte den Vormarsch nach Frankreich hinein bei einer reitenden Abteilung. Dabei empfing er sehr bald als Ersatzmann, also mit fremden Männern zu Pferde, den Auftrag zu der bekannten Patrouille ins feindliche Gelände. Seine Erlebnisse in zwölf Tagen jenseits der Front hat er aufgezeichnet.

Im Juni 1916 wurde er zu Franz von Papen als dessen Ordonnanz-Offizier berufen, der damals Ia der 4. Garde-Infanterie-Division war. Er verblieb in dieser Stellung auch, als Papen im Juni 1917 als Ia der Heeresgruppe Feldmarschall Falkenhayn eingesetzt wurde. Papen nahm ihn mit nach Palästina. Anne Klitzing schreibt darüber: «Hans schrieb tief beeindruckt von dort, erlebte die Landschaft und die Orte ganz in Gedanken an die biblischen Berichte. Papen war der rechte Kamerad, um dies mit ihm zu teilen. Dort meldete sich Hans zum Fliegerbeobachter und lag mit einem Fliegerhorst auf vorgeschobenem Posten in der Wüste jenseits des Jor-

1917 in Palästina als Teilnehmer des deutschen Korps bei der türkischen Armee fliegt Hans von Wedemeyer mit seinem Freund Franz von Papen als Aufklärer. Von Papen (rechts) und von Wedemeyer auf einem Feldflugplatz in Palästina, daneben Hans' treues Pferd Johann.

dans. Die Front mußte weichen. Hans fiel die Aufgabe zu, in letzter Minute Leute und Material vor dem Feind zu retten. Die schwere und gefährliche Aufgabe wurde von ihm so gelöst, daß sie ihm den Hohenzollern-Orden eintrug.» Einmal zwang ihn die Beschießung zur Landung. Der Propeller war getroffen. Hans schnitzte das harte Holz mit seinem Taschenmesser wieder glatt. Er stieg erneut auf und erreichte es in wenigen Tagen, daß die dort stationierten Truppen verladen und verpackt wurden. Im letzten Augenblick erreichte Hans selbst den sehr langen und sehr langsamen, durch die Wüste schleichenden Zug, die einzige Bahnverbindung durch die Türkei.

Ganz hinten im letzten Wagen saß auf einem besonders hohen Kistenberg ein Rekrut, ob nun, weil ihm dies befohlen war oder aus eigenem Vergnügen, das weiß ich nicht mehr. Jedenfalls stand die zu durchquerende Wüste in dem bösen Ruf, daß kein Soldat ohne Plünderung bis auf die Haut hier davonkäme. Die wilden Volksstämme, die dort in Hunger und Armut lebten, hatten aus irgendeinem Aberglauben heraus einzig die Hemmung, diese verlorenen Soldaten zu töten.

Kurz ehe der Zug eine lange Brücke überquerte, kullerte dieser Rekrut samt dem von ihm erwählten Kistenberg hinten herunter und ward nicht mehr gesehen. Die Soldaten im Zug wollten ihn retten und zu diesem Zweck ein Halten erreichen. Aus diesem Grund begann ein Feuer aus sämtlichen noch verfügbaren Karabinern. Der Zug aber hielt keineswegs. Wahrscheinlich glaubte der Zugführer, daß jetzt an der Brücke der schon erwartete Angriff des Feindes erfolgte. Infolgedessen gab er Druck, und der Zug rollte so schnell, als er nur irgend konnte.

Kaum hatte er die Brücke passiert, gab es unter der Brücke eine starke Detonation. Die Brücke flog noch für die Zuginsassen sichtbar in die Luft. Hans erklärte sich die verspätete Detonation so, daß die mit der Sprengung der Brücke beauftragen Feindsoldaten – von dem Geknalle geängstigt – zunächst das Weite gesucht und dann die Zündschnur zu spät in Gang gesetzt hätten. Er empfand dieses Ereignis als eine besonders gnädige Fügung und fand, der eine Soldat habe durch seinen Tod oder Gefangenschaft sehr viele andere vor dem Schlimmsten bewahrt.

Aus seiner Zeit als Ordonnanz-Offizier hat er viel Erfreuliches von Franz von Papen erzählt. Zunächst gewann dieser seine Anerkennung, indem er ganz furchtlos und immer erneut an die Front in die vordersten Gräben ging, der Truppe Mut machte und ihr Vertrauen zur Führung erweckte. Papen hatte als Militärattaché in New York viel erlebt und noch während des Krieges durch überaus mutige Taten seinen dortigen Auftrag erfüllt. Jetzt war er im Stab nicht nur ein hervorragender Gesellschafter, sondern für Hans auch ein Freund von besonderer Qualität. Mit ihm zusammen ist Hans erstmalig in die katholischen Gottesdienste gegangen und fühlte sich dort mehr angesprochen als bei den üblichen evangelischen Feldgottesdiensten, die ihn mit wenig Ausnahmen traurig urteilen ließen. Vor allem, daß man mitten unter schwersten Anstrengungen die Leute zum Gottesdienst befahl und auch noch forderte, daß sie sich sorgfältig geputzt im Karree aufstellten, empörte ihn. Beide Freunde haben sich in dieser Zeit als Christen gefunden. Das muß man wissen, wenn man verstehen will, warum Hans es wagte, als rechte Hand von Papens im November 1932 nach Berlin zu gehen. Er vertraute ihm als Mensch, und dieser hat ihn darin nie enttäuscht. Papen war es, der damals 1918 gegen den Feldmarschall Falkenhayn durchsetzte, Jerusalem kampflos zu räumen. Dadurch hat er ein Bombardement durch die Engländer verhindert. Mit diesem kleinen militärischen Nachteil wurde sehr viel mehr an Vertrauenswertem für Deutschland gerettet. Beglückt durch seine letzten Fliegererfahrungen wollte Hans sich jetzt als Flugzeugführer ausbilden lassen. Auf diese Weise kam er von Köslin aus nach Kieckow.

Trauung in aller Stille

Revolution in Berlin und Hochzeit in Kieckow

Der Verlobungsfeier in Schönrade folgten die ersten glücklichen Tage in Pätzig. Der erste Eindruck meiner Mutter – selbst eine mehr aktive Natur – von ihrem neuen Schwiegersohn in diesen Pätziger Tagen war der, daß er allem, was getan werden mußte, mit freiheitlicher Freude entgegenlief und es auf dem Fleck erledigte. Sie liebte ihn binnen kurzem aus dem Grunde ihres starken Herzens. Dann fuhr Hans zurück zu seiner Garnison und wir zurück nach

Gutshaus Pätzig, um 1940

Kieckow. Ich sollte dort in der Nähe bei einer Pfarrfrau den Haushalt erlernen, bis wir im Frühjahr heiraten würden.

Schon zwei Wochen später, am 9. November 1918, wurde dann dem Krieg ein jähes Ende gesetzt durch die Revolution und die Abdankung des letzten deutschen Kaisers, Wilhelm II. Dieser ging, von Hindenburg beraten, nach Holland. Seine endgültige Abdankung erfolgte aber erst am 28.11.1918. Die Wellen dieses uns alle erschütternden Geschehens breiteten sich unmittelbar auch in der kleinen Garnison Schneidemühl aus. Es waren dort etwa 100 aktive Offiziere zur Ausbildung zum Flieger versammelt. Hans hatte in diesen wenigen Wochen noch keinen besonderen Kontakt zu ihnen gefunden. Dennoch meldete er sich, als die Revolutionäre die Stadt durchschwärmten und auf die Garnison zumarschierten, bei dem Kommandeur der Abteilung und forderte von ihm, er solle nur den Befehl geben, und die Offiziere würden ohne weiteres die Garnison ehrenhaft verteidigen. Keinesfalls seien die Soldaten berechtigt, sich willenlos den Revolutionären zu ergeben, so lange noch keine offizielle Abdankung ihres Kaiserlichen Herrn bekannt geworden sei. Der Kommandeur weigerte sich, diesen Befehl zu erlassen. Als Antwort bat Hans sofort um seinen Urlaub, den ihm nunmehr der Kommandeur schlecht abschlagen konnte. Hans ging augenblicklich und ohne jedes Gepäck, erstaunlicherweise noch unbehelligt, zum Bahnhof und bestieg den nächsten Zug nach Küstrin.

Dort lief der Zug auf einem von den roten Revolutionären dicht gefüllten Bahnsteig ein. Etliche hängten sich an die Wagen, öffneten sie noch im Fahren von außen, drangen ein und rissen den eintreffenden Offizieren die militärischen Abzeichen von ihrem Rock herunter. Viele Offiziere haben es nach solchen Erlebnissen, die sich allenthalben wiederholten, nicht mehr ertragen, weiterzuleben. Es wäre für Hans entsetzlich gewesen, wenn ihm etwas Ähnliches widerfahren wäre. Auch bei ihm wurde die Tür, noch ehe der Zug hielt, aufgerissen, und die Kerle mit den roten Kokarden[6] drangen ein. Hans ging hoch aufgerichtet und ohne ein einziges Wort zu sagen durch die grölende Menge. Es wagte kein einziger ihn anzufassen. Später hat er mir den steilen Schuttabhang gezeigt, der vom

Bahnsteig herunterführte und den er herunterschlidderte, um die Sperre zu umgehen. Er ging die mehr als 40 km bis Pätzig zu Fuß, zog seinen Soldatenrock aus, der ihm als des «Kaisers Rock» wie ein Heiligtum war, und wollte ihn nicht mehr anziehen. Die Feder sträubt sich bei dem Versuch, Euch zu erklären, was in ihm vorging, aber Ihr könnt sein Wesen ohnedies nicht verstehen.

Das Bild des junkerlichen Herrn, der zu jeder Stunde bereit sein mußte, das Leben zur Verteidigung seines Königs in die Schanze zu schlagen, war in ihm seit vielen Geschlechtern eingewachsen. Es bestimmte sein Wesen, seine Grenzen, seine Aufgaben und sein Ziel. Genauso mußte er, wenn es an der Zeit war, dem König freimütig seine Kritik zu sagen wagen. In keinem Fall war er der Mitverantwortung für den Geist des Landes enthoben. Hans hatte es nie überwunden, daß Wilhelm II. sich nicht persönlich in den Kampf um seinen Thron geworfen, sondern sich gerettet hatte, wenn auch aus noch so begreiflichen Gründen und sicher nicht aus Angst. Es wurde mit dieser Flucht ein wenig Blutvergießen vermieden, aber sehr viel oder alles Vertrauen in die Unantastbarkeit der Krone verloren. Der König hatte den Glauben an sein ihm von Gott auferlegtes Amt verworfen. Er war den nach Ansicht von Hans mit diesem Amt unerbittlich verbundenen Konsequenzen ausgewichen. Damit zerbrach für Hans das in ihm noch lebendige Bild des Kaiserlichen Herrn, der für sein Volk stehen oder fallen mußte. Er durfte nicht weichen, und sein Widerpart war das Bild des getreuen kaiserlichen Vasallen, der seinem Herzog und Herrn zu jeder Stunde ergeben war.

Für Euch mögen diese Worte leer klingen und darum in den Bereich des Pathetischen gehören. Ich verstehe das. Die Walzen von zwei unglücklichen Kriegen sind darüber hinweggegangen, und eine Zentnerlast der damit verbundenen Schuld hat diese Worte für Euch unglaubwürdig gemacht. Aber bitte, glaubt mir, und nur deswegen schreibe ich die folgenden Sätze: In Eurem Vater waren sie noch echt. Er war jederzeit bereit, sich bis zur letzten Faser seines Lebens dafür einzusetzen.

Zu diesem Bild des treuen Dieners der Krone und dessen, der sie verkörperte, gehörte eine bestimmte Gesinnung, und sie war ohne dieses Bild nicht zu erhalten. Die vielgeschmähte preußische Gesinnung, an deren Stelle bis heute noch kaum ein Ersatz getreten ist, bedeutete in seinen Augen viel. Sie bedeutete, mehr zu sein als zu scheinen, die eigene Person hinter der Sache und dem Werk verblassen zu lassen. Sie bedeutete den Geist der Einfachheit und Bescheidenheit, die Absage an jede Angeberei, ja auch an Luxusentfaltung und an jede Bereicherung auf Kosten des Staatswohles oder des Volkes. Es war jene Gesinnung, die sich berufen und verpflichtet fühlte, Tag und Nacht danach zu forschen, was zu des Königs und des Vaterlands Heil geschehen und verhindert werden muß, jene innige Verflochtenheit mit dem Volk, das von Gott in allen seinen Schichten und Ständen mit der Bestimmung zur Einheit geschaffen worden war, jene Bereitschaft, das Recht im Lande weit über den eigenen Vorteil und das eigene Wohlergehen zu erheben. Es war die Freiheit, furchtlos in unmittelbarem Kontakt mit Gott zu leben und bereit zu sein, diese Überzeugung zu bekennnen.

Wenn Ihr Euch diese in ihm wurzelnde Wesensart vor Augen stellt, könnt Ihr vielleicht begreifen, wie groß sein Schmerz war, daß die Ausprägung des preußischen Geistes in unserem Volk in diesen Tagen zusammenbrach. Noch einmal jedoch hat dieser Geist nach 26 Jahren in einer großen und bis zum äußersten opferbereiten Gemeinschaft in unserem Volk Leben gewonnen. Das war in der Widerstandsbewegung gegen den Nationalsozialismus und gegen Hitler. Sie war ohne diesen noch lebenden Geist des Preußentums nicht zu denken. Ich werde später noch etwas darüber sagen, wie Hans dazu stand.

Noch am gleichen Tag, am 9. November 1918, schrieb Hans meiner Mutter und mir und bat um eine sofortige Trauung in Pätzig in aller Stille. Er wollte, wie er sagte, verhindern, daß er in Pätzig an einem und seine Braut in Kieckow an einem anderen Baum aufgehängt würden. Wenn schon – und man müsse damit rechnen –, dann wenigstens zusammen. Damit nun war meine Mutter nicht etwa einverstanden, aber sie bereitete sofort unsere Hochzeit in Kieckow vor, die dann am 17. November in aller Ruhe stattfinden konnte, zumal wir dort keine revolutionären Umtriebe erwarteten und sie auch nicht erlebt haben. Bei dieser sonderbaren Bitte einer überstürzten Hochzeit in Pätzig, so meinte er später, habe er sich allerdings über das deutsche Volk noch Illusionen gemacht. Er habe ihm eine erheblich kräftigere Revolution zugetraut. Er bedauerte fast die Laschheit des Verlaufes.

Wir feierten mit wenigen Freunden und Verwandten, aber sein Bruder Franz-Just aus Schönrade war trotz aller Wirrnisse gekommen. Ich konnte das Brautkleid meiner Schwester Maria anziehen und die Brautschuhe meiner Schwägerin Mieze. Auf irgendwelche Anschaffungen verzichtete man, da es ohnehin so gut wie nichts mehr zu kaufen gab. Wie einfach waren diese Hochzeitsvorbereitungen! Die Hähnchen, die geschlachtet wurden, schmeckten uns so gut, daß ich es heute noch weiß. So etwas Herrliches hatte man schon lange nicht mehr auf dem Tisch gesehen. Wir brauchten nicht einmal Quartier für die Nacht, weil es das nämlich auch nirgends gegeben hätte. Mieze räumte uns ihr Schlafzimmer frei, und am nächsten Vormittag fuhren wir zum Zug nach Villnow durch den über Nacht frisch gefallenen Schnee.

Für die Reise in überfüllten Zügen und mit langen Aufenthalten brauchten wir die dreifache Zeit wie unter normalen Verhältnissen. Die betrunkenen und zudringlichen Fahrgäste ärgerten Hans, so daß er mich auf den Schoß nahm. Die daraufhin erst recht aufflammende Witzelei ertrug er mit Fassung. Aber endlich um drei Uhr nachts erreichten wir Charlottenhof, wo seine Schwester Anne, die zur Hochzeit nicht hatte kommen können, uns ein wunderschönes Logierzimmer eingerichtet hatte. Die festliche Tafel im Eßzimmer erwartete uns mit brennenden Kerzen, und ein Zettel wies uns den Weg. Kein Mensch war zu sehen. Ein unglaublich verständnisvoller Empfang. Ich liebte seitdem das «Kleine Haus» am See. Am Nachmittag ging es mit Pferden weiter nach Pätzig. Dort machten wir mitten in unserer eigenen Welt eine wunderschöne Hochzeitsreise. Wir gönnten uns trotz der auch dort beginnenden revolutionären Unruhen und trotz aller uns bedrängenden neuen Aufgaben zwölf arbeitsfreie Tage. Eine unvergeßlich große Zeit!

Hier muß ich noch, und zwar unter Bezug auf das, was ich über den preußischen Geist zu sagen versuchte, ein Wort über meine Schwiegermutter einfügen. Alles, was ich dort sagte, gilt für sie und für ihren Sohn. Schon als ich sie kennenlernte, ahnte ich etwas von ihrer Bedeutung. Darum ergriff mich auf der ersten Reise zu ihr – und hier schalte ich eine Rückblende auf wenige Tage nach unserer Verlobung ein – eine geradezu panische Angst. Meine Bekleidung war damals im vierten Kriegsjahr sicher mehr als bescheiden, obgleich mich meine Schwestern mit ihren besten Sachen behängt hatten. Aber das nützte wenig, denn ich war überzeugt, daß ich den berechtigten Ansprüchen meiner Schwiegermutter nicht genügen konnte. Die Bahnstunden dehnten sich und waren wiederum doch zu schnell verflogen. Auf der kleinen, mitten im Wald gelegenen und aus roten Backsteinen bestehenden Bahnstation Barnstein wartete der herrschaftliche Kutscher Hesse. Er tat mir ein lichtblaues, gestepptes und innen hellrot abgefüttertes Cape als Fahrmantel um und übergab mir einen dicken Veilchenstrauß samt einem Brief der Schwiegermutter. Beides minderte für Minuten mein Fieber. Die Erregung stieg aber erneut auf den Siedepunkt, als der Wagen unerbittlich vor dem Haus vorfuhr. Dort stand Hans' Mutter, eine große Gestalt in silberglänzendem und glatt gescheiteltem Haar, mit hinreißendem Charme und Würde in jeder Bewegung. Sie breitete die Arme weit aus und schloß mich hinein. Das war für mich einer jener seltenen Augenblicke, in denen man «Ewigkeit» am eigenen Leib erfährt. Von jenem Moment an habe ich nie wieder Angst vor ihr empfunden. Nur verehren und lieben konnte ich sie, und das mit aller Kraft.

Als sie ihren Tod herannahen fühlte, fragte sie den Arzt, wie lange Zeit er ihr wohl noch gäbe. Dieser einfache Landarzt kannte sie und wußte, daß es ihr gegenüber unmöglich war, eine Unwahrheit über die Lippen zu bringen. «Gnädige Frau, es kann eine Woche dauern, es kann aber auch noch länger sein.» Gelassen nahm sie dies hin und bestellte sich nunmehr alle an ihr Bett, denen sie noch einmal danken wollte: ihre früheren Mitarbeiter und Angestellten aus Schönrade. Mit großer Offenheit und Natürlichkeit verabschiedete sie sich von ihnen. Dieser Freimut wie auch ihre ganze Persönlichkeit war für alle, die sie erlebt haben, nachhaltig beeindruckend.

Eine schöne und karge Welt

Leben in Pätzig 1918 bis 1945

Die ersten drei Monate unserer Ehe verliefen hinreichend ruhig, weil Herr und Frau Claus seit Beginn des Ankaufs von Pätzig (1895, soviel ich weiß) dort vorzüglich gewirtschaftet und das Dorf in jeder Hinsicht gut geführt hatten. Danach zogen sie nach Bad Schönfliess, unserer Bahnstation in 8 km Entfernung. Wir nutzten diese Zeit mit den beiden als Lehre und waren froh, diesen bewährten und taktvollen Persönlichkeiten zunächst die Verantwortung überlassen zu können. Eine bis zuletzt währende Freundschaft zu dem Ehepaar Claus blieb uns aus dieser glücklichen Lehrzeit. Unsere Kinder besuchten sie hin und wieder in ihrem Haus und Garten, und bei jeder Gelegenheit erzählten sie diesen, was für «herrliche Eltern» sie hätten. Aus so gutem Munde erregte dies merkwürdigerweise wohl keinen Widerspruch. Da Hans in seinen Erinnerungen von Claus berichtet, will ich hier nur folgendes festhalten. Es sind die beiden letzten Begegnungen mit ihnen nach 27jähriger Freundschaft. Bei einer nächtlichen Geschäftsfahrt im Winter 1943/44 kam ich an dem Anwesen von Claus vorbei. Ich weiß nicht, was mich trieb, zu dieser unmöglichen Stunde um zwei oder drei Uhr nachts dort anzuklopfen. Es war gerade der ehrwürdige Freund vor einer Stunde gestorben. Ich fand seine Frau in todtrauriger Verlassenheit vor. Und ein Jahr später auf der Flucht, es war am Morgen des 1. Februar 1945, klopfte ich wieder in der Nacht an die Tür dieses Hauses.

Das Ehepaar Claus nimmt einen sonderbaren Platz zu Beginn und am Ende der 27 Jahre ein, in denen wir Pätzig bewirtschafteten. Rückblickend scheint es mir, als bilde das Dasein dieser schlichten und klugen Menschen für uns einen Rahmen, der diese Zeit liebend umschloß.

Darum laßt mich, so knapp wie es mir möglich ist, etwas über das Ende von Pätzig sagen. Am 28.1.1945 hatte ich mich von allen meinen in Pätzig noch verbliebenen Allernächsten getrennt und sie in einem Treckwagen über die Oder in den Westen geschickt. Ich selbst wollte den Treck für die gesamte Belegschaft vorbereiten. Als dieser unter heftigen Androhungen der nationalsozialistischen Partei verboten wurde, war mir der Entschluß, die Russen in Pätzig zu erwarten, eine Selbstverständlichkeit. Man hörte am 29.1. bereits den herannahenden Kanonendonner. Nach zweieinhalb chaotischen Tagen, überschwemmt mit Ostflüchtlingen, bedroht von aufgeregten Befehlen der Funktionäre zur Verteidigung von Pätzig, trafen mittags 100 russische Panzer und ebenso viele Troßwagen im Dorf ein. In diesem Moment wurde ich ins Bauerndorf gerufen. Man sagte mir, daß eine Ostflüchtlingsfrau sich und ihren zwei Kindern aus Angst vor den herannahenden Russen die Pulsadern aufgeschnitten habe. Als ich mit den Druckverbänden fertig war, stand vor dem Haus ein Panzer mit zwei Soldaten, die Pelzmützen trugen. Ich ging vorbei und fand zu Hause viele Flüchtlinge, die fortgesetzt Essen, Wohnung und Schlafgelegenheit brauchten. So verging der Tag chaotisch, und ich versäumte das Wichtigste: die Hähne der Brennerei zu öffnen und die gerade zum Monatsschluß angefüllten Alkoholreserven ablaufen zu lassen. Ebenso wichtig wäre es gewesen, die über 100 Zentner Eßerbsen auf dem Speicher an die Belegschaft zu verteilen.

Die Russen besetzten die Dorfeingänge, trieben ihr Wesen in Pätzig und ließen mehrere Formationen hindurchfahren. Abends um sieben Uhr hatte mich Herr Döpke nach unermüdlichen Versuchen davon überzeugt, daß ich das Haus sofort verlassen müsse.

Ich veranlaßte die Mädchen, die im Dorf Verwandtschaft hatten, sofort dorthin zu gehen, und Höhnschen und Donti [s. S. 62], mit Marschgepäck zur Gärtnerei zu flüchten. Ich sagte «augenblicklich», und sie taten es. Harro ließ ich frei. Das Haus war noch nicht umstellt, wie wir es aus allerlei Anzeichen befürchtet hatten. Wir trafen an der Gärtnerei zusammen. Ich schickte die beiden Alten hinein. Sofort begann der Panzerbeschuß am Hofeingang in Richtung auf das Gutshaus, wie mir später gesagt wurde. Während dieser Schüsse gab es einen kurzen Disput mit Herrn Döpke. Er wollte durchaus, daß ich mit ihm floh, aber ich mußte es ihm abschlagen. Meinen flehentlichen Bitten zufolge ging er schließlich allein los. Er hatte nur eine etwas dicke Brusttasche und sonst nichts in den Händen. Ich sehe ihn noch die Fohlenkoppel in Richtung Stolzenfelde herunterlaufen und war dankbar, daß er gerettet war.

Die nächsten Stunden verbrachte ich im Schulhaus. Es begann eine lange, heiße Diskussion mit dem treuen Freund Starke, an deren Ende er sich überwunden hatte, nunmehr Pätzig auch zu verlassen. Er setzte voraus, daß ich im Dorf allenthalben unterkommen könnte. Aber schließlich meinte er: «Glauben Sie, daß es Ihren Wohltätern den Russen gegenüber gut bekommen wird, wenn man Sie bei ihnen entdeckt?» Das überzeugte mich. Ein federleichter Rucksack wurde gepackt, der mir zu laufen erlaubte, und ein Laken zerrissen zur Tarnung im Schnee, von dem die Landschaft bedeckt war. Fräulein Wild, meine Sekretärin, hatte Mut und bewährte sich auf der Flucht als vorzüglicher Kamerad. Starkes gaben mir großherzig, was ich brauchen konnte, vor allem eine Generalstabskarte und Lichtstummel mit Zündhölzern. Um zwölf Uhr nachts waren wir fertig. Noch ein Abendgebet mit diesen Nächsten, dann der zentnerschwere Abschied. Der Kummer darum, daß ich diese mir nahen Menschen verließ, hat Jahre an mir genagt.

Wir umgingen die Dorfausgänge, liefen durch Starkes Garten, durch den Pfarrgarten, über die Achterhöfe und Wiesen zur Chaussee nach Stolzenfelde. Als wir auf zehn Schritt heran waren, nahten sieben Flakgeschütze von Schönfelde. Durch die weißen Laken waren wir zum Glück aber ausreichend gedeckt. Wir überliefen sehr schnell die Straße, überquerten wahrscheinlich den Mühlenweg an der Stelle, wo Prochnow vier bis fünf Stunden vorher von den Russen festgenommen worden war. Wir standen auf Schlag 2, als die Geschütze das Feuer auf Pätzig eröffneten. Das Dorfbild verzerrte sich vor meinem inneren Auge. Unsere schöne reiche Welt Pätzig lag hier unter diesem Kanonendonner in ihren Todeszuckungen. Sie veränderte sich völlig. Sie starb. Das erleichterte den Abschied.

Wir suchten unseren Weg, allen Stellen ausweichend, wo wir einen Posten vermuten mußten. Diese Umgehung gelang, auch die Umgehung der schon besetzten Dörfer, die vom Angstgeschrei widerhallten. Beim Kartenlesen ging die Kerze wegen des Regens aus. Wir verirrten uns gründlich und kamen gegen fünf Uhr morgens etwa fünf Kilometer zu weit östlich in Bad Schönfliess an. Dankerfüllt hörten und erspähten wir, daß hier noch Ruhe herrschte. Und plötzlich standen wir vor der rettenden Tür von Frau Claus: durchnäßt, mit durchgelaufenen Füßen und traurig. Ihr Erbarmen umfing uns. Sie zündete den Ofen an, gab uns Warmwasser und für Hände und Füße Pflaster. Ihres Mannes handgestrickte Strümpfe waren wohltuend. Indessen hatte sie den Kaffee gekocht. Und schon lief sie, um einen Pferdewagen für uns zu gewinnen, damit wir eilig weiterfliehen konnten. Nach einer halben Stunde waren wir unterwegs. Wir hatten noch 25 km in westlicher Richtung vor uns, über unsere Kreisstadt Königsberg/Neumark hinaus bis an die Oder. Eine halbe oder eine Stunde nach uns haben die russischen Verbände die Kreisstadt Königsberg erreicht. Wir gewannen die Oderbrücke bei Zäckerick, die jetzt von den Funktionären zur Passage freigegeben und von den Russen noch nicht besetzt war. Von Frau Claus ging an diesem düsteren Morgen eine tröstende Kraft aus. Alle Sorge war dahin. Ich hatte Pätzig begraben. Alle Kräfte und alle Hoffnungen streckten sich nach vorn.

Zurück zu den Jahren in Pätzig. Unser Anfang im Winter 1918 fiel in eine Zeit revolutionären Erwachens unter der Landarbeiterschaft. Glücklicherweise hatte sich Vater Claus einen guten, langjährigen Arbeiterstamm herangezogen. Die schwierigen Menschen stammten zumeist aus spät zugezogenen und darum noch nicht eingewurzelten Familien. Zwei verbitterte und als Kommunisten zurückgekehrte Kriegsteilnehmer, Wandt und Hoffmann, drangen mit unverschämten Forderungen und frechen Redensarten auf den seinen Weg beginnenden und darum noch tastenden Landwirt und Gutsherrn ein. Ich hörte noch die Rede des einen: «So elegant und so bequem möchte ich auch wohnen wie Sie hier!» Wir irrten damals mit unseren wenigen Klamotten von einer Stube des verwohnten und durch Nässe geschädigten Hauses in die andere, weil die

Handwerker allenthalben im Haus werkten. Unbekümmert um die rote Stimmung im Dorf baute sich Hans sein Haus gründlich um und machte es wohnlich und brauchbar. Kapitalistische Ängste, um derentwillen man vernünftige Maßnahmen unterließ, kannte er nicht.

Hans versuchte, diese Familien los zu werden. Das war damals äußerst schwierig. Schließlich hat er den beiden, die am meisten Schwierigkeiten bereiteten, andere Wohnungen im Kreis besorgt. Die Umzugswagen standen vor der Tür. Aber keiner der zuschauenden Leute faßte ein Stück an, um aufladen zu helfen. Wandt war zwar nicht groß, aber ein massiver Bursche, ein Schrank. Mit zornglühenden Augen hielt er alle in Bann. Als Hans mit Fritz Kemmin, seinem damaligen Kutscher, den ersten Tisch hochhob, fiel der Kerl von hinten über ihn her und keiner half, auch Fritz Kemmin nicht. Vater wehrte sich in großem Zorn, attackierte, und es gab eine richtige Balgerei, bis die Vernunft siegte und die lahmen Zuschauer (wie hab' ich ihnen dies Zusehen in jugendlicher Unerfahrenheit übel genommen!) endlich die beiden Beteiligten auseinanderrissen. Sofort danach wurde aufgeladen. Hans hat nicht nur nie wieder Tätlichkeiten erlebt, sondern er hatte auch nach der Entfernung der unguten Burschen das Spiel gewonnen.

Vielleicht zehn Jahre später meldete sich eines Tages dieser Wandt bei Hans. Es war kaum zu glauben, er bat Hans um Entschuldigung und hatte Tränen in den Augen. Er sagte etwa, er habe später eingesehen, wie gut er es in Pätzig hätte haben können. Er wollte wirklich gar nichts weiter von uns. Das hat uns sehr bewegt.

Wir hatten mit großen wirtschaftlichen Schwierigkeiten zu kämpfen. Aber das berührte uns relativ wenig. Wir waren über alle Bäume verliebt und glücklich. Hans erzog sich seine Frau zur Landfrau, zum Jagdkumpan und Mitreiter. Durch jahrelange sitzende Arbeit war ich körperlich schlapp. Er trainierte mich, ohne daß darüber geredet worden wäre, geduldig und stetig, und die Regel war, daß ich konnte, was er wollte. «Du trampelst beim Pirschen», höre ich ihn noch sagen. Also lernte ich sehr bald leise und rasch gehen. Ich war, obgleich halb Land-, halb Stadtkind, völlig pferdeunerfahren. Die erste Pätziger Rundfahrt mit den beiden Müttern wurde für mich eine Blamage. Beim Einfahren in die Höllenberge links warf mir Hans abspringend die Zügel zu, um das Tor zu öffnen. Die Pferde zogen gewohnheitsmäßig an, ehe ich mich mit den Doppelleinen zurechtgefunden hatte, und ein Torpfosten mußte daran glauben, so daß die beiden Damen sehr erschraken.

Bald wurde ich indessen gelehrt, die Steilhänge in den Höllenbergen aufwärts und abwärts mit zwei Pferden zu bestehen. An zwei Stellen standen die Gattertore unmittelbar unterhalb des Hanges im rechten Winkel. Hans lief vor, um zu öffnen, und ich mußte mit den Pferden weichmäulig herunterkommen, wenn nichts passieren sollte. Er traute mir fortlaufend mehr und Schwereres zu und zeigte nie eine Spur von Angst um mich. Ob er sie nicht doch empfand? Aber er animierte mich auf diese Art und stärkte meinen Mut.

Aus der Freundschaft mit Karl Bernhard Ritter[7], die in den allerersten Ehejahren mit jährlichen Sommerbesuchen verbunden war – für uns beglückend und förderlich –, entstand die Öffnung unseres Hauses für die jährlichen Arbeitstagungen der Michaelsbrüder[8].

Von 1928 bis 1930 tagte die «Berneuchener Konferenz» in Pätzig (v. l. Wilhelm Stählin, Karl Bernhard Ritter, Hermann Schacht, Ludwig Heitmann, Paul Tillich).

Hans fühlte sich immer wohl zwischen seinen Michaelsbrüdern. In diesem Interesse und diesem Werk begegnete er Gottfried Bismarck aus Kniephof, dem Vater von Klaus.[9] Diese beiden ostelbischen Gutsbesitzer waren es, die an der Gründung und dem Fortgang der Bruderschaft mitwirkten.

Meine Mutter war der Meinung, Frauen sollten bei ihren Ehemännern lieber keine Reitstunde nehmen, das gefährde das Eheklima. Hans gab ohne weiteres zu, ohne Härten ginge es bei Reitstunden nicht ab. Ich machte mich auf allerlei gefaßt. Aber er war ein Pädagoge. Er spannte den Johann mit einem ruhigen Akkerpferd zusammen vor den damals schon vorhandenen «grünen Wagen». Nahe am Schlagbaumweg, wo uns bestimmt niemand finden konnte, suchte er sich eine Blöße, holte die Sättel aus dem Wagen, nahm mich zunächst mit Anbindezügel auf den Zirkel, und sehr bald ritten wir mit dem größten Vergnügen durch den Wald. Das nächste Mal bestieg ich schon auf dem Hof den Johann und kam am Wäschetrockenplatz auf den Zirkel. Das war noch mühsam, und besonders bei der viel später geforderten Führung der Kandarenzügel[10] erklärte ich kategorisch, dies würde ich nun nimmermehr lernen. Dann konnte er so herrlich beruhigend lachen. Er fand mich fürs Reiten von Natur begabt und freute sich daran, ohne seine Forderungen hochzuspannen. Er wollte, daß ich mich auf dem Pferd wohlfühlte. Reiterliche Raffinessen forderte er nicht, wenn ich nur auffällige Fehler vermied. Dies scheint mir sehr weise und war typisch für seine Fähigkeit, sich zu begnügen und sich die Freude an der Sache nicht durch immer höher und ehrgeiziger gespannte Erwartungen zu verderben. Auf den gemeinsamen Ritten habe ich mich oft beinahe wie im Himmel gefühlt.

Einmal galoppierte er ziemlich rasant den schmalen Schlagbaumweg entlang vor mir her. Bei der scharfen Rechtskurve zur Tannenbrücke hatte ich nicht rechtzeitig durchpariert, flog links heraus und fand mich mit breiter Platzwunde am Kopf stark «schweißend» am Eingang zum Alicenwerder liegend wieder. Er merkte, daß ich nicht nachkam, galoppierte zurück, zog unverzüglich sein Hemd aus und wickelte es mir als Turban fest und wohltuend um

Ruth und Hans von Wedemeyer auf dem Wagen: «Meine Mutter war der Meinung, Frauen sollten bei ihren Ehemännern keine Reitstunde nehmen, das gefährde das Eheklima... Wo uns bestimmt niemand finden konnte, suchte er eine Blöße, holte die Sättel aus dem Wagen, nahm mich zuerst mit Anbindezügel auf den Zirkel und sehr bald ritten wir mit dem größten Vergnügen durch den Wald.»

den Kopf. Wir konnten weiterreiten. Ich entsinne mich dieses Rittes mit stark lädiertem Kopf, etwa fünf Kilometer lang, als eines Höhepunktes unseres Glücks.

Über die Jagd gäbe es ein ganzes Kapitel: über die aufregenden Pirschgänge zu zweit, das stundenlange Ausgehen der Saufährten im Schnee, bis der Keiler – oder was es nun war – sich stellte, über die Brunft, die Hauptfestzeit in Pätzig und über die begehrte Hochwildjagd, zu der nur im höchsten Notfall jemand absagte. Wie reizvoll war das Treiben durch den Mittelsee, wie groß unsere Spannung von der Alicenkanzel – wie von einem Beobachtungsstand aus! Hans schickte mich sorglos mitten hinein, um die abgerissene

Treiberkette zu flicken und in nassen Jahren den Männern Mut zu «nassen Knien» zu machen, wie er es nannte. Jedes solches Knie wurde zum Frühstück mit einem Schnaps belohnt. Das erste wichtige Treiben durfte nicht mißlingen.

Es gab keinen Tümpel, kein größeres Loch oder Sumpfstück auf dem Feld, keinen Waldteil, Werder[11] oder Weg, der nicht benannt war. Sein Kutscher, seine Beamten, Meier[12], seine Kinder und vor allem seine Frau mußten diese Namen kennen. Die von den Kindern immer heiß ersehnten Fahrten wurden manchmal leicht verdunkelt durch die Plage der fortgesetzten Examina über die Namen. Aber es war in dem stark coupierten[13] Pätziger Gelände unerläßlich, damit wir uns nicht mißverstanden und dann verfehlten. Wehe, wenn man in solchen Fällen nicht hingehört hatte oder aus Überdruß nicht warten wollte. «Aber Vater, ich dachte doch...» – «Ihr sollt nicht ‹dachten›, sondern denken und tun, was ich Euch gesagt habe. Ihr müßt warten, bis Ihr schwarz werdet.» Warten, bis man schwarz wird – eine eigentlich doppelsinnige Bezeichnung. Es war ein Prinzip, das er seinen Kindern einhämmerte und das sich für alle Teile vorzüglich auszahlte. Es bedeutete, daß, wenn man sich irgendwann einmal verpaßt hatte – aus welchem Grund auch immer –, man dort, wo man sich verabredet hatte, auf den anderen wartete und wenn es Nacht darüber wurde. Falls aber kein bestimmter Punkt verabredet war, besagte diese Regel, daß man sich an der Stelle wiederfinden würde, an der man sich zum letzten Mal gesehen hatte.

Zwischen den beiden großen Verleumdungsprozessen in den Jahren 1936/37 hatte Hans auch innerhalb des Dorfes, z. B. bei der Bauernschaft, Feinde und Schwierigkeiten. Manch einer hoffte, aus seiner gedemütigten Lage Vorteile zu ziehen. So sagte ihm damals einer der Bauern bei einer Verhandlung über jagdrechtliche Streitigkeiten, als alle gegen ihn standen: «Passen Sie gut auf, Herr v. W.! Viele Hunde sind des Hasen Tod!» Darauf Hans: «Wenn die Hunde aber an einen Keiler kommen, so können sie sich erhebliche Wunden zuziehen.» Sprach's und setzte den vernünftigen Entschluß durch.

Was alles geschieht nicht im Zusammenleben von 20 bis 30 Menschen unter dem Dach eines relativ kleinen altmodischen Gutshauses! Ohne Konflikte und Reibungen kann es doch nicht gehen. Davon zu erzählen, würde zu weit führen. Aber eine gemeinsame Ebene hatten wir, auf der alles Kaputte sich gleichsam von selbst wieder zusammenleimte und rangierte. Wer je durch unser Haus gegangen ist, der erinnert sich wohl der morgendlichen Hausandachten. Manch einer mag sich dabei mehr mit dem Teppichmuster befaßt haben, ein anderer fühlte sich gestört durch die Unruhe der Kinder, die grundsätzlich in jedem Alter dabei sein durften. Nicht alle Hausgenossen waren immer beisammen. Jeder wußte, daß man wegbleiben und kommen konnte, wie es einem gefiel. Der eine erschien nicht, wenn er übel gelaunt war, und ein anderer, weil er sich nicht genug beachtet fühlte. Aber jeder merkte mit der Zeit, daß er sich beraubte, wenn er sich gewollt ausschloß.

Die Form der Andacht blieb in sachlichem Rahmen und ohne persönliche Aufdringlichkeit. Die gelesenen Auslegungen der Schrift fand Hans zu billig. Oft sei es besser, gar nichts dazu zu sagen. Aber er gab oft einen eigenen Kommentar als Erklärung, und dabei wurde gespannt aufgepaßt. Die Gebete waren in der Regel fest geprägt. Unsere Kinder bekamen einen großen Schatz von Kirchenliedern für ihr Leben mit.

Hans legte großen Wert auf diese Basis unseres Zusammenlebens wie auf den Keller eines Hauses. Fensterscheiben können klirren, Türen zuschlagen, ja Wände eingerissen werden, aber den Keller kann man schlechterdings nicht ausgraben. Ein Wiederaufbau ist immer möglich. Diese durch alle Jahre überlieferte Hausgemeinschaft wurde von vielen als das zentrale Stück unserer Heimat empfunden, auch im Dorf. In der täglichen Stille hat man leben können.

Bis zuletzt haben wir darauf gewartet, eine Kanalisation einzubauen und fließend Wasser in die Zimmer zu legen. Die Geräte dafür lagen im Keller bereit, aber der Kirchenumbau war wichtiger, und dann kam uns der Krieg dazwischen. Die neue Gestalt der Kirche war in langen Jahren ausgeklügelt worden. Dazu muß ich erzählen, daß Hans als Gutsherr in der damaligen Zeit Patron der Kirche war. An dieses Amt war die Verpflichtung zur Erhaltung der äußeren Gestalt der Kirche und zur Fürsorge für die Gemeinde gebunden. Das Amt war kostspielig – man denke allein an die Dachreparaturen. Gewisse Rechte aber gingen damit Hand in Hand. Am wichtigsten war, daß er auf die Wahl des Pastors mitbestimmenden Einfluß nehmen konnte. Diese Regelung ist später sehr angefochten worden. Sie hat aber auch ihre positiven Seiten gehabt. Sie war in ihrem Wert eng damit verflochten, daß der Gutsherr sich noch verantwortlich wußte für die christliche Verkündigung.

Als Pätzig endlich wirtschaftlich vorangekommen war, sollte der lange überlegte Umbau verwirklicht werden. Hans fand in seinem Freund und Michaelsbruder Langmaack[14] aus Hamburg einen vorzüglich begabten Kirchenarchitekten. Durch seine verständnisvolle Zusammenarbeit mit Hans und allen Handwerkern wurden seine Besuche zu hohen Freudentagen.

Die Renovierung der Kirche in Pätzig wurde zum Hochzeitstag unseres ältesten Kindes Ruth-Alice mit Klaus von Bismarck fertig. Diese Festtage (kurz vor Beginn des Krieges) waren wohl der Höhepunkt unseres Lebens...! Die Kirche wurde renoviert, aber das «Herrenhaus» blieb ohne Wasserspülung und Zentralheizung.

Keines seiner Ämter erschien Hans so wichtig wie seine Aufgabe für das Krippenspiel, die er treu erfüllte. Nur seiner zähen Forderung danke ich es, daß die Arbeit daran in 24 Jahren durchgeführt wurde. Aber Ihr wißt nicht, was das war: ein Krippenspiel.

Zu jener Zeit war – den Vorbildern des Mittelalters folgend – eine Laienspielbewegung im Gange. Auf dem religiösen Gebiet gab es eine Möglichkeit, die Gemeinde, auch wenn sie kirchlich schon fast erstorben war, aktiv einzubeziehen in die christliche Verkündigung, sie hier z. B. Weihnachten in echter Form erleben zu lassen.

Leider waren die landesüblichen Krippenspiele selten glaubwürdig, schon dadurch nicht, weil sie von Kindern und im Gasthof als Vorführung dargeboten wurden. In Pätzig wurde die Weihnachtsgeschichte im Anschluß an alte Vorbilder, aber mit neuen Worten in liturgischer Form in der Kirche gefeiert. Die Apsis war auch aus diesem Grund um sieben oder acht Stufen höher gebaut als das Kirchenschiff. Man sang viele Chorlieder! Der Schulkinderchor half von der Empore aus unter Herrn Lehrer Starke. Die Rollen waren an lauter handfeste Männer verteilt, die ihren Part in jedem Jahr neu aufnahmen. Die sonst sehr spärlich besuchte Kirche war an zwei Abenden, zur Generalprobe und am 4. Advent, rappeldicht besetzt. Die jeweiligen Pastoren spielten die Sternsinger.

Die Männer waren das tragende Element und waren glücklich dabei. Das Schönste war das Zusammenspiel der Kräfte und die Hingabe der Gruppe, immerhin etwa 40 Personen.

Jedes Jahr neu ging ich mit Zittern an das große Wagnis, und immer wieder erlebten wir, daß die Heilige Geschichte als solche es war, die sich Herzen gewann und zu echter Gemeinschaft zusammenschloß. Unzählige haben mir das nach der Flucht immer erneut bestätigt und auch, daß dies als das Hauptgeschehen der Weihnachtszeit empfunden wurde.

Im Grunde hat Hans das Spiel geschaffen und getragen, auch nachdem er im einzelnen nicht mehr helfen konnte. Aber bei einer der Kirchenproben saß er in der engen Bank vorn, zurückgelehnt mit schiefgehaltenem Kopf, das übergeschlagene Bein in den Gang streckend und freute sich. Zum Schluß beflügelte er uns mit seiner bis ins einzelne notierten scharfen Kritik an mir und an den anderen, auf die wir alle gespannt warteten.

In dieser von ihrem Untergang bedrohten und darum in gewissem Sinne besonders lebendigen Zeit riß das Forschen nach der Rangordnung der Werte in Hans' Gegenwart kaum ab. Die Diskussionen darüber waren fast entscheidende Elemente des Zusammenlebens in Pätzig. Wo lief der «rote Faden», der alle Qualität letztlich bestimmte? Wie sah unsere Verantwortung aus? Wofür lohnte es sich, notfalls zu sterben? Mußte man überhaupt für etwas sterben? Wo hatte der Gehorsam seine Grenzen? Wo mußte der Widerstand beginnen, auch mitten in der flammenden Bedrohung unseres Vaterlandes von allen Seiten? Wie hieß der «rote Faden»? Preußischer Geist? Und als dieser dahinschwand: Pflichterfüllung? Und worin bestand sie? Hieß der «rote Faden» Liebe zu den Seinen und allen ihnen zugeordneten Menschen? Hieß er Lebensbejahung? Hieß er Freude an der Schönheit allenthalben, an Jagd, Kunst, Musik und Dichtung? Hieß er Fröhlichkeit? Dankbarkeit? All dies gehörte in das Haus der weltoffenen Persönlichkeit von Hans und war nicht hinauszuwerfen. Aber jedes einzelne mußte sich an die Wand schieben lassen, wenn die strenge Rangordnung es verlangte, wenn die Mitte bedroht war.

Ich habe immer so viel zu danken

Gutsherr von Pätzig in Feld und Wald

Pätzig liegt in der Luftlinie 100 km östlich von Berlin. Es umfaßt 6000 Morgen, davon zunächst 4000 Morgen Acker und Wiesen. Später entsprachen die Größen von land- und forstwirtschaftlichen Flächen einander annähernd. Um den Gutsherrn von seiner Arbeit her besser verständlich zu machen, muß ich etwas über seinen äußeren Rahmen und auch über einige seiner Mitarbeiter sagen.

Pätzig bekam seine geologische Gestalt in der Zeit des Diluviums.[15] Es ist mit den Nachbargütern Dopperphul und Teilen von Schmarfendorf ein Stück Endmoränengebiet. Die zahlreichen Löcher, Gründe, Sümpfe mitten in der Ackermark erklären sich als Kessellöcher aus der neueren Eiszeit. Die bei den großen vom Norden her kommenden Eisbewegungen dem Endmoränengebiet vorgelagerten Sandbänke erkennen wir in Teilen vom Pätziger Vorwerk Neuhof, in Teilen vom Hohenwartenberg, Wartenberg, Sandheide-Pätzig, Babin und dem Pätziger Vorwerk Karlshöhe, also in den Pätzig nach Süden und Südwesten angrenzenden Gebieten. Man muß sich Pätzig vorstellen als ein kurzwellig coupiertes, kleinhügeliges Gelände. Die Kuppen aus hartem Lehm überragten die feuchten mit Humus angefüllten kleinen Täler, die sogenannten «Gründe». Hans hat in jugendlicher Passion die innerhalb der Akkermark gelegenen Löcher, kleinen Sümpfe und Pfühle gezählt und hat, wie er sagte, die Zählerei aufgegeben, als er bei der Zahl 350 angekommen war. Während der Zeit seiner Bewirtschaftung hat Hans dann über 300 Löcher dieser Art zugepflügt und in Ackerland verwandelt, ein sehr mühevolles Geschäft.

Trotz aller großzügigen wie kostspieligen Verbesserungen, auch trotz der in dem bergigen Gelände schwierigen, durchgehenden Drainierung der gesamten Ackermark, der Pflasterungen, der fortgesetzten Modernisierung und Mechanisierung konnte man die großen Verschiedenheiten der Bodenqualität nur wenig beeinflussen. Von den Bergkuppen herunter wurde die Kultur durch die Wettereinflüsse immer erneut in die Täler gewaschen. Oben litten die Pflanzen auf hartem Lehm in trockenen Jahren Not, während in den Gründen das Korn so üppig stand, daß es lagerte und dadurch den Erfolg minderte.

Hier soll auch noch erwähnt werden, daß Hans eine Rindvieh-Stammherde mit Bullenverkauf, eine Schweine-Stammzucht und eine bedeutende Schafzucht auf die Beine stellte oder pfleglich erhielt und förderte. Alle diese Umstände bedingten eine beweglich wechselnde, wetterangepaßte und sehr aufmerksame Bewirtschaftung.

Hans konnte in Pätzig nur einen nach Klugheit, Leistung und Charakter hochqualifizierten Beamten gebrauchen. Nach sehr mühsamen Jahren fand er ihn in Herrn Döpke, der sich schon drei Jahre zuvor in dem 1935 zugekauften Gut Klein-Reetz im Kreis Rummelsburg/Pommern hoch bewährt hatte. Er kam 1938 nach Pätzig, und Hans war glücklich, als er 1939 einberufen wurde, ihm die Aufgabe in Pätzig selbständig übergeben zu können.

Herrn Döpkes hohe Fachkenntnisse, sein korrektes Verhalten bis zum letzten Augenblick und sein Charakter waren die entscheidenden Voraussetzungen für die Überwindung großer Schwierigkeiten im Krieg. Ich denke an seinen rastlosen Einsatz, seinen beherrschten Umgang mit Behörden, auch wenn uns die Galle ins Blut gehen wollte, an seine Furchtlosigkeit. Unsere Zusammenarbeit war nicht konfliktlos, aber ausgezeichnet bis hin zu dem aus den primitiven Verhältnissen beginnenden, gemeinsamen Siedlungsaufbau in Bischofshagen. Ich kann hier seine mir ans Herz gewachsene Frau nicht unerwähnt lassen. Beide sehe ich als meine Freunde an und bin ihnen dankbar. Ich hoffe, sie wissen das.

In den 20er Jahren nach dem ersten Krieg blieben Hans die wirtschaftlichen Erfolge versagt. Das hatte seinen Grund in der oben beschriebenen äußerst schwierigen Bodenstruktur, zum anderen in den starken konjunkturellen Schwankungen und Krisen der damaligen Zeit. Viele Güter gingen bankrott. Die jährlichen Verluste der Pätziger Landwirtschaft schwankten zwischen 20000 und 50000 Mark und mußten durch Eingriffe in den Wald gedeckt werden. Hans war am Rande der Verzweiflung darüber, zumal er sich selbst im wesentlichen die Schuld dafür zuschob, wenn auch unberechtigterweise.

Vater Max Wedemeyer, der Pätzig in den 90er Jahren kaufte, d.h. er übertrug das ihm zufallende Erbe der Fideikommißherrschaft[16] in Thüringen auf Pätzig, hat einmal später gesagt, er habe sich in Pätzig seiner unwahrscheinlich schönen Landschaft und des schönen Waldes wegen verliebt. Er habe die großen wirtschaftlichen Schwierigkeiten im Moment des Entschlusses unterschätzt.

Das war für diesen kühlen Rechner und ausgezeichneten Wirtschafter etwas Erstaunliches. Pätzig hatte, als der Vater es übernahm, in den 50 Jahren vorher drei- oder viermal den Besitzer gewechselt! Mitte der 20er Jahre hat Hans etwa ein Jahr lang an dem Plan gearbeitet, Pätzig von Grund auf umzugestalten. Er bestimmte die ungeeigneten und verkehrsungünstig gelegenen Ländereien zur Anschonung. Die mit Wiesen- und Sumpfflächen durchzogenen und besonders stark coupierten Flächen sollten in Viehkoppeln verwandelt werden. Die günstigen Tränkmöglichkeiten kamen diesem Plan entgegen. Das Milchvieh wurde vermehrt. Es befand sich nunmehr von April bis Oktober auf den Weiden. Milchviehkoppeln waren damals in unserem Bereich ein noch nicht ausprobiertes Wagnis. Melken – natürlich noch von Hand – und der Abtransport der Kannen mit Einspännern ließen sich gut bewerkstelligen. Weitere Landstriche wurden in Samengrasflächen verwandelt. Diese Kultur erforderte außerhalb der Arbeitsspitzen einen nicht zu starken Einsatz. Sie brachte mit dem Verkauf von anerkannten Samenqualitäten eine gute Einnahmequelle. Die Belegschaft und damit das Lohnkonto wurden gemindert, maschinell arbeitende Geräte vermehrt. Die verkehrsgünstiger gelegenen Innenschläge wurden laufend intensiviert. Aber trotz alledem widersetzten sich manche Flächen der maschinellen Bearbeitung, was namentlich bei der Kartoffelrodung ein wesentliches Handicap bedeutete.

Die große Umgestaltung brachte menschliche Härten mit sich. In den sozial schwierigen Jahren nach der Revolution 1918 hatten sich die Arbeiter allerlei Vergünstigungen erkämpft, die zusammengenommen den Betrieb ungebührlich belasteten. Diese hörten schlagartig auf. Einigen Familien wurde gekündigt, die Löhne auf den Tarif herabgesetzt, die Soziallasten, so wie es der Tarif zuließ, auf Arbeitgeber und -nehmer verteilt. Hans wurden diese Härten außerordentlich schwer. Er berief eine Versammlung der gesamten Belegschaft ein. Er erklärte alles so, wie man mit Freunden redet. Die Vernünftigen waren einsichtig, den anderen – ich möchte sagen zum guten Teil – imponierte der Mut zu diesen notwendigen Maßnahmen.

Mit Sorge und Spannung erwarteten wir, ob diese mit Risiko verbundene Entscheidung sich positiv auswirken würde. Der Erfolg blieb nicht aus. Pätzig wurde rentabel. Im Laufe der Jahre, das mag Ende der 20er Jahre gewesen sein, kamen wir in die Gewinnzone. Eine nicht unwesentliche Steigerung der Erträge erreichte Hans auch durch die viele Jahre fortgesetzten Best-Düngungs- und Bearbeitungsversuche. Diese jeweils in zwei gleich großen Parzellen angelegten Versuche und die einzeln gewogenen Saat- und Erntemengen bedeuteten eine mühsame Mehrarbeit, die große Treue und Zuverlässigkeit in der Durchführung erforderte, wenn sie einen Sinn haben sollte.

Die Struktur des Pätziger Waldes entsprach der des Ackers. Nur war der Wald noch bergiger und wahrscheinlich aus diesem Grunde nicht zu Acker gerodet. Die Sumpfflächen, ausgedehnt und verzweigt, umfaßten insgesamt 500 Morgen. Die innerhalb der Sümpfe liegenden Werder und Landzungen mit z. T. sehr schönem Kiefern- und Eichenbestand erforderten ganz spezielle waldbauliche Maßnahmen. Der Forst war im allgemeinen wüchsig und hatte sehr schöne Mischbestände, die mit reinen Eichen- und reinen Fichtensaaten unentwegt und ungeregelt wechselten. Kaum irgendwo war eine gerade Linie zu finden, so daß sich leicht Menschen im Pätziger Wald verirren konnten.

Hans war ein Gegner der im Osten damals noch überwiegenden Monokulturen und freute sich an der mit großem Eifer betriebenen

Entwicklung zu einem wirtschaftlich gesunden Mischwald. Er führte in Pätzig die Douglasie und die Lärche ein, die bei den später angelegten Kulturen eine große Rolle spielten und vorzüglich gediehen.

Der damals noch ungewöhnliche Aufbau eines Sägewerkes mit Vollgatter ermöglichte ihm, den Hauptanfall des Einschnitts in sortierten Brettern günstig zu verwerten. Außerdem betrieb er gelegentlich Lohnschnitt für umliegende Güter.

Aus einer Zeit voller Sorgen und Nöte stammt sein Wort, das mich immer begleitet hat: «Ich habe immer so viel zu danken, daß mir für Bitten gar nicht genug Zeit übrig bleibt.» Wenn Hans in ein Zimmer, in einen Stall, in eine Handwerkerei, aufs Feld und in den Wald zur Arbeit kam, so wurde es hell, und jeder fühlte sich um ein Stück glücklicher und wohler – und das sogar, wenn er zornig war. War es seine Freiheit, unter der allenthalben die Fesseln der Verklemmung und der Aufgezogenheit fielen? Es war ein ewiges Rätsel, woran es lag, aber es war so. Aus den letzten Jahren vor der Umgestaltung von Pätzig erinnere ich mich eines Gesprächs, währenddessen wir nach dem letzten Sinn unserer Arbeit hier suchten. Jahrelang trieben ihn seine fortgesetzten Mißerfolge um. Plötzlich sagte er: «Bitte, sei Dir darüber klar, ich kann mir keinen schwereren Schmerz vorstellen, als wenn ich wegen Untüchtigkeit Pätzig, das mir anvertraute Erbe, verkaufen müßte.» Ich bekam einen solchen Schrecken, daß ich die Stelle, an der der grüne Wagen angelangt war, noch genau weiß. Und dann fügte er hinzu: «Aber der letzte Sinn unserer Arbeit besteht dennoch nicht darin, Pätzig hochzubringen, sondern darin, die Menschen hier zum Guten zu stärken.»

Ich freu' mich, daß Sie singen!

Mitarbeiter in Pätzig

Der aus Ostpommern stammende Förster Prochnow paßte vorzüglich zu Hans. Er vibrierte innerlich vor Passion. Hans erwählte ihn mit sicherem Griff unter weit über 100 Bewerbern, obgleich er zunächst ein sehr einfacher, kleiner und nicht besonders ansehnlicher Mann war. Prochnow brauchte einen starken Herrn, der ihn am Zügel hielt, der sich aber zugleich an seinen vulkanischen Seiten freuen konnte. Für diesen Herrn konnte er alles und leistete Ungewöhnliches. In der ganzen Nachbarschaft war er mit Längen der erfolgreichste Förster, der beste Jäger und Heger, verwaltete den im Krieg sehr komplizierten Sägewerksbetrieb kaufmännisch ausgezeichnet und hatte immer gute Leute, weil sie gern unter ihm arbeiteten. Im letzten Kriegs-Jagdjahr, also vom 1.4.1944 bis 31.1.1945, schoß er in Pätzig außer dem Rotwild über 40 Sauen. Er entwickelte sich in seinem Fach und als Mensch unter Hans' unerbittlich fester, aber zugleich immer amüsierten Führung vorzüglich. Von Hans verlassen, wurde er für mich schwierig. Aber als die Russen schon im Dorf waren, kam er zu mir, um sich zu verabschieden und sich Pferde für die Flucht zu erbitten. Ich sagte: «Prochnow, sofort die besten, die Sie finden, beliebigen Kutschwagen.» Er nahm sich aber in diesem bedrohten Augenblick noch die Zeit, die ihm und seiner Familie das Leben kosten konnte, um mich in aller Form um Entschuldigung zu bitten, daß er es mir so schwer gemacht habe. Ich war glückselig. Wir haben uns umarmt. Leider ist dieser wertvolle Mann schon am Pätziger Mühlenweg den Russen in die Hände gefallen und wohl bald umgekommen.

Sein Vorgänger, Förster Waldemar Gimm, hat über 50 Jahre lang den Pätziger Forst betraut. Hans hat auf seiner Schulter aufgelegt seinen ersten Bock geschossen. Ein ausgezeichneter und redlicher Mann, der allenthalben respektiert wurde. Beide Gimms waren – kurz gesagt – Goldstücke. Aber er war auch, wie es ein rechter Förster sein muß, ein furchtloser und freier Mann. Als einziger Zeuge für Hans widerstand er den Schrecken der ersten Gerichtsverhandlung [s. S. 75] in dem von den Nationalsozialisten angezettelten Verleumdungsprozeß, der in Berlin vor dem sogenannten Ehrengerichtshof verhandelt wurde. Entgegen der Claque[17] von über 100 Braun-Uniformierten, die zu diesem Zweck bestellt worden waren, machte er sachgetreu und völlig ruhig seine Aussagen. Im Kreuzfeuer der unverschämten Bezichtigungen verteidigte er unbeirrt die gerechte Sache und damit seinen Herrn. Unter irgendeinem Vorwand wurde er zwar bald herausgeschickt, weil seine Aussagen dem Zweck der Verhandlung nicht dienen konnten, aber uns beide hat er durch seine tapfere Klarheit getröstet. Als er ins Altenteil ging, vermachte Hans ihm ein kleines Haus mit Grundstück. Mit eigenen Ersparnissen baute er es sich zurecht. Er hinterließ keine Kinder. In seinem Testament vererbte Gimm das Haus und Grundstück an Hans bzw. an dessen Erben. Die einzige Auflage war das Wohnrecht seiner Frau bis an deren Lebensende. Dies fand die arme Mutter Gimm dann beim Russeneinfall.

Meister Kaselow war ein Schmiedemeister, wie man ihn sich aus dem Sagenbuch vorstellt: ein weißhaariger Ehrenmann im Lederschurz zwischen den stiebenden Funken und dem Qualm des verbrannten Horns beim Beschlagen der rund 40 Pferde. Er löste mit Hans zusammen relativ schwierige maschinelle Probleme. Er war ein klar denkender Praktiker durch und durch, dazu ein äußerst geschickter Büchsenmacher. Er war durch 24 Jahre hindurch der unvergeßliche Erste König im Krippenspiel. Nach dem ersten Prozeß hat er die denkwürdige Schrift verfaßt, die, mit vielen Unterschriften versehen, Hans der Treue seiner Gefolgschaft gewiß machen sollte. Ich sehe noch Hans' freudiges Erstaunen über diese ganz heimlich vorbereitete Tat der Ergebenheit seiner Gefolgschaft.

Bauer Krätke, der unvergeßliche Verwalter des Standesamtes und langjährige Josef im Krippenspiel, hat ihm dabei geholfen.

Diese beiden aufrechten Männer verwalteten auch das Lektorenamt in der Kirche. Erstaunlicherweise ist es ihnen noch nach der Russenbesetzung in unserer Abwesenheit mit Herrn Lehrer Starke zusammen gelungen, einen oder mehrere Gottesdienste in der von den Flüchtlingen wieder freigemachten Kirche zu halten. Von weit her sind die geängstigten evangelischen Menschen zu diesem Gottesdienst zusammengeströmt.

Vater Staeck stand, so lange man denken kann, seiner großen Redlichkeit wegen in verantwortlichen Ämtern: erst als Pferdevogt, dann als Wächter über die Ordnung auf dem Hof und in den Speichern. Er läutete die Arbeitszeit an und ab in einem Rhythmus, den kein Ersatzmann fertig brachte. Mit seinem großen rasselnden Schlüsselbund steht sein Bild vor mir als getreuer Ekkehard über der Hoflage Pätzig. Als die Nachricht von Hans' Tod sich ausbreitete, kam der Alte – schon wacklig auf seinen Beinen – zu mir an meinen Schreibtisch, um mir unter Tränen zu sagen: «Wir haben unseren Vater verloren, unseren ganzen Trost und ganzen Halt!»

Geduldig, der vorzügliche Pferdevogt, ein alter Kavallerist aus Kaiser Wilhelms Zeiten, kurz angebunden und rechtschaffen, hatte große Erfahrung in der Behandlung von Pferden. Ihm unterstand die Einteilung der Gespanne und Überwachung ihrer Arbeit. Hans fragte ihn und Krining immer wieder um ihre Meinung über die Sache ihrer Arbeit und bezog sie damit in die mit Freuden ergriffene Verantwortung ein.

Krining, der optimistische Meier, war die Beaufsichtigung der verschiedenen Arbeitsgruppen und später der Ausländer anvertraut. Für jeden der über 100 Fremdarbeiter hatte er einen selbsterfundenen Spitznamen bei der Hand, ein Zeichen seiner Intelligenz, aber auch seiner rauhbautzigen Menschlichkeit. Er fühlte sich als väterlicher Beschützer dieser Männer.

Vater Guse, der jahrzehntelange Nachtwächter, kam, wenn jemand von uns spät in der Nacht heimkehrte, in seinen mit Heu ausgestopften Holzschuhen, die Petroleum-Laterne in der Hand, um die Pferde auszuspannen. Manches Mal klopfte er bei uns in der Nacht an den Laden, wenn irgendwelche Besonderheiten Hans im Betrieb oder mich an einem Krankenbett erforderten.

14 Tage, bevor die Russen nach Pätzig kamen, feierten wir mit Glanz das 15jährige Jubiläum von Fräulein Höhne, kurz Höhnsche oder Höhnschen genannt. Ihre vielen Dorffreunde waren dazu geladen, und die Kinder machten Aufführungen. Sie war die Seele des Gutsküchenbereiches. Ein selten leistungsfähiger und geschickter Mensch. Sie disponierte klar, war mit noch so viel Arbeit zur Zeit fertig und hatte immer gute Mädchen, die vier, fünf, ja sieben Jahre bei ihr verblieben. Und dies, obgleich unsere Küche ein unmodernes, winkliges und unbequemes Ding war, über das sie beim Antritt in Tränen ausbrach. Sie war ein Mensch, der seine Pflicht liebte, als sei alles, was sie verwaltete, ihr Eigentum. Als einmal der Ruf «Feuer im Hühnerstall» ins Haus drang, warf sie die Arme spontan hoch, und es entrang sich ihr im Davonlaufen der mehrfach wiederholte Entsetzensschrei: «Meine Hühner!» Ohne sie war das Haus nicht zu denken, auch nicht unsere Beköstigung und die der Fremdarbeiter, auch nicht ohne ihre in Abständen erfolgenden Kündigungen. «Höhne Kuch» und «Raume – Baume» waren Schlachtrufe der kleinen Kinder, die sie zärtlich liebten und die ihrer Fürsorge und Wärme Unendliches verdanken. Wenn Hans nach längerer Abwesenheit zurückkam und alle sich zu seinem Empfang versammelten, umarmte er fast immer auch Höhnchen und Donti mit einer Herzlichkeit, deren Echtheit keiner je bezweifeln konnte.

«Donti», Frl. Anna Sonntag, die ihr 20jähriges Jubiläum nicht mehr erreichte, betreute unsere Kinder. Sie wurde von allen heiß geliebt. Ihre Ordnung und Sauberkeit waren sprichwörtlich, aber auch ihre Wärme sprengte jedes normale Maß. Sie starb im vierten Jahr nach der Flucht in der Nähe ihrer Schwestern. Nach deren Bericht hat sie im Sterben die ihr lieben Verwandten vergessen und nur von Pätzig und unserer Familie, vor allem aber vom Krippenspiel phantasiert. In ihrer Nähe breitete sich um die heranwachsenden Kinder eine Atmosphäre des Wohlbehagens aus.

Wilhelm Buddruss, «Wilhelmchen», der eigentlich Franz hieß, wurde wegen der Namensgleichheit mit Papen, den er gelegentlich bedienen mußte, mit seinem Einverständnis in «Wilhelm» umbenannt. Er war ein Gemütsmensch, der den Kindern keine Bitte abschlagen konnte. Auch bei den größten Anforderungen verlor er nie seine Ruhe und disponierte klar. Ehe er ans Abdecken ging, rieb er sich die Hände, vor der Tafel stehend.

In der Nachbarschaft war er ein hochbegehrter und allseits bekannter Diener, dem man gern die Getränke übertrug. Fuhren unsere Gäste vor, stand er todsicher auf der Terrasse und empfing sie mit herzhaftem Händeschütteln fast wie seine eigenen Verwandten. Das war das Signal, um sich in Pätzig wohlzufühlen. Vor seinen Reisen brauchte ihm Hans nur den Reisezweck kurz anzugeben. Meist wußte er ihn schon vorher. Wie sich das für einen intelligenten Diener gehört, war er, schon um orientiert zu sein, ein eifriger Leser der Schreibtischlektüre. Aber Hans bestätigte ihm auf seine Frage: Hochwild- oder Entenjagd, militärische Übung oder Treffen der Michaelsbrüder, Rote Jagd oder politische Redeversammlung, Skireise oder Verwandtenbesuche. Wilhelm packte bis hin zu sämtlichen Jagdgeräten, und er vergaß nichts. Hans verließ sich blind darauf, auch darauf, daß Wilhelm alle seine Sachen so ordnete, daß er selbst sie jederzeit wiederfinden konnte. Und er fuhr gut dabei.

Noch heute ist mir, als fühlte ich die Heftigkeit des bewegten Händedruckes, als wir beim Ende des Krippenspieles einander bei den Händen faßten zur Anbetung. Im Oktober 1945 bin ich auf schwierigen und sehr abenteuerlichen Wegen von meinem Fluchtquartier in Westfalen durch Pommern nach Hohenfinow bei Freienwalde/Oder vorgedrungen. Dort hatten unsere Pätziger, zusammengedrängt in dem eiskalten Barocksaal meines Urgroßvaters, Graf Zedlitz, ihr Fluchtquartier gefunden. Es war abends um zehn Uhr, als ich zu Fuß kommend eintraf, und es gab ein überwältigend schönes Wiedersehen nach neunmonatiger Trennung. Wilhelm umarmte mich wie ein väterlicher Freund. Er suchte sich ein Lager im Stall und verlangte, daß ich in sein schon angewärmtes Bett kroch. Selten in meinem Leben habe ich so gut und wohlig geschlafen, rundherum umgeben von meinen Getreuen, die hier frierend in Hunger und Armut gelandet waren.

Ich müßte noch viele Namen nennen, würde damit nicht der Rahmen dieser bescheidenen Erinnerungen gesprengt. Aber zum Abschluß sei noch ein Wort über Erich Liese gesagt, damit dieser vor allem in den Herzen unserer Kinder in Erinnerung bleibt. Ihm unterstand der Kutschstall und die Pflege der Personenwagen und Autos. Es ist unmöglich, die vielen lustigen Geschichten annähernd aufzuzählen, die sich um seine Person rankten. Er gab den Kindern Reit- und Fahrstunden. Er war der männliche Widerpart von Donti. Er war es, der die Kinder zu gewissen spitzbübischen Unternehmungen stärkte, damit sie nur nicht zu brav wurden. Max, Maria und Hans-Werner fuhren im Auto mit Erich die 230 km nach Klein-Reetz. Erich, im Vorbeifahren an einer in der Sonne gleißenden Sandkuhle, fragte Hans-Werner: «Liegt da oben Schnee?» Max darauf: «Ja, aber er ist von der Sonne braun gebrannt.» Alle lachten, Hans-Werner heulte. Darauf Erich: «Jetzt flennt er, weil er den Schlitten zu Hause vergessen hat.»

Oder er ließ z. B. zu – als Donti vor dem Pferdestall die völlig verdreckt herauskommenden Kinder ausschimpfte –, daß der stinkende Ziegenbock, von hinten herankommend, sich aufrichtete und seine Vorderläufe auf die Schultern der zu Tode erschrockenen Donti legte. Den Entsetzensschrei könnt Ihr Euch vorstellen. Es kam sogar vor, daß Erich das den Kindern vom Vater verbotene Autofahren heimlich erlaubte. Man kann sich leicht denken, wie sie ihn liebten. Aber die Krone von allem war wohl das erste Erlebnis in dem neu gekauften Klein-Reetz, das wir zu Silvester alle besuchten. In dem stockfinsteren, allen Kindern noch unbekannten Wald machten wir einen längeren Spaziergang. Es war schon sehr unheimlich! Da, ein Licht. Wir finden ein Häuschen. Wahrhaftig, es hängen Pfefferkuchen an den kleinen Fensterscheiben, dahinter leuchtet eine Petroleumlampe. Die Kinder greifen nach den Kuchen. Aber voller Entsetzen gewahrt Hans-Werner plötzlich innen eine lebendige Hexe sitzen. Sie kommt auch zankend heraus. Der Schrecken ist nicht zu beschreiben, als sie Hans-Werner packt und heranholt. Bis schließlich Vater Erbarmen hat und sagt: «Na, Hexe, nimm doch mal Deine Maske ab!» Da kam das geliebte Gesicht von Erich zutage. Dies war unser Jagdhäuschen in Klein-Reetz.

Erich war mit allen Raffinessen der Fahrkunst bei der Jagd gedrillt. Er hielt unermüdlich viele Nächte aus, um die Jäger während der Brunft zu fahren, und er war stolz auf seine Pferde, seine Wagen, Autos, auf Hans, die Familie und ganz Pätzig. Bei uns, und – wie das üblich war – auch bei der Nachbarschaft, kam er zu festlichen Anlässen in seiner blauen Uniform. Er wurde souverän mit Schwierigkeiten fertig. Aber er war auch ein Freund aller Polizisten des Kreises, was sich in schwierigen Fällen als nützlich erwies.

Sehr bezeichnend für Hans war seine Art, mit seinen Leuten zu reden, wenn sie mit einer Bitte kamen oder er ihnen ein Angebot machte. Er wußte genau, daß sie darüber nicht sofort entscheiden konnten. «Überlegen Sie sich das in aller Ruhe. Ich an Ihrer Stelle würde das erst mal sehr genau mit meiner Frau bereden. Dann kommen Sie morgen und erzählen mir, was Sie denken.»

Hier noch kleine Erinnerungen von dem Gespannführer Hagen, der jetzt unweit Isernhagen wohnend sich wieder eingefunden hat. Er ist nunmehr mein nie versagender Gartenarbeiter. Sein Schwiegervater Brose, Brennereiheizer und Ersatzschäfer, zugleich Hans' nie gewechselter Friseur, redet, sobald er mir begegnet, liebend von «unserm Herrn Rittmeister».

Hagen erzählt, wie Hans unter großem Zeit- und Geldverlust eine schlechte Arbeit abbrechen konnte um der Sauberkeit willen. Nichts imponierte offenbar mehr als dies. Melster habe einen geschlagenen Vormittag auf Schlag 2 mit der Kartoffellochmaschine und Pferden gearbeitet. Hans kam und stellte fest, daß er nicht ausreichend Linien gehalten hatte. Dadurch wurden die Bearbeitung schwierig und die Kartoffeln gefährdet. «Spannen Sie die Egge vor, Melster, und machen Sie alles wieder glatt». Danach wurde Hagen zum Lochen beauftragt, worauf er noch heute stolz ist.

So hat sich manch einer geschämt, wenn zum Beispiel der Hafer fleckig und ungleichmäßig stand. Hans erforschte den jeweils verantwortlichen Düngerstreuer, um ihn lange Wochen nach seiner unsorgfältigen Tat dorthin zu fahren und ihm den Erfolg vor Augen zu führen. Das kostete Zeit und Disziplin, wirkte aber sehr erzieherisch.

Hier folgen einige Erinnerungen an Jandi, Frl. Jandrig (jetzt Frau Rahlmeier), die für sich selbst sprechen. Acht Jahre lang war sie Hans' hochgeschätzte Sekretärin. Sie machte sich unentbehrlich bei dem Kampf um unser Recht in dem großen Prozeß. Blitzschnell konnte sie jeden der etwa 50 Anklagepunkte in ihrer Akte vorweisen, sobald derselbe angesprochen wurde.

Im übrigen war sie ein Meistergenie, das uns bei unseren Dorf-Laienspielen in den besten Rollen vorzüglich geholfen hat. Im Krippenspiel war sie als Maria sehr wichtig.

Sie schreibt: «Hans von Wedemeyer sitzt in der Sofaecke im Wohnzimmer. Die Morgenandacht, zu der alles, was im Hause lebt, versammelt ist, geht dem Ende zu. Vernehmlich schlägt er das Buch zu. Fröhlich, freundlich gehen seine Augen in die Runde, indem er uns zuruft: ‹Vom Aufgang der Sonne bis zu ihrem Niedergang sei gelobet der Name des Herrn!›

In den acht Jahren, da ich für ihn arbeitete, hat er mich nur zweimal richtig ‹angefaucht›, einmal mit und einmal ohne Grund, und nach dem ‹ohne› fühlte er sich durchaus nicht zu erhaben, sich bei mir zu entschuldigen. Er stieg dadurch nur in meiner Achtung.

Ich sehe ihn in seinem geliebten alten braunen Mantel mit den dunkel eingefaßten Kanten. War die Kante des Filzhutes vorn hochgeschlagen und blickten die Augen düster, so hieß es wohl bei uns: ‹Beim Chef steht das Barometer auf Sturm.› Aber er war dann wohl irgendwie in sorgenden Gedanken. Ich wüßte nicht, daß ich ihn einmal auf dem Hof mit den Leuten hätte herumschreien hören. Er hatte eine ruhige und freundliche Art, mit ihnen zu sprechen. Auf dem Erntefest sehe ich ihn noch vergnügt ‹Rheinländer› tanzen. Er konnte so humorvoll erzählen, daß man herzlich lachen mußte, aber nie zu erröten brauchte. Sang man in der Damengarderobe beim Wäscheeinräumen, so steckte er wohl eben den Kopf herein und sagte: ‹Ich freu' mich, daß Sie singen.›

An einem Wintermorgen, als noch alles schlief und ich mit Grippe in Urlaub fahren wollte, wärmte er mir den Kaffee in der Maschine und vertraute mich, in seinen großen Pelz gehüllt, Kutscher Erich an.

An eine Bahnfahrt mit ihm von Pollnow nach Schönfliess erinnere ich mich, bei der er sich nicht etwa hinter seiner Zeitung verschanzte, sondern mir die ganze Gegend aufs beste erklärte und sich mit mir in den Speisewagen setzte.

Richtig ärgerlich konnte er werden, wenn jemand auf der Hochwildjagd etwas versah.

Eines Tages passierte ich den dunklen Flur zum Eßsaal, als am anderen Ende eine Gestalt in Unterhosen auftauchte. Es standen dort ja seine Ankleideschränke. ‹Ach, Jandi, entschuldigen Sie, entschuldigen Sie, vergessen Sie's wieder. Denken Sie, es wäre eine Reklame aus dem Witt-Katalog gewesen.›»

Alle diese Menschen fühlten sich unter ihrem Herrn wohl, vielleicht vor allem, weil sie an ihm wuchsen. Er liebte freimütige Untergebene, die ihm vertrauten. Er war ein Herr, der forderte und anerkannte, der, weil er die Sache beherrschte, es nicht nötig hatte, über Menschen zu herrschen. Er wurde respektiert und bewundert, vielleicht auch gefürchtet, aber letztlich geliebt wie ein gütiger und strenger Vater. Immer stand er vor ihnen wie Josef aus dem Alten Testament, der nach allem, was zwischen ihm und seinen Brüdern geschehen war, zu ihnen sagen konnte: «Fürchtet euch nicht, denn ich bin unter Gott.»

Ganz auf die Wahrheit gestellt

Bei Franz von Papen im Kampf gegen Hitler 1932/33

Sehr bald nach der Übernahme von Pätzig gründete Hans mit anderen Gutsbesitzern zusammen eine Organisation zur Erhaltung des Arbeitsfriedens, die es damals noch nicht oder jedenfalls in unseren Kreisen noch nicht gab. Einer seiner besten Mitarbeiter wurde der Oberamtmann Böning aus Wittstock. Dieser hatte ihn, ohne ihn bisher zu kennen, am Telefon in allen Tonarten angeschrieen, weil Hans seiner Meinung nach einem zu hohen Akkordsatz für die Kartoffelrodung zugestimmt hatte. Hans reagierte rein sachlich und hat sich damit die Freundschaft und Ergebenheit dieses redlichen Pulverkopfes gewonnen.

Zur Rückenstärkung der Wehrmacht – diese war damals laut Versailler Vertrag auf 100000 Mann reduziert – wurde der «Stahlhelm»[18] gegründet. Hans bejahte diese Entwicklung. Durch seinen Einsatz wurden allein im Kreis Königsberg/Neumark über 20 Ortsgruppen gegründet. Aus einem Bericht von mir am 29.8.1930 entnehme ich: «Hans hält fast jeden Abend politische Vorträge im Kreis. Es geht alles sehr gut.»

Die konservativen und verantwortungsbewußten Männer unserer ländlichen Gegend fanden sich weitgehend im «Stahlhelm» zusammen. Mit Freuden und unter großen Opfern waren sie zur Führung der Jugend bereit. Diese wurde bei vielen Übungen, Geländespielen und einer Fliegerstaffel in soldatischer Erziehung und Gemeinschaftssinn erzogen und gefördert. Zusammen mit dem glänzenden und unerschrockenen Redner Fabian von Schlabrendorff[19] hat Hans gegen den Nationalsozialismus und für eine Jugenderziehung in verantwortlichem Geist gewirkt. Er gewann sich viele Herzen und Vertrauen und wurde zum Kreis-Stahlhelmführer gewählt. Die Männer fühlten sich in der Gemeinschaft wohl und in ihren grauen Uniformen verbunden gegenüber den langsam zunehmenden braunen, unerfreulich auftretenden Organisationen der NSDAP. Auch die Scharnhorst-Gruppen gediehen.

Im Frühjahr 1933, als die Nazi-Herrschaft angebrochen war, wurde der «Stahlhelm» von seiner obersten Führung her gegen den Willen weiter Kreise im Land der SA unterstellt. Jeder Stahlhelm-Mann mußte nunmehr die Hakenkreuzbinde am Arm tragen. Das wurde unter den Stahlhelmern als Entwürdigung empfunden. Hans rief seine Stahlhelmführer, noch ehe sie diesen Vorgang kannten, zusammen. Er erklärte ihnen, was bevorstand, und daß er unter solchen Umständen die Führung nicht mehr verantworten und seine Kreisgruppe auflösen wolle. Er legte sein Abzeichen ab, und alle taten es ihm nach. Unter dem Druck der sofort allenthalben einsetzenden Gewalt haben dann doch nur wenige, besonders charaktervolle Führer diesem Entschluß die Treue gehalten. Hier muß ich den vorzüglichen Mühlenbesitzer Karge in Bärwalde, der dort die Ortsgruppe und Fliegerstaffel aufgebaut hatte, und den alten Rektor Prof. Kisarow, der das gleiche in Königsberg/Neumark tat, besonders erwähnen. Sie waren Hans' treue Freunde und Helfer.

Der Schwung und die Freude an der Sache war von diesem Augenblick an dahin, da dem «Stahlhelm» das Kreuz gebrochen wurde.

Die Pendant-Organisation der Frauen, der «Luisenbund», der in Pätzig genau wie der «Stahlhelm» konservative und verantwortungsbewußte Frauen vereinigte und eine wichtige Aufgabe erfüllt hat, machte es besser als der «Stahlhelm». Freifrau von Hadeln und Frau Seyfarth haben als Reichsführerinnen kurzerhand den gesamten Bund aufgelöst. Dadurch wurde in allen die – man kann wohl sagen – herrliche Erinnerung an den guten und fruchtbaren Zusammenschluß der Frauen, Mädchen und Kinder, der «Kornblümchen», in jenen Jahren erhalten, und sie wirkte weiter. Aber es gehörte viel Tapferkeit zu einem solchen Entschluß.

Da sich allenthalben jetzt die bösen Kräfte erhoben, kam Hans durch die Verweigerung seiner Mitarbeit in Verruf und auf die «schwarze Liste». Namentlich geschah dies durch seine politische Tätigkeit in Berlin vom 17. 11. 1932 bis Ende Mai 1933.[20] Am 13. 5. 1932, unmittelbar nach der Geburt von Werburg, brachte mir Hans die Nachricht, daß sein alter Kriegsfreund Franz Papen von Hindenburg zum Reichskanzler ernannt worden war. Es war in seinen Augen der letzte Versuch des alten Herrn, das Vertrauen zu nutzen, das allenthalben noch an seinem Namen haftete.

Generalfeldmarschall von Hindenburg hatte zusammen mit Ludendorff im Krieg 1914/18 Ostpreußen von den Russen befreit, war 1925 zum Reichspräsidenten gewählt und 1932 wiedergewählt worden. In der folgenden schweren Regierungskrise entließ er den Reichskanzler Brüning und setzte Papen kraft einer Notverordnung an dessen Stelle. Hindenburg wollte der herannahenden Gewaltherrschaft der Nationalsozialisten eine autoritäre Regierung entgegensetzen, und Papen war der einzige Mann seines vollen Vertrauens. Papen, der sich der Schwere der Aufgabe bewußt war, hatte die Übernahme des Kanzleramtes abgelehnt. Aber als der alte Herr ihn bei seiner Soldatenehre packte und ihn mit großem Nachdruck bat, diesem Auftrag nicht auszuweichen, hat er sich überreden lassen.

Hans beurteilte die so geschaffene Lage sehr skeptisch. Nachdem er sah, daß seine Befürchtungen zutrafen, suchte er Papen auf. Er fand ihn einsam und in kritischer Lage. Nach dieser Unterredung und der Darlegung von Hans' Vorschlägen bat ihn Papen, er möge sofort die Vorarbeit für die Zusammenstellung eines neuen Kabinetts in Angriff nehmen, das stark genug sei, der gefahrenvollen Entwicklung entgegenzutreten. Der einzige Machtfaktor bei dem Plan war die Figur Hindenburgs. Hans nahm sich ein Zimmer im Hospiz am Gendarmenmarkt in Berlin und als unmittelbare Mitarbeiterin seine Kusine Mani, Gräfin Bredow aus Seefeld in Pommern. Diese überaus kluge Frau war damals auf der Höhe ihrer Leistungskraft, ein vorzüglicher Partner. Sie hatte in den vergangenen Jahren über ganz Pommern eine Organisation von Gruppen der Deutschnationalen Partei und Jugendgruppen ins Leben gerufen, hatte große Rede- und Vertrauenserfolge und war als hervorragende Landwirtin auf dem anerkannten Mustergut Seefeld wegen ihrer Leistung und ihres sozialen Verhaltens und Charakters bekannt.

Zweieinhalb Monate lang haben die beiden dort fieberhaft gearbeitet, und Hans hat ein neues, konservatives Kabinett weitgehend zusammengeführt. Es war einsatzbereit auf Papens Order.

Nebenbei hatte Papen ständig persönliche Auseinandersetzungen und Verhandlungen mit den nationalsozialistischen Führern. Mehrfach holte er Hans dazu, wenn er mit Hitler allein redete. Auch zu den Unterredungen mit Göring und anderen Führern wurde Hans als dritter Mann zugezogen.

Er hatte abgründige Eindrücke über diese Männer. Hitler pflegte in solchen Gesprächen, z. B. auch in dem mit Alfred Hugenberg[21]

Vom 17. 11. 1932 bis Ende Mai 1933 leitete Hans von Wedemeyer das Büro Papen in der Wilhelmstraße 74 in Berlin. Er versuchte vergeblich, Papen zu überzeugen, Hindenburg an der Einsetzung Adolf Hitlers als Reichskanzler zu hindern. Reichspräsident Hindenburg, Franz von Papen und Maximilian von Wedemeyer 1932 vor dem Palais des Reichspräsidenten.

und Herbert von Bismarck[22], dem Hans beiwohnte, zu reden, als habe er eine große Massenversammlung vor sich. (Diese beiden Männer waren für das neue Kabinett als Wirtschaftsminister und als Staatssekretär eingeplant.) Hitler ging dann auf und ab, brüllte ohne Gefühl für die Raumgröße, aber mit starken Gesten und wurde unsicher, wenn er merkte, daß er mit solchen Mätzchen die sachlichen Politiker nicht zu überzeugen vermochte.

Hans verkehrte in diesen Monaten sehr viel in der Reichskanzlei bei der sehr harmonischen und ihn liebenden Familie Papen. Er versuchte mit Zähigkeit, Papen davon zu überzeugen, daß dieser die Gefährlichkeit der Nationalsozialisten noch nicht in vollem Umfang erkannt habe. Papen vertrat damals die Ansicht, daß diese ihm gleichfalls äußerst unsympathischen Leute sich binnen kurzem als völlig unfähig zur Staatsführung erweisen und Schiffbruch erleiden würden. Danach aber sei der Boden bereitet für den Neuaufbau. Ihr müßt bei der Beurteilung der damaligen Situation berücksichtigen, daß die Nationalsozialisten schon die weitaus stärkste Partei im Parlament waren. Hans und der ihm nahestehende Kreis dagegen waren der Meinung, daß man auch gegen den Willen der Mehrheit des Parlamentes verhindern müsse, daß der Nationalsozialismus in die Regierung eintrat. Die Monate November 1932 bis Januar 1933 standen im Zeichen der nervenzerreibenden Kämpfe um diese Frage.

Hierhin gehören auch die mit Hans gleichlaufenden Bemühungen des Reichswehrministers unter Papen, Kurt von Schleicher.[23] Dieser wurde, ebenso wie der noch später zu erwähnende Herr von Bose – er mitsamt seiner Frau – von den Nationalsozialisten ermordet, beide im Rahmen der Röhm-Affäre am 30. Juni 1934.

Nach den Reichstagsneuwahlen im November 1932 löste Schleicher Papen im Kanzleramt am 3. Dezember ab, während Papen von Hindenburg gebeten wurde, sein nächster Berater zu bleiben. Alle drei Männer konnten dem Drängen Hitlers zur Macht nicht widerstehen. Es fehlte die dominierende Persönlichkeit. Am 30. 1. 1933 wurde ein Koalitionskabinett mit damals nur fünf Nationalsozialisten gebildet, dem Hitler als Reichskanzler vorstand.

Ich erinnere mich noch, als wäre es heute gewesen, wie Hans am 29. 1. 1933 spät abends zu mir nach Berlin-Charlottenburg in die damalige Wohnung von Tante Pessi kam. Er war in einer so völlig verzweifelten Verfassung, wie ich ihn nie zuvor und niemals nachher erlebt habe. Hitler wurde am nächsten Morgen zum Reichskanzler ausgerufen unter dem hysterischen Jubelgeschrei des deutschen Volkes. Papen wurde Vizekanzler. Hans übernahm, um Papen in diesem Moment nicht im Stich zu lassen, die Leitung der Vizekanzlei. Er hat insbesondere den ersten Kabinettssitzungen beigewohnt und immer wieder erlebt, wie Hitler die wichtigsten Machtpositionen sehr wohlüberlegt und zielsicher an sich riß, wie er aber auch sonst Wesentliches vom Unwichtigen zu unterscheiden wußte. Schon in diesen ersten Sitzungen stellte es sich heraus, daß Hitler sehr viel bedeutender und sehr viel gefährlicher war, als die meisten es angenommen hatten. Als der Reichstag im Februar in helle Flammen aufging, war Herbert Bismarck, damals noch Staatssekretär von Göring, der ihm dann sein Amt abgenommen hat, auf einem Balkon mit dem neuen engsten Führerstab versammelt. Er erlebte, wie Göring, völlig außer sich vor Freude über das gelungene Spiel, das Großfeuer beobachtete und sich immer wieder auf die Schenkel klopfte, um seine Anerkennung dafür zu dokumentieren. Er war wohl der Hauptinitiator des Brandes gewesen.

Mit großem Pomp wurde dann am 21. März 1933 in der Garnisonkirche in Potsdam der Festakt begangen, bei dem die Verbrüderung der konservativen und der nationalsozialistischen Kräfte an den Särgen der preußischen Könige und gewissermaßen vor dem Angesicht Gottes gefeiert wurde. Hans hat sich dem entzogen, weil er die Verlogenheit dieser neuen Herren nicht ertragen konnte, die es fertigbrachten, die klare Wahrhaftigkeit der großen Könige und die des christlichen Glaubens anzutasten.

Inzwischen häuften sich auf seinem Schreibtisch die verzweifelten Beschwerden von Leuten, die ihrer Ämter unter Rechtsbruch und Verleumdung fortlaufend enthoben wurden. Es handelte sich durchweg um Personen, die auf Papen vertraut hatten, die sich nun bitter enttäuscht unter der Lawine von Unrecht fühlten, die über unser Land hereinbrach, und die von ihm ihr Recht forderten, auch unter Hinweis auf die Versprechungen des 21. März 1933.

Nach harten Gewissenskonflikten quittierte Hans Ende Mai 1933 seinen Dienst, weil er sich außerstande sah, die Mitarbeit weiterhin zu verantworten. Dieser Rückzug aus der Politik, im Grunde sein Lebenselement, in dem er so gerne verantwortlich mitgeholfen hätte, wurde ihm sauer.

An seine Stelle bei Papen trat nunmehr der vorzügliche Herr von Bose, den Hans sehr geschätzt hat. Er wurde im Zusammenhang mit der Röhm-Affäre 1934 an seinem Schreibtisch in der Vizekanzlei durch eine Staffel der «Leibstandarte-SS Adolf Hitler» mit sechs Kugeln ermordet, in einen dort liegenden Teppich gewickelt und für seine Angehörigen unauffindbar fortgeschleppt. Ich entsinne mich meines Entsetzens, als ich von diesem Schicksal von Hans' Nachfolger hörte. Die anderen Mitarbeiter von Papen, sein ganzer Stab, wurden in einen Nazikeller gebracht, geschoren und unter den entspechenden Drohungen längere Zeit mit dem Gesicht an die Wand gestellt. Daraufhin reichte Papen seinen Abschied ein. Hitler verweigerte ihn. In einer Unterredung unter vier Augen, an Hitlers Schreibtisch, sagte Papen: «Ich gehe trotzdem.» Hitler: «Dann lasse ich Sie totschießen», darauf Papen: «Bitte», sprach's und ging in seine Wohnung. Die Kabinettssitzungen fanden nunmehr ohne ihn statt.

Nicht lange danach wurde er nachts herausgeklingelt. Papen, darauf gefaßt, daß jetzt das Angedrohte sich vollziehen wird, kam an die Haustür. «Aber nein, – nein, – der Führer schickt uns und bittet um Ihren Einsatz in Wien zur Vermittlung, damit kein Krieg entsteht.» Dollfuß, seit 1932 österreichischer Bundeskanzler und Außenminister, hatte 1933 einen autoritären christlichen Ständestaat errichtet und war im Zuge der dort um sich greifenden nationalsozialistischen Entwicklung 1934 von den Nationalsozialisten ermordet worden. Diesem Aufruf konnte Papen nicht widerstehen. Er glättete in Wien die Wogen und gewann sich erneut hohes Vertrauen. So hat Papen stets versucht, in korrekter Haltung das Schlimmste abzuwenden und unter Verbrechern nach Kräften für das Gute einzutreten. Die Tragik hieran ist, daß er in langen Jahren als Aushängeschild vornehmer Loyalität mißbraucht wurde. Dadurch hat er trotz bestem Willen dennoch dazu beigetragen, daß der verbrecherische Kern des Regimes nicht voll erkannt wurde. Viele im Grunde zum Widerstand bereite Kräfte wurden durch das Beispiel seiner in hohem Vertrauen stehenden Person beruhigt.

Verräter der guten Sache

Prozeß 1936

Kurz nach der Machtübernahme im Februar 1933 war in den Zeitungen zu lesen, es sei noch völlig rätselhaft, was für Kräfte Papen den Rücken gestärkt hätten, den Antritt der Naziherrschaft so lange hinauszuschieben. Alle Anzeichen deuten darauf hin, daß die führenden Nationalsozialisten, nachdem sie die Rolle von Hans bei der Verzögerung erkannten, ihren Funktionären im Kreis Königsberg den Auftrag erteilt haben, Material gegen ihn zu sammeln. Das Ziel war, ihm einen Prozeß zu machen und ihn darin zum Verräter der guten Sache zu stempeln. Anfang Juli 1936 wurde er vor den Ehrengerichtshof nach Berlin unter der Anklage unsozialen Verhaltens geladen. Der Termin war bereits der 10. Juli, es blieb keine Zeit mehr, das Verteidigungsmaterial samt Zeugen zu sammeln.

Stellt Euch bitte einmal vor, daß am Vorabend des Prozesses, über den ich anschließend berichten werde, der von Hans erwählte Rechtsanwalt ihm eröffnete, der Ausgang des Prozesses sei bereits entschieden. Hermann Göring, der sich offenbar für den Verlauf besonders interessierte, habe erklärt, daß Hans zu einer hohen Geldstrafe und Aberkennung der bürgerlichen Ehrenrechte verurteilt werde. Er könne deswegen die Verteidigung nicht fortführen. Hans mußte sich völlig allein verteidigen.

Es wurden über 40 Belastungszeugen in zehnstündigen Verhandlungen vernommen. Die weitaus meisten Anklagepunkte wurden ihm erst während der Verhandlung mitgeteilt. Er kam nur jeweils nach der Vernehmung von vier oder fünf Zeugen zu Wort, und dies Wort wurde ihm immer sehr schnell wieder entzogen. Die Zuhörerschaft bestand aus über 100 Braun-Uniformierten, die zum Klatschen beordert waren. Ein Tante Pessi bekannter Jurist, der weder uns noch den ganzen Komplex kannte und der nur aus fachlichem Interesse gekommen war, hatte ihr hinterher gesagt, diese Verhandlung sei die gemeinste Rechtsbeugung gewesen, die ihm bisher begegnet sei. Hans blieb während dieser zehn Stunden völlig frei und unerschrocken. Er hatte nichts Besseres von diesem Gericht erwartet. Ich hatte um seine ruhige Haltung keinen Augenblick Sorge. Dennoch war es sehr hart, als der Vorsitzende anstelle einer sachlichen Urteilsverkündung – weil ihm diese mit dem besten Willen nicht möglich war – eine flammende Propagandarede gegen Hans hielt, bei der wir eine dreiviertel Stunde stehen mußten und in der er ihn mit allen erdenklichen Prädikaten der Minderwertigkeit und verdammungswürdigen Gesinnung belegte. Die weitere Folge war dann ein Pressefeldzug gegen uns.

Wir reisten am Abend dieses 10. Juli durch die Nacht nach Klein-Reetz, hatten schon die ersten Zeitungen über den Prozeß in Händen und – dies wird mir unvergeßlich sein – waren glücklich in einer Weise wie vielleicht noch nie. Es war, als berühre uns alle diese Ausgeburt der Bosheit nicht. Wir hatten handgreiflich erlebt, wie man unverletzbar ist, wenn man sich ganz auf die Wahrheit stellt, umgeben von einem Panzer, der uns allem äußeren Anschein zum Trotz schützt. Es war eine der wertvollsten Erfahrungen in unser beider Leben.

Schon in Berlin wurde uns von unserem sogenannten Vertreter dringend abgeraten, Berufung einzulegen. Das müßte uns Kopf und Kragen und vor allen Dingen die Aberkennung der Qualität als Arbeitgeber kosten. Es gab denn auch kein Käseblatt, in dem unser Prozeß nicht die erste Seite in Riesenschlagzeilen beanspruchte. Sie wurden uns von mitleidigen Menschen aus dem ganzen Reich zugesandt und füllten die Schublade «Prozeß».

Aber schlimmer war der schon am nächsten Tag festgestellte Erfolg, daß wir nun von den Behörden nicht mehr als Menschen, sondern als Vaterlandsverräter behandelt wurden. Dies war für uns schwer zu lernen. Als Hans das erlebte, war er sofort bereit, alles für eine Berufung beim Reichsgericht zu wagen. Auch ohne einen zweiten Prozeß wären wir praktisch von Haus und Hof vertrieben wor-

Erntefest 1936 in Pätzig. Das ganze Dorf stellt sich demonstrativ vor Hans von Wedemeyer, nachdem die Nazis ihm vor dem Ehrengericht in Berlin einen Prozeß wegen «unsozialen Verhaltens» angehängt hatten.

den, unwürdig, die «deutsche Scholle» zu verwalten. Hans wollte – auch abgesehen von seiner Person und Zukunft – alles einsetzen, um diesen Rechtsbruch als das, was er war, der Öffentlichkeit darzustellen.

Nach einem sehr harten dreiviertel Jahr, in dem Hans fast nichts tun konnte, als seine Verteidigung vorzubereiten, fand die Berufungsverhandlung vor der letzten Instanz, dem Reichsgericht, statt. Es war der große Erfolg von Fabian Schlabrendorff, daß dieser Prozeß gegen alle Gewohnheit in dem kleinen Marktstädtchen Bad Schönfliess stattfand, eine große Sensation für die ganze Gegend. Das war ein Zeichen dafür, daß die Richter bereits das infame Lügengebäude durchschauten, aber keine Möglichkeit sahen, ihm beizukommen außer durch einen Lokaltermin. Sehr viel zum positiven Prozeßausgang hat ein sorgfältig hergestelltes Fotoalbum unserer

Arbeiterwohnungen von innen und außen beigetragen, das gegen die lügenhaften Fotos in den Zeitungen unverkennbar abstach und den Gerichtsbehörden schon durch seine Anschaulichkeit Spaß machte.

Das Hohe Gericht, fünfköpfig aus Leipzig gekommen, erschien in dunkelroten Roben, sehr aufregend für die gesamte dörfliche Nachbarschaft, die sich zur größten Sensation in ihrer aller Leben im Schönfliesser Rathaus versammelt hatte. Das Reichsgericht nahm die sozialen Verhältnisse in Pätzig in Augenschein und war sichtlich betroffen durch die Schönheit der Arbeiterwohnungen und die Schlichtheit des Gutshauses. Der vorzügliche Reichsgerichtsrat Schrader ließ es sich nicht verdrießen, die fast 50 Anklagepunkte sorgfältig an zwei Tagen in 20stündiger Verhandlung zu untersuchen. Wir bekamen unsere volle Ehrenrettung, und im Anschluß an die Verkündigung des Freispruchs hielt der Vorsitzende nun seinerseits eine lange Rede, in der er Hans ein ganz ungewöhnlich sauberes und hervorragend soziales Verhalten als Gutsherr bescheinigte. Wir verdankten das außer diesem furchtlosen Richter vielen Menschen, die den Mut hatten, sich zu uns zu stellen, namentlich Schlabrendorff, der viele Wochen dafür gearbeitet und seine Karriere als noch junger Jurist gefährdet hatte. Vor allem aber dankten wir den nunmehr völlig unerschrockenen Aussagen unserer Gutsarbeiter, die ihre Wohnungen alle wie für ein Fest hergerichtet hatten und damit die hohe Behörde völlig faszinierten. Sie standen wie ein Mann für ihren Gutsherrn bei jeder von ihnen erfragten Aussage. Ja, die Verhandlungen wurden immer dramatischer, weil einzelne Arbeiter zu spontanen Wortmeldungen aufsprangen, da ihnen noch etwas zu Hans' Verteidigung einfiel, was sie dem Hohen Gericht sagen wollten. Vielleicht taten aber doch den allerwichtigsten Dienst unsere Kinder, die im Laufe dieses dreiviertel Jahres keinen Abend vergehen ließen, ohne zu beten, daß wir vor unseren Feinden gerettet würden und sie uns nicht von Pätzig vertreiben könnten. Die wenigen, die in diesem Prozeß noch gegen uns aussagten und sich in ihren Lügen verfingen, darunter nur zwei Familien aus unserer Gefolgschaft, die asoziale, nazistisch gefütterte und aufgehetzte Leute waren, verließen fluchtartig Pätzig und die Umgebung. Von da an war die Atmosphäre gereinigt bis zum Ende im Jahr 1945.

Das schloß nicht aus, daß die Nationalsozialisten uns weiterhin mit äußerstem Mißtrauen beobachteten. Man mußte in jenen Jahren immer darauf gefaßt sein, daß irgendwo ein Mikrophon eingebaut war und die Post kontrolliert wurde. Einmal noch, als Hans schon zwei Jahre tot war, flammte die Feindschaft gegen uns auf. Ich wurde im September 1944 in Hans' Wohnzimmer fünf Stunden lang von der Gestapo über meine etwaige Beteiligung an den Vorbereitungen für das Attentat vom 20. Juli 1944[24] vernommen. Man wußte von unserer Freundschaft zu Tresckows und meiner Verwandtschaft zu Schlabrendorff, dessen politische anti-nationalsozialistische Reden im Kreis 1930–1933, also 14 Jahre zuvor, noch in «guter» Erinnerung waren. Man wußte, daß er der Adjutant von Henning Tresckow war und daß er zu dessen Begräbnis im Juli 1944 bei mir gewohnt hatte. Man versuchte Näheres herauszubekommen, anfänglich mit massiven Methoden. Man warf mir mit erhobener Stimme sehr bald lügenhafte Entstellungen vor. Gott sei es gedankt, daß ich die mir heute noch rätselhafte Kraft hatte, zurückzuschlagen und mir in aller Deutlichkeit einen solchen Tonfall in meinem Hause zu verbitten. Von da an verlief die Verhandlung relativ gut, vor allem, weil ich erleben durfte, daß mir – als stünde ein Engel hinter mir – jeweils zugeflüstert wurde, was ich sagen und was ich verschweigen mußte.

Fabian Schlabrendorff, der Getreue, war zu dieser Zeit in Berlin im Keller der Gestapo. Er wurde von meiner Vernehmung im Laufe vieler widerwärtiger Vernehmungen und Folterungen orientiert. Man sagte ihm, ich habe alles gestanden, nun solle auch er es tun. Aber er glaubte es nicht. Es ist uns heute noch wie ein Wunder, daß die Gestapo offensichtlich nicht durchschaute, daß mit unserem Haus viele politisch gefährdete oder bereits gefangene oder umgekommene Personen aufs engste verknüpft waren. Außer den beiden Brüdern Tresckow und Schlabrendorff waren es mehrere belastete Nachbarn, Dietrich Bonhoeffer, Hans-Jürgen Kleist-Retzow, Kleist-Schmenzin usw. Hier muß ich noch ein Wort einfügen über Hans' Bruder Franz-Just. Sie standen sich beide von jung auf besonders nah. Wenn sie miteinander in «genuschelten» Stichworten redeten, verstand sie kein anderer. Franz-Just war ein vorzüglicher Wirtschafter und Pferdekenner mit einem jeden verblüffenden Gespür für die Möglichkeiten und Schwächen in den Dingen, Tieren und Menschen.

Die beiden Brüder hatten einen regen Erfahrungsaustausch. Unvergeßlich waren die vielen schönen Besuche in Schönrade, und überhaupt war es die Jagd, bei der sie beide völlig aufeinander abgestimmt waren. Nach Hans' Tod stellte er sich mir unmittelbar als hervorragender selbstloser Berater und Helfer zur Verfügung. Er wurde mit jeder Schwierigkeit fertig, und sein Wort wurde unter uns und allen Angestellten angenommen, als käme es von Hans. Plötzlich merkten wir alle auch seine Ähnlichkeit mit ihm und erquickten uns daran. Er wurde unmittelbar nach dem Einbruch der Russen auf seinem Gutshof in Schönrade erschossen. Dort lag er im tiefen Schnee. Tante Erika sah keine Möglichkeit, ihn zu bergen, bis ein Russe Wohlgefallen fand an seinen schönen Juchtenstiefeln. Er zog sie ihm aus und vergaß aus Freude darüber eine daneben abgelegte Zeltbahn. Nun konnte sie ihn darauf legen und in den Stall ziehen. Irgendein Arbeiter hat es dann gewagt, ihr dabei zu helfen, ihn in der Nacht zu begraben.

Nur keine Überschwemmung, das mindert die Freude!

Vater von sieben Kindern

Darüber müßtet Ihr, unsere Kinder, eigentlich selbst berichten. Diese Bruchstücke meiner Erinnerungen sind dürftig, aber sie sind vor allem für Euch geschrieben.

Im Laufe von 16 Jahren kamen sieben Kinder. Unser Reichtum wurde immer größer. Die Geburten aller hat Hans bei mir miterlebt. War er während dieser Stunden nur Minuten abwesend, so überfiel mich eine große Hilflosigkeit, so stärkend wirkte er. Wenn das Kind endlich da war, war Hans so überglücklich, als sei er selbst in den Ängsten ein Kind geworden. Er rief als erstes nach den Kindern, um ihnen das Wunder zu zeigen, und wenn es mitten in der Nacht war. Sie fanden voller Entzücken jedes seine Zuckertüte – beim Baby versteckt. Nun stürmte die Schar von dannen. Das Jubelgeschrei, mit dem sie – und nur sie – die Umwelt orientieren durften, erscholl durch Haus und Hof. Am Morgen wurden die drei Türen zum Wohnzimmer geöffnet. Alle Hausgenossen gratulierten Hans, und regelmäßig sagte er dann im Verlauf der Andacht ein freies Dankgebet. Schon kamen sie alle zu mir, um das Baby zu besehen. Nach wenigen Tagen erschienen die Frauen aus dem Dorf, um in der Diele zu singen und das Kind zu bewundern. Es waren 50 bis 60 an der Zahl. Wie steigerte die Gemeinsamkeit die Freude! Ob nicht das kleine Kind auch etwas davon mitbekam?

Diese Wochenzeiten, wenn wieder solch ein Herzenstrost in dem uralten tiefen Korbwagen lag, gehörten zu unseren schönsten. Einmal erwog Hans, ob es wohl unrecht sei, daß ihm die zwei Ältesten so ganz besonders nah am Herzen angewachsen seien. Er wisse nicht, ob das so bleibe. Es möge wohl daher rühren, daß die Freude über das erste Kind und dann über den ersten Sohn so hinreißend gewesen sei. Haben die späteren Kinder so etwas empfunden? Jedes hatte doch einen Spezialplatz bei ihm.

Ich erinnere mich später an die Zeit, in der gerade Maria, seine «Miesenmaus», ihm am allernächsten stand. Ihr sprudelndes und spontanes Wesen war dem seinen sehr verwandt. Langeweile gab es in ihrer Nähe nie. Vielleicht hat er sich ihr auch ganz besonders zugewandt, weil ich nicht wie er zu allen Zeiten den Ton zu ihr fand, den sie gerade brauchte.

Mit kleinen, langsam sich steigernden Mutproben stärkte Hans den Kindern das Vertrauen. Kaum, daß sie stehen konnten, faßte er sie an beiden Händen und mit steifen Beinen kletterten sie dem langen Vater auf die Schultern. Füße und Hände wurden vertauscht, so daß sie vorwärts schauten, und schon rannte er mit ihnen davon. Bald danach wurde der Sprung in seine Arme vom Schrank aus gewagt. Und wer von Euch spürt nicht noch die Geborgenheit, die von Vater ausging, wenn er im kalten Winter durch die Glastür trat, beide Seiten des riesigen Waschbärpelzes weit ausgebreitet, die Kinder an sich preßte und von links und rechts zuklappend darin ein-

«Stadtkinder sind solche, die um die Pfütze herumlaufen.» Auf einer Strohmiete die vier Ältesten: v. l. Hans-Werner, Maria, Max, Ruth-Alice.

schloß? Der Pelz war ein Wunder, auch wenn er umgedreht mit der Fußtasche auf dem Kopf den riesigen Knecht Ruprecht umgab. Für die Kleinen war er noch unkenntlich, während die Größeren mitspielten und um der Kleinen willen beileibe nichts verrieten. In jeder gerade freien Minute tobte der Vater mit seinen Kindern, und jedes kleine Kind durfte eine Brille kaputt machen, ehe der verlockende Griff über seine Nase hinweg streng verboten wurde.

Kennt Ihr noch Johann? Er hatte mit Vater vor dem Krieg Concours-Preise[25] erworben, die noch heute da sind, ihn dann durch den Krieg begleitet bis hin nach Palästina, wie das Foto mit Papen ausweist. Er hatte auch die Kinder und mich reiten gelehrt. Nun sah ich ihn einmal vor den Klapper-Pirschwagen gespannt mit vier oder fünf wirklich kleinen Kindern darin. Vater war auf der Terrasse. Ich sagte: «Was soll denn das um Gottes willen werden?» – «Ja», sagt Vater unbekümmert, «sie fahren zum erstenmal allein in den Wald. Ein Vernünftiger ist ja mit dabei.» (Er meinte Johann.) Sein Grab im Garten bekam einen Stein, in den sein Namen eingemeißelt war.

Ach, da waren die Felderfahrten auf der «Spinne», einem leichten, hochgebauten Kutschwagen mit kleinem Sitz hinten. Die Kinder konnten im Fahren vom Sitz nach hinten herunterklettern und rückwärts abspringen, wieder schnell nach vorn laufen und die Koppel- oder Waldtore öffnen. Manchmal stand die ganze Herde Kühe oder Fohlen davor. Vater gab dem noch sehr kleinen Max, der höchstens drei Jahre alt war, später dann auch Hans-Werner die lange Peitsche in die Hand, und siehe da, Vater hatte es ihm zugetraut, und so konnte er es: er jagte furchtlos die vielen großen Tiere vom Gattertor fort, öffnete, ließ Vater durchfahren und hängte das Tor wieder ein. Später stand Max, etwas größer geworden, die trabenden Pferde am Zügel haltend unter Einsatz seines ganzen Körpergewichts auf dem Bock. Die Beine waren noch viel zu kurz, um im Sitzen den Gegenhalt an der Sohle des Bocks zu finden. Nur selten griff ihm der Vater in die Zügel. Er ließ die Pferde ruhig erst einmal eine Weile galoppieren, wenn sie ihm davonliefen. Max wuchs neben dem Vater sichtlich in seinem Selbstvertrauen.

Immer fand Hans für seine Kinder kleine Aufgaben, die sie nützlich und damit glücklich machten. Lagen Steine im Weg, so spran-

...im Laufe von 16 Jahren kamen sieben Kinder. Mutter mit den vier Kleinen: V. l. Christina, Hans-Werner, Peter, Lala.

gen sie schon von selbst im Fahren ab, und es wurde ein Sport, wieder von hinten aufzuspringen, ohne daß Vater anzuhalten brauchte. Oder er hatte plötzlich Hammer und Krampen[26] im Wagen und ließ sie kleine Schäden an einem Tor, einem Hochsitz ausbessern, während er eine kleine Runde fuhr. «Sieh doch mal nach, ob der Drainage-Auslauf auch nicht verstopft ist!» – «Nimm doch mal den Zweig aus dem Weg!» – «Drück mir doch mal den Tannenquast durch, ich steh auf der anderen Seite!» Sie durften beim Laufsauschießen und beim Tontaubenschießen behilflich sein, bis sie dann selbst mitschießen konnten. Die Jungen mußten anspannen und füttern können, und die Mädchen lernten melken. Es war ein fortgesetzter Wetteifer, Vaters Wünsche zu erfüllen und sein Lob zu verdienen. Was für eine glückliche Jugend hatten sie!

Zu Geburtstagen und Weihnachten besorgte in der Regel ich die Geschenke, legte aber großen Wert darauf, daß Vater sich vor der Bescherung alles ansah. Mit raschem Blick erkannte er, was zuviel war, und gab es mir für den Vorratsschrank zurück. «Nur keine Überschwemmung, das mindert die Freude.»

Streng konnte der Vater sein, z. B. wenn ein Kind durch Geschrei die anderen bei Tisch störte. Wenn nicht sehr schnell ein Wandel eintrat, ergriff er behende den Hosenboden und brachte das Kind – freilich ohne jede eigene Erregung – in die sprichwörtlich gewordene Saalkammer. Wie vielen Kinderböcken hat er mit dieser einfachen Vereinzelung des Kindes den Garaus gemacht und die Kinder so zur Besinnung gebracht! Und immer ließ er nach Überwindung des Übels seine Wärme fühlen und löschte die etwa empfundenen Härten. Ich kann mich nicht erinnern, daß er die Kinder geschlagen hätte. Aber er hätte auch daraus keinen Grundsatz fabriziert.

Ich glaube gar nicht, daß Hans' Erziehung so sehr verschieden war von der heute zum Prinzip erhobenen. Vielleicht war sie fordernder. Er mochte weder ein langes «Gefackel» leiden, noch daß die Kinder wichtig genommen wurden, weil sie es dadurch lernten, sich selber wichtig zu nehmen. «Sie sollen nie merken, daß sie unser Wichtigstes sind.» Prinzipien brauchte er nicht. Er war ein Pädagoge von Natur aus. Und eines kam nicht vor: Er verwischte oder veränderte nie meine Maßnahmen. Unmerklich plättete er alle Fehler zurecht und liebte alles wieder zusammen.

Ehe Max im Alumnat in Templin aufgenommen wurde, erlebte er eine einzigartig schöne Zeit in der Großmutter-Pension[27] in Stettin. Er war dort zusammen mit Ruth-Alice, Maria, Hans-Friedrich Kleist-Retzow, der wie sein Bruder Jürgen-Christoph gefallen ist, und mit Spes Bismarck. Als Krönung dieser Zeit hatte meine Mutter den Konfirmanden-Unterricht bei dem ihr nahe befreundeten Dietrich Bonhoeffer vermittelt. Hans war vorher zur Rücksprache über den Konfirmanden-Unterricht zu Pastor Bonhoeffer gereist. Max hatte das große Glück, mit Spes und Hans-Friedrich zusammen von Dietrich Bonhoeffer eingesegnet zu werden.[28] Dietrich hielt die Konfirmationsfeier in der kleinen Kieckower Dorfkirche. Meine Mutter hatte vor der Einsegnung einen achttägigen Aufenthalt von Dietrich mit den drei Konfirmanden in ihrem Haus arrangiert – ein Höhepunkt im Leben der Kinder. Nach dem Gottesdienst fuhren wir Wedemeyers nach Klein-Reetz und feierten dort im engsten

Die Teilnahme an täglichen Ausritten des Vaters war ein großer Wunsch der Kinder. V. l. Klaus von Bismarck, Ruth-Alice, Maria, Max, Hans-Werner und Vater 1938 vor dem Gutshaus.

Kreis. Dabei hielt der Vater für Max eine Tischrede, die unter dem Motto stand: «Junge, mach' die Augen auf!»[29] Keiner wird wohl seine fast täglichen Ermahnungen vergessen haben: «Mach' die Augen auf!», und jedem seiner Kinder ist wohl diese Forderung in Fleisch und Blut übergegangen. Darüber hinaus gab er dem Wort in dieser wichtigen Rede an seinen ältesten Sohn eine tiefere Bedeutung, indem er an die vielfachen Bibelstellen anknüpfte, die mit dem Wort «und siehe» oder «er tat seine Augen auf und sah» stets besondere Ereignisse einleiten.

Es gehört vielleicht nicht hierher und fließt mir doch aus der Feder: etwas vom Ende der Kinderheimat Pätzig. Die Entscheidung war schwer. Vater hatte mir einmal auf meine Frage im Januar 1942 kurz gesagt: «Wenn die Russen kommen, dann schick' die Kinder rechtzeitig in den Westen.» «Wer soll dann für sie sorgen?» «Das mußt Du Gott überlassen.» Nur die Erinnerung an diese ganz knappe Weisung gab mir den Mut, sie allein im Treckwagen in Richtung Oberbehme loszusenden. Es war der erste und zugleich der letzte dafür mögliche Tag, der 23. Januar 1945. Am nächsten Morgen wurde jegliche Flucht mit aller Schärfe von den nationalsozialistischen Verbänden untersagt. Aber auch in anderer Hinsicht handelte es sich um den letztmöglichen Augenblick. Wir hatten scharfen Frost, als die Fahrt begann. Aber das Wetter konnte jeden Augenblick umschlagen, und schon unterwegs begann es heftig zu schneien und zu tauen. Vor allem mußte man damit rechnen, daß die Oderbrücken gesperrt waren. Dies vorher noch zu ergründen, war mitten in dem über uns hereinbrechenden Kriegsgeschehen unmöglich. Der Weg mußte also bei Tauwetter über die zugefrorene Oder gewagt werden. Es blieb mir nichts anderes übrig, als einen polnischen Kutscher zu gewinnen. Dies gelang, indem ich ihn vollständig einkleidete. Aber vielleicht ging er auch ganz gern den Russen aus dem Weg. Er hat sich vorzüglich bewährt. Wie könnte ich das dem polnischen Volk je vergessen!

Es eilte. Wir mußten auch im Westen mit allem rechnen. Ein mit Planen bespannter Ackerwagen, drei Pferde, Ersatzgeschirre, Räder, Wagenteile, Handwerkszeug und Pferdefutter wurden geladen. Jeder durfte einen Koffer packen. Alles Schwergewichtige, also auch Silber, sollte vermieden werden. Um die Auffälligkeit zu mindern, wurde vor der Gartentür vorgefahren. Schon wurde eingestiegen, als Maria das eben aus dem Aufzug heraufkommende Tischsil-

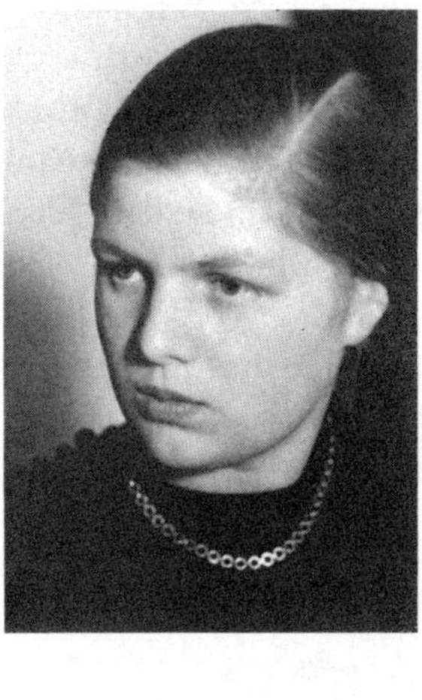

Maria von Wedemeyer leitete mit 20 Jahren die Flucht der jüngeren Geschwister direkt vor dem Einmarsch der Sowjet-Truppen, während ihre Mutter aus Verantwortungsbewußtsein bei den Dorfbewohnern ausharrte.

ber sah. Sie ergriff es und schüttete das ganze Tablett in einen noch offenstehenden Koffer. Alles, was erhalten wurde, verdanken wir also ihr. Maria war kurzfristig nachts aus Berlin gekommen, um mir den Treck mit den Kindern abzunehmen. Sie war seit Januar 1943 mit Dietrich Bonhoeffer verlobt und in der Wohnung der Eltern Bonhoeffer damit beschäftigt, ihn so oft wie nur möglich im Gefängnis zu besuchen, um ihm und anderen Gefangenen Erleichterungen zu schaffen.[30]

Sie mußte diesen Treck in eigener Verantwortung führen. Die jüngeren Geschwister, kränkliche, ungleichartige, in Berlin ausgebombte Flüchtlinge, insgesamt waren neun oder zehn todtraurige Menschen auf einem Wagen mit all ihrer Habe. 500 km mußten überwunden und unterwegs viele Quartiere erbettelt werden. Alles in allem eine Aufgabe für einen Hauptverantwortlichen, die im Grunde das menschliche Maß sprengte. Aber Maria, dieses 20jährige Mädchen – ihr konnte ich all meinen Reichtum in die Hände legen. Sie hat die Aufgabe souverän erfüllt.

An diesem Nachmittag des 28. Januar 1945 – es mag gegen 17 Uhr gewesen sein – standen Maria und ich auf der Landstraße hinter Warnitz, neun Kilometer westlich von Pätzig. Bis dahin war ich mitgefahren. Neben uns der schwer beladene Treckwagen mit einem gescheuchten Volk. Ein nasser Schneesturm peitschte uns, als ich ihr die letzten Direktiven gab. Die Ungewißheit, ob wir uns jemals alle wiedersehen würden, zerriß uns die Herzen. Wir bemühten uns, voreinander Fassung zu bewahren. Es war der trostloseste Augenblick meines Lebens. Aber es durfte keinen Aufenthalt mehr geben. Vor Abend noch mußte Quartier für die Pferde und für zehn Personen gefunden werden, und zwar möglichst dicht an der Oder. Da fand sie die helfende Tat. Sie zeichnete mir mit ihrer Hand ein Kreuz auf die Stirn, stieg wortlos vorn am Kutscher vorbei auf den Wagen, und augenblicklich zogen die Pferde an. In diesem Moment begannen wunderbarerweise die Glocken von Warnitz ihr Abendgeläut. Ich ging still und frierend nach Hause.

Leben in des Teufels Gasthaus

Soldat im Zweiten Weltkrieg

Im April 1939 wußte man in informierten militärischen Kreisen, daß Hitler im Sommer den Krieg zu entfesseln gedachte. Man hoffte noch auf ein Wunder. Aber keiner hatte unter der Diktatur die Möglichkeit, ihn daran zu hindern. Die Zeit für ein Attentat war noch nicht reif. Sie konnte es erst werden, als Hitlers Mißerfolge endlich begannen. Mit Beklommenheit harrten die Wissenden dem allen entgegen.

Ruth-Alices Hochzeit stand bevor. Niemand hatte, unter solch düsteren Wolken lebend, Elan für ein großes Fest. Aber Hans ahnte, daß es für lange – oder sogar für immer? – die letzte Möglichkeit war, der Jugend eine Freude zu bereiten. Also wurden 124 Personen zusammengeladen. Die Hochzeit fand am 15.7.1939 statt, und sie war, gerade angesichts dieses bösen Hintergrundes, ein Fest von so viel Leuchtkraft und Fröhlichkeit, wie kaum einer von uns es je erlebt haben mag. Sehr bald waren viele der jungen Männer, die noch so übermütig getanzt hatten, gefallen. Hans sprach auf das Brautpaar sonderlich über das Vertrauen, daß dies die einzig fruchtbare Basis für jegliches Zusammenleben unter den Menschen sei.

Die renovierte Kirche wurde zu der Hochzeitsfeier fertig. Ein wunderschöner und fröhlicher Raum war geschaffen. Die Einweihungsfeier fand am 31.8.1939 statt. Rückschauend muß man wohl diese beiden hohen Festtage als den Höhepunkt unseres Lebens in Pätzig schlechthin ansehen. Dies Werk an der Kirche, das Hans als das wichtigste seines Lebens und ihm liebste empfand, war abgeschlossen. Und am nächsten Tag, dem 1.9.1939, zog er in den Krieg und meldete sich bei der Truppe in Fürstenwalde.

Hochzeit von Ruth-Alice von Wedemeyer mit Klaus von Bismarck am 15. Juli 1939 in Pätzig.

Die Kirche hat offenbar sogar den Russen gefallen. Sie ist nach dem Zusammenbruch zu einer Art Wallfahrtskirche der dortigen Gegend geworden. Peter hat sie auf seiner Reise im Jahr 1960 besucht und sich trotz ihrer inzwischen verkleideten Gestalt daran gefreut, mit welcher Liebe die Polen sie am Samstag säuberten. Sie brachten Blumen zum Schmuck. Sie zeigten sie ihm voller Stolz und brannten dazu die Lichter an. Wohl waren die Gedenktafeln und Kreuze aus diesem Krieg herausgenommen, so auch die künstlerisch geschnitzte Tafel für Hans und Max, seinen Sohn. Aber die Tafeln aus dem vorigen Krieg waren erhalten, z. B. die eiserne für Hans' Bruder Werner, die über unserem Gestühl hing. Draußen vor der Kirche steht ein hohes Kreuz, das von den Polen zum Gedenken an die Gefallenen von Pätzig errichtet wurde, welche während des Umbruchs umkamen.

Das Gutshaus ist wenige Tage nach meiner Flucht abgebrannt worden. Man hat einige Kanister Benzin oben im Flur ausgegossen.

Als die Flammen in die Dachkammer vordrangen, in der Hans seine Vorräte an Jagdmunition aufbewahrte, hat es ein Riesen-Feuerwerk gegeben. Darüber hätte Hans sich sicher amüsiert, denn mit dem Haus konnte nichts Besseres geschehen. So blieb es vor der Verkommenheit so vieler anderer Gutshäuser bewahrt.

In Hans' Briefen aus dem Feld – er schrieb Tag für Tag – ließ er uns an allem teilnehmen, was man zu jenen Zeiten unter scharfer Postkontrolle schreiben konnte. Ich wußte, er rechnete von Anfang an mit Deutschlands Zusammenbruch, und er fand den Gedanken noch erträglicher als einen Sieg des Hitler-Regimes. Die Qual um das alles spornte ihn an, mit desto mehr Eifer zu tun, was ihm sein Gewissen sagte. Vielleicht ist in unserem Land unter den Wissenden nie so viel gebetet worden wie in jenen Jahren. Immer wichtiger wurde ihm die Dankbarkeit, zu der er uns oft ermahnte, und die Fröhlichkeit, mit der er tröstete, wo immer er war. Wenn er kam, so war es, als ginge die Sonne über uns allen in Pätzig auf. Mit forschendem, besonders wachem Blick ging er durch seine Betriebe, gab allenthalben belebende, fordernde Direktiven und reihte einen Witz an den andern, daß sie alle lachten.

Aus der Nachbarschaft kamen in den Urlaubszeiten regelmäßig alte Freunde, um zu erfahren, wie es draußen stand. Man hoffte, die sonst verborgen gehaltene Wahrheit endlich zuverlässig bestätigt zu bekommen. Man wußte, er gehörte zu den wenigen, die Einblick hatten. Sämtliche Feindnachrichten aus dem Bereich der Heeresgruppe, die ihm für diese Gegend unterstellt war, und nicht nur aus diesem, gingen durch seine Hand. Hans kannte die geschehenen und geplanten Kriegsvorgänge von Bedeutung. Gelegentlich konnte er so leichthin sagen: «Wir leben in des Teufels Gasthaus, und wenn wir den Krieg gewinnen, kommen wir nie mehr heraus.»

Auf einem der letzten Urlaube fuhr er mit mir in die Nachbarschaft, um einen politisch interessierten und verehrten alten Herrn zu besuchen. Als sicher nahm ich an, daß er ihn, der der Widerstandsbewegung nahestand und mit dem man darum offen reden konnte, ebenfalls orientieren wollte. Zu meinem größten Erstaunen ereignete sich nun folgendes: Der alte Herr führte ihn an eine ausgespannte Karte der russischen Gebiete und hielt seinerseits einen

Vortrag über unsere und die Feindlage. Es war ein vorzügliches und klug vorgetragenes Illusionsgebilde. Hans widersprach mit keiner Silbe. Der alte Herr bedankte sich herzlich für den interessanten Besuch. Beim Nachhausefahren fragte ich Hans verwundert, warum er denn den ganzen Unsinn über sich habe ergehen lassen, ohne ihm zu widersprechen. «Ach, dann wäre die Zeit, die ich mir für den Besuch genommen hatte, vertan gewesen. Ich wollte ihm doch eine Freude machen, und ich merkte, daß er gern sagen wollte, was er sich über den Kriegsverlauf zurechtgedacht hatte...»

In früheren Jahren hielt er es für äußerst wichtig, die Wahrheit über jede Sache zu finden und zu verbreiten, so daß er gelegentlich die Menschen darüber vergessen konnte. Dann konnte er, wie besessen von dem Verlangen, das Richtige zu erkennen, nur noch hieran denken. Aber jetzt war ihm der Mensch wichtiger geworden und die Erforschung dessen, was diesem im Augenblick not tat.

Ich denke manchmal an diese kleine Episode, wenn ich heute erlebe, daß es in unserer angespannten und gehetzten Zeit immer mehr üblich wird, nur noch «wesentliche Menschen» ernst zu nehmen und die Einwürfe und Fragen anderer unbedeutenderer geflissentlich zu überhören. Hans konnte, in der Sache befangen, gelegentlich einen Menschen ungewollt überhören. Das sah man seinen Augen an und registrierte es ohne weiteres in diesem Sinn. Nicht aber hätte er bewußt durch Weghören einen Menschen gedemütigt. Er nahm einen jeden in seinem begrenzten Sichtbereich ernst. Das war der Unterschied.

Am 30.7.1942 wurde sein Wunsch erfüllt, ihn an der Front zu verwenden. Am 31.7., seinem Geburtstag, fuhr er nach vorn. Hans schrieb in seinen letzten Lebenswochen wegen allzu großer Anspannung im Vormarsch auf Stalingrad nur Tagebuchblätter. Diese konnte er zwischendurch schreiben, weil er alles dafür in seiner Meldetasche bei sich hatte und jede freie Minute dafür ausnützte.

Diese Nachrichten können nur in der Gesamtheit einen Eindruck dessen geben, was er erlebte. Aber als Ganzes würden sie hier den Rahmen sprengen. Darum muß ich den Versuch machen, Euch unter Verwendung seiner eigenen Worte seine Lage an der Front zu schildern. Er wurde nicht, wie der Chef der Heeresgruppe Freiherr

Hans von Wedemeyer im Generalstab der Heeresgruppe Süd 1942 in Poltawa als 1 c Feindaufklärung bei der Kartenarbeit. Wenig später geht er freiwillig als Regimentskommandeur an die Front und fällt nach wenigen Wochen vor Stalingrad.

von Weichs ihm zugesagt hatte, als Regimentskommandeur eingesetzt, sondern es wurde ihm ein Bataillon übergeben, in dem gerade der Kommandeur, der Adjutant und wohl fast der ganze Stab ausgefallen waren. Die Nachrichtenübermittlung war abgerissen. Beim Regimentsstab wußte niemand, wo die Kompanien steckten. Sein Kampfabschnitt lag im östlichsten Donbogen, etwa in der Mitte, also ziemlich genau westlich von Stalingrad. Vor ihm lag die Steppenwüste, die er in 18 Tagen Vormarsch überwand.

Er befindet sich nun bei der Truppe, die am weitesten im Osten steht. Echtes Steppenklima, tagsüber 30 Grad, nachts richtig kalt, Staub, Staub, Staub. Er steht über einem im Tal liegenden Dorf, als brennte es. Er steigt hoch über die Berge auf und zieht nach Westen wie eine Rauchfahne. Die Männer aus dem Einsatz kommen mit staubverkrusteten Gesichtern zurück, aus denen nur die Augen herausgucken.

Durch einen vor kurzem erfolgten Überfall der Russen ist das Bataillon völlig verarmt, hat kein Fahrrad, nur ein z. Zt. kaputtes

Solo-Krad[31], natürlich keine Kraftwagen. Pferde sind sehr mangelhaft, aber auch Mäntel, Feldbahnen, Ferngläser, Waffengerät fehlen. Auch vorn weiß niemand, wo die 1. Kompanie steht, die 2. ist ohne Offiziere, die 3. in den Nachbarabschnitt geraten, nur die 5. Kompanie steht. Sie hat aber auf einen halben Kilometer nur einen Zug. Er sammelt sich in Nachtmärschen seine Truppe zusammen, die er zum Teil auf dem Rückmarsch findet.

Die Truppe besteht aus Ostmärkern, aus Nieder- und Oberdonau, aufgefüllt mit Sachsen. Die Ostmärker reagieren sehr negativ, auf Befehle wie auf die gesamte Kriegslage, mit dem Empfinden «Verfehlt – aber nicht ernst». Sie gefallen ihm jedoch ihrer gutmütigen Sprache wegen. Der Regimentskommandeur will einen Weg finden zwischen dem Können des Regiments und den Orderungen von oben, hat aber bei allem guten Willen nichts Mitreißendes an sich, was die Ostmärker in Schwung bringen könnte. Es klafft die Lücke des Nicht-Verstehens und Nicht-Vertrauens, wie so oft im Leben. Sein Adjutant ist keine Leuchte, kramt fast den ganzen Tag im Papier und hat keinen allzu großen Begriff von Disziplin oder Soldatentum. Er sieht vor allem den Stab und nicht die Truppe. Aber er ist ein netter, anständiger Kerl, den Hans davor zu bewahren hofft, zwischen den Schwierigkeiten der Aufgabe und den etwas stoßweisen Forderungen des Regimentskommandeurs zerrieben zu werden. Letzterer ist offenbar nervös.

Die meisten Unteroffiziere sind in einen fürchterlichen Schlendrian hineingeraten. Hans macht «Stop!», vor allem hinsichtlich des Pferdepflegens. Die Pferde sind so heruntergekommen, daß man sie bei Freund und Feind frei herumlaufen und grasen läßt, weil sie nicht mehr können. Er wählt sich zuerst ein gelbes Panjepony, das drei Qualitäten auszeichnen, erstens ist es nicht weiß, zweitens läuft es Trab, auch manchmal Galopp, drittens ist es leidlich dick. Schließlich nimmt er die Rappstute eines gefallenen Kommando-Führers, die er mit vielen Druckstellen erst einmal acht Tage beim Troß führen läßt und sie dann gar nicht schlecht in ihren Bewegungen findet. Er reitet nun wieder viel.

Wir müssen uns hier einmal klarmachen, daß Hans die Feindlage genau kannte und daß er wußte: wir konnten den Krieg in keinem

Fall mehr gewinnen. Er erwartete den baldigen Zusammenbruch der Front. Alles, was er in seinem Kampfabschnitt sah, konnte diese Sicht nur bestätigen. Er wußte auch, daß jeder, der das Vaterland verantwortlich liebte, den Sieg letztlich nicht wünschen durfte, der ja das Hitler-Regime befestigt haben würde. Auf der anderen Seite war er Preuße, ein im Preußengeist seit Generationen verwurzelter Soldat. In dieser Frontsituation konnte es für ihn nichts anderes geben, als den Menschen, die ihm zugeordnet waren, zu dienen und die gestellte Aufgabe, so gut es irgend ging, zu erfüllen. Die körperlichen Strapazen müssen ungeheuerlich gewesen sein. Unter diesen Aspekten lest nun bitte, was er selbst in den letzten Briefen schrieb.

«Du mußt Dich auch freuen, daß ich hier ein Leben habe, das mir so viel besser behagt als das Bürositzen. Es ist auch komisch, wie gesund es ist. Jeden Morgen sind meine Füße quatschnaß von dem betauten Steppengras. In der Nacht wache ich unter Frieren auf. Das ist sehr nützlich für den Dienst. Ich kann zwischendurch bei Tag schlafen. An Erkältung gar nicht zu denken. Mir geht's wirklich ganz ausgezeichnet in jeder Beziehung. So sehr man über den Staub schimpfen mag, der nach zwei Stunden alles bedeckt und in gleichmäßiges Grau hüllt – das trockene Wetter ist doch eine große Hilfe für den Soldaten.»

Durch den Melde-Oberstaffelführer Mugler, den mir die Truppe später mit seinen Sachen sandte, weiß ich, daß sich das Bataillon am 18. 8. 1942 in Kissljakoff befand. Dies liegt nach meiner Rechnung etwa neun Kilometer westlich vom Don. Am 19. 8. wurde der Don überschritten. Die Brücke war schon gesprengt. Die Übergangsstelle findet sich etwas nördlich der kürzesten Verbindung nach Stalingrad. Hier begegnen sich Wolga und Don aufs nächste und sind etwas südlicher durch einen Kanal verbunden.

Am 20. 8. lag das Bataillon am Ostufer des Don, unmittelbar südlich der Brücke, die von Nish Akatov herüberführt. Am 21. 8. nahm das Bataillon den befestigten Ort Werchnij Gniloy. Dabei bekam Hans leichte Verwundungen durch Granatsplitter, wollte aber nicht, wie der Arzt ihm riet, auf den Hauptverbandsplatz zurückgehen. Am 20. und 21. 8. rief der Regimentskommandeur ihn ab, und Hans bat zweimal, vorn bleiben zu dürfen, da er den Gegenstoß noch bei der Truppe abwarten wolle. Mugler berichtete mir, daß Hans das Bataillon zu Beginn sehr erschöpft vorgefunden habe. Die Nachrichtenübermittlung habe auf keine Art mehr funktioniert. Diese habe Hans weitgehend selbst auf dem Motorrad übernommen und sei von den Fahrten bei großer Wüstenhitze mit dicker, grauer Staubkruste im Gesicht überdeckt zurückgekommen. Aber er sei immer voller Fröhlichkeit gewesen. Er habe sie damit alle angesteckt und wieder hochgerissen.

In der Nacht vom 21. zum 22. August setzten die Russen zu einem massiven Panzerangriff an. Hans alarmierte sofort. Er stand in einem Panzerloch, als er vor 3.00 Uhr nachts von Panzersplittern getroffen wurde. Er war sofort bewußtlos, starb auf dem Hauptverbandsplatz und ist auf dem dortigen Soldatenfriedhof in Kissljakoff begraben worden.

Kaum eine Teilnahme hat mich damals so bewegt, wie die langen, liebevollen Berichte von Mugler, der ihn in den letzten Wochen täglich sah. Er sprach über ihn wie über einen nahen Freund.

Zum Abschluß folgen noch einige Sätze aus Hans' letztem Brief vom 19./20./21.8.1942:

«Herzliebstes Mädchen Du!... Zunächst würde mich das Totgeschossenwerden nur im Gedanken an Dich ärgern. Das wurde mir gestern nacht gleichzeitig mit dem Gedanken klar: dies hier würde meiner Frau Freude machen.

Es war großer Feuerzauber ohne nennenswerte Verluste für mein Bataillon. Wir liegen in einer Parklandschaft (also jetzt östlich des Don). Hohe Pappeln und Weiden, Gebüsche und Blumenwiesen. Eine reizende, ganz zartblaue Distel steht neben mir. Sie würde neben die Heuchera in Deinem Staudengarten passen. Blaue, lila, gelbe, weiße Blumen ringsum, wo sie die Hufe der Pferde noch nicht niedertraten... Es ist ein staubfreier Weg mit wunderbarem Blick, viele Meilen weit, in die Ebene zwischen Don und Wolga. Ich ritt an der Marschkolonne lang, machte Witzchen mit den Leuten, die gut Disziplin hielten. Wir waren sehr guter Laune.

Im übrigen war «alles dran». (Nach Mugler: an dem Übergang über den Don.) Immerzu Leuchtfallschirme, oben, rechts und links. Ein Dom von Scheinwerfern gab es alle zehn Minuten und zunächst herrliches Feuerwerk der Flak dazu. Späterhin steckte sie es auf, ob aus Munitionsmangel oder weil sie sich von der Aussichtslosigkeit ihres Unternehmens überzeugt hatte, weiß ich nicht, so niedrig die Sowjet-Flieger auch kurvten und selbst mit Leuchtspur in die Gegend funkten, nachdem sie ihre Feuereier gelegt hatten. Dazwischen brummte die Stalinorgel, ein Raketengeschütz, das 30 Granaten auf einmal in die Gegend spuckt, einmal auch in die 1. Kompanie, 80 Schritte neben mir. Strichfeuer von Panzergeschützen und Gewehren flutschte durch die Bäume. Ich bin bald drüber eingeschlafen, als ich meine Meldung abgesetzt und meine Leute unter hatte.«

Hier bricht der letzte Brief ab.

Da hat auch der Tod seinen Schrecken verloren

Erinnerungen an den Sohn Max von Wedemeyer

Eigentlich müßte ich die Erinnerungen an Max gesondert schreiben, aber ich bin nicht sicher, dies leisten zu können. Darum füge ich hier Auszüge aus seinen noch erhalten gebliebenen Briefen nach dem Tod seines Vaters ein.

Maximilian, am 13. 1. 1922 geboren, besuchte das Joachimstalsche Gymnasium in Templin. Er wurde dort nach dem Abitur mit 18 Jahren zur Wehrmacht entlassen. Sofort danach trat er beim Jäger-Bataillon in Kolberg ein (IV. Infanterieregiment, das Klaus Bismarck auch geführt hat). Bald wurde er in Rußland zu schweren Durstmärschen eingesetzt. Bei seinem ersten Urlaub nach dem Rußland-Feldzug, den er unbeschreiblich genoß, beschrieb er mir auf meine eindringliche Frage, wie Durst sei, diesen in aller Ausführlichkeit. Schließlich bilde sich im Mund, auf der Zunge und im Rachen ein dicker, klebriger Pelz, den man nicht mehr losbrächte. Er habe aber nie den letzten Tropfen aus seiner Feldflasche getrunken.

Danach erfolgte in Berlin und Kolberg seine Ausbildung als Offizier und die Beförderung zum Leutnant im Dezember 1941. Wir gaben ihm und seinen Freunden zwischen Weihnachten und Neujahr 1941 eine selten schön gelungene Jugendjagd mit Tanz in der Weihnachtsstube und hatten sehr viele Kerzen aus alten Vorräten spendiert. Es war uns damals so wichtig, der Jugend eine solche Freude zu machen, daß wir alle Bedenken wegen der vielen Todesfälle unter unseren Verwandten in den Wind schlugen.

Bei Hans' Urlaub im Januar 1942 haben sich nach Überwindung großer Schwierigkeiten in Elbing getroffen: er von Poltava kommend, Max aus Marienwerder (kurz vor seinem Einsatz in Rußland), Ruth-Alice und ich. Max hatte wichtige Fragen an den Vater. Ihr könnt Euch kaum vorstellen, in welch gespaltener Situation man damals lebte. Was bedeutet der Fahneneid? Wann darf, wann muß man ihn brechen? Kann, darf man einen Sieg unserer Truppe wünschen? Das Foto von Hans und Max auf der Landzunge stehend gibt etwas von diesen Gesprächen ihrer letzten Begegnung wieder.

Im Februar 1942 kam er erneut zum Fronteinsatz, und zwar im Kessel von Strelizy als Bataillon-Adjutant des I. Bataillons vom IV. Infanterieregiment. Mit «Kessel» bezeichnete man einen Abschnitt, der wie ein erweiterter Brückenkopf weit in die feindliche Linie hineingeschoben und vom Feind fast ganz umgeben war. Die einzige Verbindung mit der eigenen Front bestand in einem schmalen Landstrich (Schlauch) zur Beförderung des Nachschubs und zur Versorgung der Truppe, die vorne war. Dieser Schlauch kostete das Regiment täglich empfindliche Opfer.

Darum wurde beschlossen, ihn durch das I. Bataillon erweitern zu lassen. Bei diesem Angriff wurden schwerste Opfer gebracht, und auch Max fiel am 26. 10. 1942, zwei Monate nach dem Tod von Hans. Es folgt eine Auswahl der letzten geretteten Briefe.

Brief von Max an die Frau seines Bataillonskommandeurs, Frau Spiegel, vom 29. 9. 1942:

Hochverehrte, gnädige Frau!
Ich bin allein «zu Haus». Das Regiment weiht den neuen Bunker ein, wobei Herr Hauptmann natürlich nicht fehlen darf, und der Doktor verzehrt zusammen mit Oberleutnant Woller eine heute von letzterem geschossene Ente, so daß es mal wieder an mir ist, das Haus zu hüten. Da möchte ich Herrn Hauptmanns Vorschlag, Ihnen, hochverehrte, gnädige Frau, zu schreiben, doch in die Tat umsetzen, nachdem ich mir eben von den Feldwebeln beim Doppelkopf das Geld aus der Tasche nehmen ließ.

Es ist schwierig, einem so völlig fremden Menschen einen Brief zu schreiben. Soll ich schreiben von der Arbeit hier oder von den

Kämpfen, die es schon lange nicht mehr gab, oder gar von den Minen, auf die wir alle schon eine Wut haben, daß schon, wenn wir das Wort «Mine» hören, die Stimmung futsch ist?

Ja, wovon soll ich schreiben, doch nicht von dem Wetter oder von der «großen Lage»? Von der mehr oder weniger großen Zuversicht, mit der wir den Winter erwarten? Nein, ich will ein paar Gedanken hinschreiben, die mir neulich durch den Kopf gingen, vom Wald, der unsere Heimat hier geworden ist, von der Schönheit und Einsamkeit des Waldes, der sein Rauschen doch vom deutschen Wald gelernt haben muß.

Zu Hause schreien jetzt die Hirsche; nachts geht's auf dem klappernden Wagen hinaus, dann sitzt man frierend auf dem Hochsitz, um einen herum das Konzert der schreienden Hirsche, und langsam kommt die Dämmerung, bis endlich der große Sonnenball über den Waldrand steigt, bis die langen, dünnen Sonnenstrahlen sich den Weg durch die Morgennebel bahnen, um auf dem glitzernden Reif zu enden. Das ist der Höhepunkt der Brunft und ist gleichzeitig der Höhepunkt der Schönheit des Waldes. Solche Erinnerungen ziehen einem durch den Kopf, wenn man hier durch den russischen Busch pirscht, mit Mordgedanken auf den Birkhahn und sehnsüchtigen Gedanken an das Ebenbild dieses Waldes in der Heimat.

Weit und nah kullert und kullert der Birkhahn fast ohne Unterbrechung, und dann dringen die ersten Sonnenstrahlen durch die Baumkronen und beleben den von Reif glitzernden Waldboden. Und weiter, man watet über das Moor, der Boden gibt nach wie eine Gummischicht, die Füße sind naß und kalt – und dann hat der Birkhahn, hinter dem man her ist, plötzlich geschwiegen. Man lauscht, sieht sich um und hört plötzlich das Konzert der nun aufgewachten kleinen Vögel und hat einen weiten Blick über das große Moor, über die trostlose russische Einsamkeit, und doch fühlt man sich wie zu Hause.

Wir leben hier Tausende von Kilometern von der Heimat entfernt, fast völlig umgeben von Russen, und doch finde ich immer wieder, daß uns durch diesen Wald die Heimat so nah gerückt ist, durch diesen Wald, der uns alles gab, unsere Stellung und überhaupt das, was wir als unser «Zuhause» betrachten.

Jetzt hab ich schon viel zu lang für so einen Brief geschrieben und Sie gelangweilt.

Es küßt Ihnen, hochverehrte, gnädige Frau, die Hand,

Ihr ergebener
Maximilian von Wedemeyer.

Telegramm vom IV. Infanterieregiment am 26. 8. 1942: «Vater des Leutnant von Wedemeyer gefallen, kurzer Heimaturlaub erbeten.»

«Man ist so einsam – wo Vater nun fort ist...», schreibt Max von Wedemeyer an seine Schwester Maria zum Tod des Vaters. Er fällt selbst wenige Wochen danach.

Brief vom 26. 8. 1942:

Mein liebstes Mutterlein!

Ich weiß nicht, was ich schreiben soll. Ich sitze vor meinem Papierbogen und möchte Dir mit diesem Brief helfen und komme mit mir selbst nicht klar. Vielleicht wäre es besser, ich schriebe Dir erst, wenn ich das alles erst ein wenig überwunden hätte. Aber ich will nicht, daß Du lange vergeblich darauf wartest, daß ich nach Pätzig komme...

Es sind schon oft Väter oder Brüder oder Söhne gefallen, und es wäre ungerecht, wenn ich nun als Offizier bevorzugt würde. Wenn man einen Mann, der vielleicht sogar diesen Winter hier draußen war, nicht außer der Reihe für wenige Tage beurlauben kann, so kann ein junger Offizier einen solchen Urlaub bestimmt nicht erwarten. Es fällt mir schwer, diese Pflicht der Kameradschaft gut zu heißen... Vielleicht muß man sogar auf diese Gleichberechtigung des Mannes stolz sein, denn sie existiert ja nur im deutschen Heer.

Mutterlein, ich weiß, Du wirst es alles ertragen können.

Ich freue mich so, daß Klaus nun in dieser Zeit bei Dir ist... Mir ist der letzte Tag in Elbing eine so schöne Erinnerung. Der Gedanke daran stärkt mich ebenso wie die Gewißheit, daß der liebe Gott Dir die Kraft gibt, den Verlust dieses Mannes zu ertragen.

Brief vom 28.8.1942:

Vorgestern vormittag kam das Telegramm. Hauptmann Spiegel mußte es mir sagen. Ich bin dann erst mal allein fortgegangen, quer durch den Wald in Gegenden, die ich noch gar nicht kannte. Wie ein großes Gewicht liegen all die Fragen auf einem – ist es nun wirklich wahr, daß Vater nicht mehr leben soll? Wo ist es geschehen? Wie ist es geschehen? Ist er geborgen worden? Und wie mag es Dir gehen? Du hast mir in den letzten Tagen so viel Schönes von den Trauerfeiern für die Pätziger erzählt, von der Erkenntnis, daß dem Tod alle Schrecken genommen sind. Ach, hätte ich doch auch einen Pastor Reck hier, der mir sagen könnte, daß es gleichgültig ist, ob man lebt oder stirbt, daß man nur dazu da ist, Gott die Ehre zu geben. Die Soldaten sagen dazu, «seine Pflicht zu tun». Man ist so einsam, wo Vater nun fort ist. Vorgesetzte und Kameraden sprechen einem die Teilnahme aus. Dann ist es schon vorbei, dann ist man allein unter vier Augen mit Gott, also doch nicht allein? Noch habe ich nicht die Ruhe, um das als wirkliche Wahrheit zu empfinden.

Brief vom 31.8.1942:

Nun sind es schon fünf Tage her, daß ich das Telegramm erhielt, und es ist immer noch bei den drei Worten geblieben. Die Aussichten, daß ich bald eine genauere Nachricht bekomme, sind geringer geworden. – Man wird wohl Vater von vielen Seiten den Vorwurf machen, er habe in sein Schicksal eingegriffen. Er hätte mit dem ihm befohlenen Posten zufrieden sein sollen und an das denken sollen, was er allein ließ. Ich finde, so kann nur einer sprechen, der Vater nicht kannte. Es kam ja bei Vaters Entschluß nicht auf ihn und nicht auf Pätzig oder auf andere Menschen an, sondern auf die Gesinnung, die dabei zum Ausdruck kam. Ich habe, als ich zuerst von seinem Entschluß hörte, doch etwas Angst gehabt, er beneide die jungen Leute und wollte nicht hinter ihnen zurückstehen. Aber Vater war anders, er sah die Dinge immer viel weiter – von einem höheren Gesichtspunkt aus. Im übrigen hat Vater sich bestimmt seinen Entschluß überlegt. Das genügt mir. Denn was er sich überlegt hat, ist bestimmt richtig. Da ist es überflüssig, daran 'rumzudoktern. Es ist schön zu wissen, daß nicht alle Menschen hier schon nach drei Tagen Vaters Tod vergessen haben. Gestern fragte mich nämlich der gute Hauptmann Spiegel, ob ich wohl ein Neues Testament habe, er wolle mir sonst seins borgen. Aber es war nicht nötig, ich habe ja eins.

Brief vom 5.9.1942:

Oberleutnant Schaumann hat mir von der Trauerfeier in Pätzig, von der Pätziger Kirche, von der schönen Ansprache von Pastor Reck und von der guten Atmosphäre, die über dem Ganzen lag, erzählt. Er hat mir weiter erzählt, daß bei Vater die Panzer durchbrachen und bis zu seinem Gefechtsstand kamen und er durch eine Panzergranate gefallen ist, wahrscheinlich. Er hat mir von der Ernte erzählt, und daß die Hirsche schreien und daß es Euch allen gut geht und daß die Pätziger Kirche hübsch war. Ich bin so froh, diese frische, schöne Nachricht zu haben und kann mir nun alles so schön genau vorstellen, als wäre ich selbst dabei gewesen. Seine Wege sind doch die richtigen für uns, auch wo wir es nicht verstehen können, «wir werden es aber hernach erfahren». Wenn meine Gedanken zu Dir wandern, Mutterlein, so habe ich keine Sorge um Dich. Nur wenn ich an die liebe Maria denke mit ihrer großen Leidenschaftlichkeit und starken Empfindsamkeit; wie wird es ihr ergehen?

Brief vom 10.9.1942:

Mein gutes Mutterlein! Deine wunderschönen Briefe haben mich so unerhört erfreut und wunderbar getröstet. Sie versetzen mich ganz zwischen Euch, und ich sehe mit Stolz und großer Freude auf Dich, Mutterlein. Du hast aus diesem Trauerfall mit Gottes Hilfe etwas Erhabenes, ja beinahe Schönes gemacht. Mutter, ich weiß, Du wirst dies nicht wahr haben wollen. Ich bin Dir so dankbar, daß Du durch Deine Haltung und Würde diese wunderbare Atmosphäre über das Ganze gebreitet und dadurch nicht nur allen anderen, sondern so ganz besonders auch mir – und ich glaube auch Dir selbst – geholfen hast. Ich bin Dir so dankbar, daß Du meine Mutter bist.

Da ich hier seit dem ersten Tag, an dem ich die Nachricht bekam, mir doch nichts anmerken lassen darf, ja, wo der dauernde Dienst weiterläuft und keine persönlichen Rücksichten zuläßt, ist eigentlich das Briefschreiben an Dich der einzige Augenblick, wo man sich mal richtig ausheulen kann, wo man sich einem Menschen so ganz anvertrauen kann. Aber Deine wunderbare Stärke überträgt sich so auf mich, daß ich gar nicht so traurig sein kann.

...Gestern traf ich zufällig mit dem Divisionskommandeur zusammen, der mich zu sich heranrief und mir sehr nett und liebevoll des längeren auseinandersetzte, weswegen er mich nicht hatte nach Hause fahren lassen. Ich war ihm dankbar dafür und sagte ihm, daß ich es voll und ganz einsähe. Vater hätte mich an dessen Stelle, glaube ich, auch nicht fahren lassen.

Brief vom 12.9.1942:

Ich habe allein einen Gang durch den Wald gemacht und habe eine von den ganz wenigen Eichen gefunden, die es hier gibt. Da ich sonst gar nichts von hier aus für Vater tun kann, will ich ihm doch wenigstens diese paar russischen Eichenblätter, diesen Bruch, statt an sein Grab an sein Holzkreuz in seiner Kirche legen. Tu es bitte an meiner Stelle. Vielleicht kann man späterhin ein Blatt davon pressen und an der Rückseite des Kreuzes anbringen, vielleicht ein bißchen in das Holz eingelassen. Nicht, weil es von mir kommt, sondern weil es ein russisches Eichblatt ist.

Brief vom 16.9.1942:

Mit Deiner Ansicht über den Platz, an den Vaters Kreuz hingehört, bin ich ganz und gar einverstanden. Hier bei uns bekommt ja der Offizier oder Ritterkreuzträger auch keinen Extra-Ehrenplatz. Er kommt genau so in die Reihe wie jeder Landser. Und das ist doch wohl der Sinn des Kreuzes in der Apsis der Kirche, daß man sie als Ersatz für einen richtigen Heldenfriedhof empfindet. Auch bei unserem Friedhof, den ich Dir einmal aufzeichnete, ist es beinahe so wie in der Pätziger Apsis. Das große Kreuz, es ist hier fast 10 Meter hoch, überragt das Ganze so stark, daß das einzelne Grab unwichtig erscheint. Alle Gräber liegen unter dem Kreuz und sind dort oben, einsam, dem Himmel näher als in einer Kirche.

«Jagd vorbei» hat Prochnow dann (er meint nach der Gedenkfeier draußen) geblasen. Seit ich Deinen Brief das erste Mal las, klingt mir jetzt immer wieder das «Jagd vorbei» in den Ohren. Das schreckliche Signal in seiner ganzen traurigen Schönheit. Es stellt jedesmal die ganze grausige Wahrheit vor mich hin, Mutterlein. Ach, ich bin so traurig. Und doch auch dankbar, wie fabelhaft mich Gott mit diesem Vater beschenkt hat. Du hast recht, man muß auf die Zeit sehen, die man gehabt hat, und dann in Zukunft sein Leben aufbauen, mit dem Blick auf ihn. Mutter, wer ist nur auf die Idee gekommen, «Jagd vorbei» zu blasen?

Brief vom 19.9.1942:

Ich habe einen Lebensabschnitt hinter mir, der so einzigartig glücklich und sorglos war. Immer wieder wandern meine Gedanken zurück nach Templin, nach dem wunderschönen Templin und nach den Ferien, den Jagden, Weihnachten und besonders nach all den Tagen und Stunden, in denen ich mit Dir und Vater zusammen sein durfte; und diese Gedanken stimmen mich froh und zuversichtlich. Vater wird mir auch fernerhin nah sein und wird mir helfen, die große schöne Aufgabe zu lösen, die für mein weiteres Leben vor mir steht. Ich fange an zu predigen...

Brief vom 26.9.1942:

Klaus [von Bismarck] wird in diesen Tagen kommen. Ich freue mich schon sehr darauf. Er wird mir Nachricht von Dir bringen, und ich werde jemand haben, mit dem ich offen sprechen kann... Daß ich hier niemand habe, der Vater kennt und ein wenig mittrauert... Nur um Maria sorge ich mich immer wieder. Sie schreibt mir heute wieder so fassungslos.

Brief an Maria vom 28.9.1942:

Meine gute Maria!
Hab Dank für Deinen lieben Brief, der mich freute und mir zu denken gibt. Weißt Du, Du hast ganz recht, man muß etwas haben, zu dem man Zuflucht nehmen kann! Einen Baum oder ein Tier oder den Wald. Und sie tun einem deshalb wohl, weil sie nichts sagen und Ruhe ausstrahlen, schreibst Du.

So aber reden die Menschen und reden, ohne einem zu helfen, von «Sie fielen für uns» und «Sie haben sich geopfert», und man kommt nicht zur rechten Trauer.

Mia, ich glaube, das «in Gedanken fragen, was Vater wohl sagen würde» hilft nicht immer, weil man ja doch mit Vaters Gedanken nicht mitkommen würde. Aber man kann dann doch, glaube ich, merken, von welcher Seite Vater die Sache angesehen haben würde, und das mag einem doch schon sehr helfen.

Von welcher Seite Vater die Sache in diesem Fall gesehen hätte, weiß ich ganz bestimmt. Vielleicht hätte er etwa so gemeint: «Man muß solche Dinge mit sich allein durchkämpfen. Es bleiben einem nur wenige Dinge, zu denen man sich halten kann. Darunter ist eins bestimmt ein Gebet. Anders kann man sicher zu keiner Lösung kommen.»

Wer seinen Trost in Phrasen wie «Er fiel fürs Vaterland» sucht, wird ihn nicht finden. Dagegen sieh einmal auf Mutter! Sie hat ihren Trost sicher dort gefunden! Sie hat in Vater bestimmt am meisten verloren, sie, der doch am ehesten Vaters persönlicher Rat fehlen wird. Wir beide haben doch nicht die Sorge wie sie. Müßte sie nicht zusammenbrechen unter der Last der Sorgen, beim Blick in die Zukunft, die auf sie geladen ist? Und sie würde es wohl auch nicht ertragen können, wenn sie nicht diese Zuflucht hätte, die eine große Ruhe ausstrahlt, ohne zu reden. – Kommt her zu mir... Und das ist Wahrheit, das erquickt uns, diese Kraft. Denn sie strahlt die Ruhe aus, die wir brauchen und in der wir uns auch selbst wiederfinden.

Du wirst vielleicht sagen: so würde Vater nicht pastern.[32]

Ich weiß, er würde es schöner ausdrücken, aber er würde es so meinen.

Was ist opfern? Das kann doch nur etwas Bewußtes sein, wenn man es streng nimmt. Denn auch der schöne Satz «Er hat es gewußt, daß er sterben würde» ist wohl ein Satz, mit dem sich Menschen gegenseitig trösten zu können glauben. Er ist aber nicht wahr. Eine Verwundung ist immer etwas Überraschendes.

Ja, wir kämpfen für die Heimat und wir nehmen die Möglichkeit in Kauf, daß wir fallen können. Aber deshalb fallen wir doch nicht für die Lieben zu Hause; für diese Freundlichkeit würden sich die Lieben wahrscheinlich schön bedanken!

Du, ich glaube, all das ist Dir schon ein paarmal gesagt worden, ohne daß es Dir geholfen hat. Dann nimm mir aber den Brief nicht übel, meine gute, kleine Mia,

Max.

Brief vom 1. 10. 1942 an Hans-Werner:

Wir haben beide unseren Vater verloren und haben in ihm unser Vorbild, unseren Wegweiser verloren. Wir sind beide noch recht jung, aber Du wirst doch schon so viel von Vaters Persönlichkeit und seiner Einstellung allen Dingen gegenüber gemerkt haben, daß Du nun als Vaters Sohn den richtigen Weg einschlagen können wirst. Wir müssen nun beide mehr oder weniger auf uns selbst gestellt gehen, oder besser gesagt, Vaters Weg weitergehen. Es wird vielleicht zunächst nicht leicht sein, denn wir beide als Jungen können uns ja auch nicht damit zufrieden geben, uns selbst zu trösten, sondern müssen versuchen, Mutter nun ganz besonders zu helfen, indem wir ihr Kummer ersparen und doch ihr alles vertrauensvoll erzählen, was uns bedrückt. Zwischen diesen beiden Möglichkeiten den richtigen berühmten Mittelweg zu finden, den «schmalen Grat», wie Mutter immer sagt, das ist schwierig und doch sooo wichtig.

Von Deinem Waidmannsheil auf Keiler und Bock hörte ich und gratuliere Dir sehr dazu. Wenn Du magst, erzähle mir doch mal kurz davon, es interessiert mich wahnsinnig. Heute kommt Klaus und erzählt mir morgen von seinem Hirsch, den Du ja wohl mit Prochnow ausgemacht hast. Schreib mir doch mal, ob Dir «oll» oder nicht «oll» ist.

Brief vom 7. 10. 1942 an Tante Pessi:

Zunächst einmal vielen Dank. Es ist aber, glaube ich, nicht so, daß durch die weite Entfernung von Mutter und Pätzig es besonders schwer ist, diesen Schmerz zu ertragen. Wenn man hier draußen steht, wo einer der liebsten Freunde und Kameraden nach dem andern fällt, da hat auch der Tod seinen Schrecken verloren. Wenn man selbst mittendrin steht im Geschehen, auf dem Schauplatz, wo den Lieben in der Heimat so viel Leid zugefügt wird, dann sieht man den Tod doch etwas mit anderen Augen an, er ist einem zu einem bekannten Gast geworden. Was Vaters Tod für ein Verlust für mich ist, weißt Du ja, aber trotzdem muß ich gestehen, der Stolz auf Vater ist größer als die Trauer um ihn.

Nun schreibt mir Mutter heute, daß die gute Tante Kninchen gestorben ist. («Tante Kninchen» ist Frl. Ninow, Freundin von Tante Pessi, Fortbildungsschullehrerin, die in Charlottenburg ihre Wohnung innehatte, während Tante Pessi in Paris im Einsatz des DRK stand.) Was habe ich ihr zu danken! Mit was für einer rührenden Liebe und Gütigkeit hat sie uns Pätziger immer behandelt! Wie rührend hat sie sich gerade um mich während meiner Kriegsschulzeit gekümmert! Ich bin noch jetzt so beeindruckt von der Sorgfalt und Liebe, mit der sie mir die Tage in Berlin verschönte. Immer war sie trotz ihrer großen Arbeit frisch und fröhlich, besorgte mir Karten, stürzte sich für mich in Unkosten und setzte es mit unnachgiebiger Bestimmtheit durch, daß ich doch noch den dritten und vierten Teller Suppe aß. Ich habe die gute Tante Kninchen in dieser Zeit erst richtig schätzen gelernt und hab' sie so sehr gern gehabt. Es erbittet für sie Gottes Segen und grüßt Dich sehr

Dein Max.

Der letzte Brief vom 24. oder 25. 10. 1942 aus dem Einsatz:

Mutterlein!
Ich könnte jetzt so viel erzählen von der Ablösung in unserer schönen Stellung. Es war eine mit Telefonieren und Besprechen restlos um die Ohren geschlagene Nacht, Regen, Sturm. Die Reitpferde reißen dem Pferdehalter aus. Die ablösende Truppe kommt – ein doller Haufen. Ganz vernünftige Offiziere, Männer, völlig erschöpft, übernehmen die Stellungen und Posten in stockdunkler Sturmnacht. Unterdessen hat der Pferdehalter die Pferde wieder gegriffen. Die ablösende Truppe fällt uns beinah um den Hals vor Begeisterung und Erstaunen, daß es solche schönen Bunker gibt.

Dann reiten wir los. Neben uns waten die Männer mit umgehängter Zeltbahn durch knietiefen Morast. Der Troß bleibt da. Wir sollen dort alles übernehmen. Ich muß das Bataillon am Morgen auf LKW verladen, dorthin, wo neue Aufgaben auf uns warten. Haben nun hier so gut wie nichts vorgefunden. Es gibt keine Fahrzeuge, die unsre Munition nach vorn bringen sollen, nur ein paar kleine Pferdchen, die einem leid tun, wenn man sie sieht, und die kaum ein leeres Fahrzeug ziehen können. In wochenlangen Morastkämpfen sind sie völlig heruntergekommen und können kaum das Essen tragen.

Ich bin herumgelaufen und habe mit Wolschon, der jetzt Ordonnanz-Offizier ist, Quartier für die Männer besorgt. Ich selbst wohne mit dem Kommandeur in einem kleinen Bunker, der in das Steilufer der P... eingebaut ist. Gestern abend kam der Regiments-Befehl. Nachts um 3 Uhr ging der Bataillons-Befehl 'raus.

Ich glaube, es wird schon klappen. Eben bekommen wir noch ein paar Pferde zugewiesen. Damit werden wir unsere Sachen dann hoffentlich 'ranbekommen. Klaus war mir immer so eine wunderbare Hilfe. Nun wird es aber auch so gehen. Es wird morgen schwer werden, aber es wird werden.

Leb wohl, mein gutes Mutterlein. Was machen Pätzig, Maria und Harro?

Dein ganz gehorsamer Sohn Max.

Aus dem Brief von Hauptmann Spiegel, Max' Bataillonskommandeur vom I. Bataillon, IV. Infanterieregiment (Kolberg), vom 12.11.1942:

Hochverehrte, gnädige Frau!
Wohl selten hat mich der Tod eines Soldaten aus den Reihen meines Regiments so stark erschüttert. Das, was mir dabei hilft, ist, daß er gefallen ist wie ein wahrer Held, der sein Leben vor den Augen seines Bataillons durch außergewöhnliche Tapferkeit gar nicht vorbildlicher und stolzer abschließen konnte!

Im einzelnen spielte es sich so ab, daß der Russe am 26.10. gegen 14.55 Uhr in unsere Stellung eindrang. Als Maximilian das sah, stürmte er sofort auf die Einbruchstelle zu, schoß hierbei mehrere Russen nieder, bis er dann gegen 15 Uhr durch Kopfschuß fiel, inmitten des Feindes.

Als in den ersten Oktobertagen bekannt wurde, daß wir für einen Angriff herausgezogen werden sollten, war es für mich ein Erlebnis zu sehen, welch große Wandlung in Max vor sich ging, wie er aus seinen letzten Reserven herausging und mir durch größten Fleiß, Schwung und Passion eine sehr große Stütze in der Vorbereitung war. Seine Leistung steigerte sich von Tag zu Tag, und er war mit freudigem Herzen bei der Sache und stets guter Dinge. Gerade in dieser Zeit sind wir uns dann so nah gekommen, und ich war glücklich, ihn zu haben.

Wie er fiel, das hat uns Kraft gegeben, in 13 schweren Tagen 27 russische, z. T. schwerste Angriffe durchzustehen und die Stellung zu halten.

Ihr sehr ergebener Joachim Spiegel.

Hans v. Schaumann, Oberleutnant im IV. Infanterieregiment, schreibt am 30. 10. 1942 an seinen Freund Klaus von Bismarck:

Lieber Klaus!

... Max war wieder glänzend. Schon bei den sehr schwierigen Vorbereitungen. Es war ja nichts da! Aber auch gar nichts!

Wenn Max anrief und ganz präzise Fragen stellte oder meldete... Bei der Erkundung war er schon weit in eine angeblich verminte Schlucht vor der Hauptkampflinie gekrochen und zeigte den Pionieren, wie der Übergang zu machen wäre. Seine großen Qualitäten kamen erst jetzt im Ernstfall so richtig zum Vorschein. Als dann der Angriff nach... Verlusten festlag, kam ein Gegenstoß der Russen... Da ging Max in ganzer Größe den zurückkommenden Männern entgegen und versuchte sie umzudrehen. Als ihm das nicht gelang, soll er sich nach... Schilderung zum Feind gewandt haben und mit den Worten «dann gehe ich eben allein» losgegangen sein. Im nächsten Augenblick fiel er durch Kopfschuß. Die Höhe haben wir bisher noch nicht wieder...

Dein Hans.

…in die Schrift hinein und ins Gebet hinein

Predigt von Dietrich Bonhoeffer zur Konfirmation Max von Wedemeyers[33]

Kieckow, 9. April 1938

Mark 9, 24: Ich glaube, lieber Herr, hilf meinem Unglauben.

Liebe Konfirmanden!

Das ist ein sehr nüchternes Wort. Es ist aber gut, daß wir uns von Anfang an daran gewöhnen, über unseren Glauben keine großen Worte zu machen. Er ist auch nicht danach. Gerade weil heute alles darauf ankommt, daß wir *wirklich* Glauben halten, vergeht uns alle Lust zu großen Worten. Ob wir glauben oder nicht, das wird sich zeigen, täglich zeigen; mit Beteuerungen ist da gar nichts geholfen. Ihr wißt ja aus der Passionsgeschichte, wie Petrus zu Jesus sagt: «Und wenn ich mit dir sterben müßte, so will ich dich doch nicht verleugnen!» Und die Antwort Jesu: «Ehe der Hahn zweimal kräht, wirst du mich dreimal verleugnen.» Und die Geschichte endet: «Und Petrus ging hinaus und weinte bitterlich.» Er hatte seinen Herrn verleugnet. Große Beteuerungen, und mögen sie noch so aufrichtig, noch so ernst sein, sind der Verleugnung am nächsten. Davor möge euch und uns alle Gott bewahren.

Dieser Konfirmationstag ist ein wichtiger Tag für euch und für uns alle. Es ist nichts Geringes, daß ihr euch heute vor dem allwissenden Gott und vor den Ohren der christlichen Gemeinde zum christlichen Glauben bekennt. Ihr sollt euer Leben lang mit Freude an diesen Tag zurückdenken. Aber eben darum ermahne ich euch heute zur vollen christlichen Nüchternheit. Ihr sollt und dürft an diesem Tage nichts sagen und tun, woran ihr später nur mit Bitterkeit und Reue zurückdenken müßt, weil ihr in einer Stunde innerer Bewegung mehr gesagt und gelobt habt, als ein Mensch je sagen kann und darf. Euer Glaube ist noch schwach und unerprobt und ganz im Anfang, darum wenn ihr nachher das Bekenntnis eures Glaubens sprecht, so verlaßt euch nicht auf euch selbst und auf all eure guten Vorsätze und auf die Stärke eures Glaubens, sondern verlaßt euch allein auf den, zu dem ihr euch bekennt, auf Gott den Vater, auf Jesus Christus und auf den Heiligen Geist und betet in eurem Herzen: Ich glaube, lieber Herr, hilf meinem Unglauben. Wer von uns Erwachsenen wollte und müßte nicht so mitbeten?

Die Konfirmation ist ein ernster Tag. Aber nicht wahr, ihr wißt, daß es noch leicht ist, seinen Glauben zu bekennen in der Kirche, in der Gemeinschaft der Christen, eurer Eltern, Geschwister und Paten, in der ungestörten Feier eines Gottesdienstes. Und wir wollen dankbar sein, daß uns Gott diese Stunde gemeinsamen Bekennens in der Kirche schenkt. Aber ganz ernst, ganz wirklich wird das alles eben doch erst nach der Konfirmation, wenn der Alltag wieder da ist, das tägliche Leben mit all seinen Entscheidungen. Da wird es sich dann zeigen, ob auch der heutige Tag ernst war. Ihr habt euren Glauben nicht ein für allemal. Euer Glaube, den ihr heute bekennt von ganzem Herzen, der will morgen und übermorgen, ja er will täglich neu gewonnen sein. Glauben empfangen wir von Gott immer nur so viel, wie wir für den gegenwärtigen Tag gerade brauchen. Der Glaube ist das *tägliche* Brot, das Gott uns gibt. Ihr kennt die Geschichte vom Manna. Das empfingen die Kinder Israel täglich in der Wüste. Wollten sie es aber aufbewahren auf den nächsten Tag, so war es verfault. So ist es mit allen Gaben Gottes. So ist es auch mit dem Glauben. Entweder wir empfangen ihn täglich neu, oder er wird faul. Ein Tag ist lang genug, um Glauben zu bewahren. Es ist an jedem Morgen ein neuer Kampf durch allen Unglauben, durch allen Kleinglauben, durch alle Unklarheit und Verworrenheit, durch alle Furchtsamkeit und Ungewißheit zum Glauben hin-

Dietrich Bonhoeffer konfirmiert am 9. April 1938 in Kieckow. V. l. Jürgen-Christoph von Kleist, Max von Wedemeyer, Großmutter Ruth von Kleist-Retzow, Hans-Friedrich von Kleist, Hans-Otto von Bismarck. Alle Männer fielen an der Front.

durchzustoßen und ihn Gott abzuringen. Es wird an jedem Morgen eures Lebens dasselbe Gebet stehen: Ich glaube, lieber Herr, hilf meinem Unglauben.

«Ich glaube.» Wenn euch die christliche Gemeinde mit dem heutigen Tag als selbständige Glieder der Kirche anerkennt, so erwartet sie, daß ihr anfangt zu verstehen, daß euer Glaube eure eigene, allereigenste Entscheidung sein muß. Aus dem «Wir glauben» muß nun immer mehr das «Ich glaube» werden.

Der Glaube *ist* eine Entscheidung. Darum kommen wir nicht herum. «Ihr könnt nicht zweien Herren dienen»; ihr dient von nun an Gott allein, oder ihr dient Gott überhaupt nicht. Ihr habt nun nur noch *einen* Herrn, das ist der Herr der Welt, das ist der Erlöser der Welt, das ist der Neuschöpfer der Welt. Ihm zu dienen ist eure höchste Ehre. Zu diesem Ja zu Gott gehört aber ein ebenso klares

Nein. Euer Ja zu Gott fordert euer Nein zu allem Unrecht, zu allem Bösen, zu aller Lüge, zu aller Bedrückung und Vergewaltigung der Schwachen und Armen, zu aller Gottlosigkeit und Verhöhnung des Heiligen. Euer Ja zu Gott fordert ein tapferes Nein zu allem, was euch je daran hindern will, Gott allein zu dienen, und sei es euer Beruf, euer Besitz, euer Haus, eure Ehre vor der Welt. Glaube heißt Entscheidung.

Aber *eure* eigenste Entscheidung! Kein Mensch kann sie euch abnehmen. Sie muß aus der Einsamkeit, aus dem Alleinsein des Herzens mit Gott herkommen, sie wird aus heißen Kämpfen gegen den Feind in eurer eigenen Brust geboren werden. Noch seid ihr umgeben von einer Gemeinde; von Häusern, die euch tragen; von Eltern, die für euch sorgen; von Menschen, die euch helfen, wo sie können. Gott sei Dank dafür! Aber Gott wird euch in die Einsamkeit führen, mehr und mehr. Er will euch vorbereiten für die großen Stunden und Entscheidungen eures Lebens, in denen euch kein Mensch zur Seite stehen kann, in denen nur eines gilt: Ich glaube, ja ich selbst, ich kann nicht anders, lieber Herr, hilf meinem Unglauben.

Liebe Konfirmanden, die Kirche erwartet darum von euch, daß ihr mündig werdet im Umgang mit Gottes Wort und im Gebet. Euer heutiger Glaube ist ein Anfang, kein Abschluß. Ihr müßt erst in die Schrift hinein und ins Gebet hinein, ihr ganz allein, und ihr müßt lernen, euch mit der Waffe des Wortes Gottes zu schlagen, wo es not tut. Christliche Gemeinschaft ist eine der größten Gaben, die Gott uns gibt. Aber Gott *kann* uns dieses Geschenk auch nehmen, wenn es ihm gefällt, wie er es vielen unserer Brüder heute schon genommen hat. Dann stehen und fallen wir mit unserem eigensten Glauben. Einmal aber wird jeder von uns in dies Alleinsein gestellt werden, auch wenn er ihm sein Leben lang aus dem Weg gegangen ist, in der Stunde des Todes und des Jüngsten Gerichts. Dann wird Gott dich nicht fragen: Haben deine Eltern geglaubt, sondern hast *du* geglaubt? Gott gebe, daß wir in der einsamsten Stunde unseres Lebens noch beten können: Ich glaube, lieber Herr, hilf meinem Unglauben. Dann werden wir selig sein.

«Ich glaube, *lieber Herr*...» Es ist im Leben nicht immer leicht,

«Lieber Herr» zu sagen. Aber das muß der Glaube lernen. Wer möchte nicht manchmal sagen: Ich glaube, harter Herr, strenger Herr, furchtbarer Herr. Ich unterwerfe mich dir, ich will schweigen und gehorchen, aber «lieber Herr» sagen zu lernen, das ist ein neuer schwerer Kampf. Und doch haben wir erst dann Gott, den Vater Jesu Christi, gefunden, wenn wir so sprechen gelernt haben.

Euer Glaube wird in schwere Versuchungen geführt werden. Auch Jesus Christus wurde versucht, mehr als wir alle. Es werden zuerst Versuchungen an euch herankommen, Gottes Geboten nicht mehr zu gehorchen. Mit großer Gewalt werden sie euch bestürmen. Schön und verlockend, unschuldig und mit dem Schein des Lichtes wird der Satan, der Luzifer, der Lichtträger zu euch kommen. Er wird euch Gottes Gebot verdunkeln und in Zweifel ziehen. Er wird euch die Freude an dem Wege Gottes rauben wollen. Und hat der Böse uns erst zum Wanken gebracht, dann wird er uns unsern ganzen Glauben aus dem Herzen reißen, ihn zertreten und wegwerfen. Das werden schwere Stunden sein in eurem Leben, in denen ihr des Wortes Gottes überdrüssig werden wollt, in denen alles revoltiert, in denen kein Gebet mehr über die Lippen will, das Herz nicht mehr hören will. Das muß alles so kommen, so gewiß euer Glaube lebendig ist. Das muß alles kommen, damit euer Glaube geprüft und gestärkt wird, damit ihr immer größeren Aufgaben und Kämpfen gewachsen seid. Gott arbeitet an uns durch die Versuchungen. Er treibt niemals sein Spiel mit euch, verlaßt euch darauf, sondern der Vater will das Herz seiner Kinder festmachen. Darum kommt das alles über euch. Und wenn die Versuchung noch so verwirrend ist, wenn unser Widerstand schon ganz zusammenzubrechen droht, ja und wenn selbst die Niederlage schon da ist, dann dürfen wir und sollen wir mit dem letzten Rest unsres Glauben rufen: Ich glaube, lieber Herr, hilf meinem Unglauben. Lieber Herr, es ist ja der Vater, der uns so prüft und stärkt. Lieber Herr, es ist ja Jesus Christus, der alle Versuchungen erlitten hat wie wir; doch ohne Sünde, uns zum Vorbild und zur Hilfe. Lieber Herr, es ist ja der Heilige Geist, der uns im Kampf heiligen will.

Euer Glaube wird geprüft werden durch Leid. Ihr wißt noch nicht viel davon. Aber Gott schickt seinen Kindern das Leid gerade dann, wenn sie es am nötigsten brauchen, wenn sie allzu sicher werden auf dieser Erde. Da tritt ein großer Schmerz, ein schwerer Verzicht in unser Leben, ein großer Verlust, Krankheit, Tod. Unser Unglaube bäumt sich auf. Warum fordert Gott das von mir? Warum hat Gott das zugelassen? Warum, ja warum? Das ist die große Frage des Unglaubens, die unseren Glauben ersticken will. Keiner kommt um diese Not herum. Es ist alles so rätselhaft, so dunkel. In dieser Stunde der Gottverlassenheit dürfen und sollen wir sprechen: Ich glaube, *lieber* Herr, hilf meinem Unglauben. Ja, lieber Herr, auch im Dunkeln. Auch im Zweifel, auch in der Gottverlassenheit. Lieber Herr, du bist ja doch mein lieber Vater, der alle Dinge zu meinem Besten dienen läßt. Lieber Herr Jesus Christus, du hast ja selbst gerufen: Mein Gott, warum hast du mich verlassen? Du wolltest sein, wo ich bin. Nun bist du bei mir. Nun weiß ich, daß du auch in der Stunde meiner Not mich nicht verläßt. Ich glaube, lieber Herr, hilf meinem Unglauben.

Nicht nur Versuchung und Leiden, sondern vor allem Kampf wird euch euer Glaube bringen. Konfirmanden sind heute wie junge Soldaten, die in den Krieg ziehen, in den Krieg Jesu Christi gegen die Götter dieser Welt. Dieser Krieg fordert den Einsatz des ganzen Lebens. Sollte Gott, unser Herr, dieses Einsatzes nicht wert sein? Der Kampf ist schon im Gange, und ihr sollt jetzt mit einrücken. Abgötterei und Menschenfurcht stehen allenthalben gegen uns. Aber glaubt nicht, daß hier irgend etwas mit großen Worten geschafft sei. Es ist ein Kampf mit Zittern und Zagen; denn der schwerste Feind steht ja nicht uns gegenüber, sondern in uns selbst. Ihr dürft es wissen, daß gerade die, die mitten in diesem Kampf standen und stehen, es am allertiefsten erfahren haben: Ich glaube, lieber Herr (ja, lieber Herr), hilf meinem *Unglauben*. Und wenn wir trotz aller Versuchung doch nicht fliehen, sondern stehen und kämpfen, so ist das nicht unser starker Glaube und unser Kampfesmut, unsere Tapferkeit, sondern es ist ganz allein dies, daß wir ja nicht mehr fliehen können, weil Gott uns festhält, daß wir von ihm nicht mehr loskommen. Gott führt den Kampf in uns und gegen uns und durch uns.

«Hilf meinem Unglauben.» Gott erhört unser Gebet. Er hat mitten in Versuchung, in Leiden und Kampf eine Freistatt des Friedens geschaffen. Das ist sein Heiliges Abendmahl. Hier ist Vergebung der Sünden, hier ist Überwindung des Todes, hier ist Sieg und Friede. Nicht wir haben ihn erfochten. Gott selbst hat es getan durch Jesus Christus. Sein ist die Gerechtigkeit. Sein ist das Leben, Sein ist der Friede. Wir sind in der Unruhe, und bei Gott ist Ruhe. Wir sind im Streit, bei Gott ist Sieg. Ihr seid zum Abendmahl berufen. Kommt und empfangt im Glauben Vergebung, Leben und Frieden. Es bleibt euch zuletzt in der Welt doch nur dieses: Gottes Wort und Sakrament. Amen.

Junge, mach die Augen auf!

Konfirmationsansprache von Hans von Wedemeyer

Klein-Reetz, den 10.4.1938

Lieber Max!

Es drängt mich, Dir als Dein Vater zu Deiner Einsegnung auch ein paar Worte zu sagen.

Nicht deswegen, weil ich glaube, Du würdest das Pätziger geflügelte Wort wahr machen: «Wenn ich injesejnet bin, hab ick keenen Vater mehr.» Zu einer solchen Annahme habe ich *keinen Grund*. Du bist, das weiß ich, tief verwurzelt in Heimat, Elternhaus und Familie. Das wird Dir nicht verloren gehen, Dein Leben lang. Und ich möchte Dir heute hier sagen, daß Mutter und Vater ihre helle Freude daran haben.

Ich will Dir auch nicht von der christlichen Tradition Deiner Familie sprechen, wenn ich dazu auch *allen Grund* hätte. Ich könnte hinübergreifen zu Großmutter, die Du als lebendiges Zeugnis vor Augen hattest und der wir alle zu so tiefem Dank verpflichtet sind. Zu meinem Vater, von dem Du durch mich oft gehört hast. Zu allen vier Häusern der Urgroßeltern:

– zum Urgroßvater Kleist, dem Jugendfreund Bismarcks, dessen ganzes Leben als Hausvater, Gutsherr, hoher Beamter und Politiker nichts sein wollte als Gottesdienst,

– zum Urgroßvater Zedlitz, dieser einzigartigen Persönlichkeit, deren Ausstrahlungen Du noch heute in den von ihm verwalteten

Provinzen und Ämtern ebenso spüren kannst wie in den Menschen, die ihm auch nur einmal begegneten, Austrahlungen, die deutlich ein Widerschein des Lichts aus der Höhe sind,

– zu Deinem Urgroßvater Wedemeyer, dem Parlamentsfreund Deines Kieckower Ahnen und der von ihm geschaffenen Schönrader Tradition,

– zum Gertzlower Haus und dem Andachtsbuch, das die Großmutter Wedel für ihre Leute drucken ließ, weil es in der rationalistischen Zeit damals nichts dergleichen gab und sie ihre Gutsinsassen nicht ohne das wahre Brot des Lebens lassen wollte.

Auch das alles will ich nicht ausführen.

Ich will vielmehr eine *Bitte* an Dich richten und Dir eine *Verheißung* sagen.

Die *Bitte* heißt einfach ganz nüchtern: *Mach' die Augen auf!* Das gilt, wie Du weißt, für die Jagd in diesen Ferientagen ebenso wie für den Landmann, den Offizier, für jedes Tun, zu dem Du einmal auf dieser Erde berufen wirst. Aber schon dabei wird deutlich, daß Dein Blick nicht an der Außenhaut kleben bleiben darf, nicht einmal beim Auto oder Pferd. Wichtig ist nur das, was drin ist. Aber auch, wenn Du das Innere durchleuchtest, Du findest doch das Eigentliche, das Leben, nicht. Da müssen Deine Augen schon tiefer schauen. Und das meint meine Bitte: Begnüge Dich nicht mit äußerlicher oder halber Wahrheit. Das ist das eigentlich Deutsche. Der Deutsche begnügt sich nicht mit halber Wahrheit. Er will die ganze Wahrheit schauen. Sei deutsch!

Aber wir können mit unsern körperlichen Augen ja nicht bis ans Leben vordringen. Da sind wir wie blinde Jäger oder Kraftfahrer. Aber einen gibt's, der die Augen auftun kann. Wenn Du seine Hand festhältst, dann werden Dir die Augen aufgetan, dann wirst Du sehen, was wirklich ist.

Und damit komme ich zu der Dir versprochenen *Verheißung*. Wenn Du seine Hand nicht läßt, dann wirst Du nicht nur die Wahrheit sehen und den Weg, dann wirst Du auch die Kraft bekommen, ihn zu gehen, und wirst ihn mit Freuden gehen, wenn er auch schmal und mühevoll ist. «Mit unsrer Kraft ist nichts getan.» Nur aus dieser Kraft wird etwas geschaffen, das bleibenden Wert behält.

Das wollen wir Männer doch alle gern, daß unser Werk bleibt. Alles andere ist Schein, ist vergänglich, ist nicht Wahrheit und nicht Leben. Diese Kraft brauchen Vater und Mutter und brauchten die Großeltern genau wie Du. Aber wir können auch unser ganzes Leben lang auf sie vertrauen wie auf nichts in der Welt. Sie verläßt uns nie, auch dann nicht, wenn wir einmal nichts von ihr spüren. Das ist die Verheißung.

In der Zeit, als Dein Vater jung war, erschien wohl der Tag als der große Schritt ins Leben, an dem man zum Offizier ernannt wurde. Wenn Du's einmal wirst, so wird Dir, wie uns damals, gesagt werden, Du sollest Dich an die großen Vorbilder des Preußentums in der Vergangenheit und an die lebenden Kameraden unter Deinem Kommandeur in der Gegenwart halten, wenn Du vor Entscheidungen und Zweifeln stehst. Und man tut Recht daran, so zu sprechen. Und doch: Das sind menschliche Stützen, die alle nur so weit reichen, als sie selbst im Leben und in der Wahrheit verankert sind.

Die Zeit ist gewachsen. Heute erscheint der Schritt zum selbstverantwortlichen Soldaten nicht mehr als der entscheidende, sondern der Schritt zum selbstverantwortlichen Christen. Es wäre unverantwortlich, wollte man einen Jungen von 16 Jahren dahin entlassen, wenn man ihm nichts andres an die Hand geben könnte, worauf er sich stützen soll, als menschliche Kameraden und Führer.

Aber weil wir unsern König im Himmel haben, der uns nicht nur führt, sondern ganz sicher führt, wenn wir uns ihm anvertrauen, der uns darüber hinaus noch Kraft gibt, was kein anderer kann, und Freude gibt und Sieg, darum ist es nicht verantwortungslos, Dich, mein Junge, schon heute hinauszuschicken in den gewaltigen Kampf, der uns alle umtobt und dessen Symbol das Kreuz ist, das den Kopf der Schlange zertrümmert. Vergiß nie, daß Dein König in diesem Kampf schon gesiegt hat. Vergiß aber ebensowenig, daß dieser Kampf vor allem gegen Dich selbst in Deiner eigenen Brust ausgetragen werden muß. Ist Dein König da Sieger, dann bist Du Sieger.

Auch menschliche Kameraden werden Dir in diesem Kampf nicht fehlen. Sieh mal, auch Deine Eltern und Paten, die im ersten Teil Deines Lebensweges um Dich gestellt sind, die können und wollen Dir nichts anderes sein als solche Kameraden auf dem

Marsch zum großen Sieg. Und an dieser Stelle möchte ich Deinen Paten, von denen doch noch einer unter uns ist, den Dank für die Kameradschaft sagen, die sie uns und unserem Jungen gehalten haben, Kameradschaft in Wort und Tat und im Gebet.

Denn das Gebet, das ist die Hand, mit der wir alle die Hand unseres Führers und Königs anfassen dürfen, die uns blinde Menschen, die wir gar nicht viel wissen, zum Siege führt. Das ist die Hand, mit der wir uns fassen dürfen und mit der auch unsere Großeltern uns heute noch anfassen über das Grab hinaus, die Hand, mit der wir uns einmal fassen können, auch wenn wir uns nicht mehr fühlen und sehen. Und diese Kameradschaft, die wollen wir uns halten, mein alter Junge. Du wirst Dir, so Gott will, neue Kameraden gewinnen. Dann werden sie mit eingeschlossen sein in den großen Kreis, dessen Mitte im Himmel ist.

Und nun laß mich schließen, indem ich Dir das Wort weitergebe, das mir mein Vater in seinem Abschiedsbrief schrieb: «Gott schütze Dich Dein Leben hindurch. Halte Dich fest an ihn. Es gibt keinen anderen festen Halt hier auf Erden. Dann wird's Dir gut gehen, auch wenn es Dir schlecht zu gehen scheint; und wenn es Dir äußerlich gut zu gehen scheint, es geht Dir doch schlecht, wenn Du nicht festhältst an Deinem Gott und Heiland.»

Mein lieber, oller Junge, Du sollst leben.

Verliebt und glücklich über alle Bäume

Streiflichter aus einer besonderen Ehe

Ich komme zum Ende. Immer noch ist mein Gewissen nicht ruhig, sind meine Erlebnisse nicht bewältigt. Wenn ich nicht begreife, wie ich sie empfing und verlor, vielleicht sind sie dann verloren? Also fasse ich Mut und versuche, auch dies Kapitel noch vor Euch auszubreiten. Und ich muß es schreiben, wie es war, ob Ihr es glauben könnt oder nicht.

Hans kannte kein Auf und Ab menschlicher Beziehung, keine Wärme, die mit Kälte wechselt, kein Katz- und Maus-Spiel im Bereich der Liebe, kein Raffinement, um den Partner zu vermehrter Empfindung zu steigern, keinen mißgünstigen Wettkampf, kein «Siehst Du wohl», kein «Das hab ich Dir doch gleich gesagt!». All dieses war und blieb seiner Seele fremd.

Aber hat er darum andere abgewertet? Beileibe nicht. Er war bis ins Mark davon durchdrungen, daß unsere Ehe ein unerhörtes Geschenk sei. Jede, aber auch jede Gefahr mußte von ihr abgewendet werden. Keine unguten Elemente durften sich unbemerkt festsetzen, nichts in sie hineingelassen werden, was Vertrauen mindern, den Partner herabsetzen oder eine heimliche Spaltung begünstigen konnte. Die Ehe mußte die Basis bleiben, von der aus unsere einzige Chance gedieh, nach außen wirken zu können. Sie war der Spiegel unserer Glaubwürdigkeit. Sind das tönende Worte? Nein, denn er forderte dies von sich und von mir und er erreichte es immer wieder neu in unserer vierundzwanzigjährigen Ehe, die nicht an einem Tage langweilig gewesen ist.

Eine Verwandte hat uns zu Beginn unserer Ehe königlich amüsiert. Das Vergnügen setzte sich fort während unseres langen Zusammenlebens. Sie nahm mich damals mit Wichtigkeit und von ihrer Aufgabe durchdrungen beiseite, um mir todernst zu sagen: «Du, bilde Dir nur nichts ein! Nach einem Jahr hört das Küssen auf.» Bis in sein Alter hinein fragte mich Hans gelegentlich plötzlich amüsiert aufschreckend: «Du, sind wir eigentlich schon ein Jahr verheiratet?» Und dann lachten wir.

Hans konnte sich an anderen Frauen hemmungslos freuen, ihren Charme, ihre Klugheit und Wärme auf sich wirken lassen, sie in ihrer Qualität voll anerkennen und sich von ihnen inspiriert fühlen. Er hatte ein Auge dafür, ob sie gut angezogen waren, und er liebte schöne «große Kleider». Aber die Versuchung, seine Augen in denen anderer Frauen spielen zu lassen, erlaubte er sich nicht. Von daher habe ich mich nie einen Augenblick bedroht gefühlt. Hingegen fand ich oft, ich könne ihm nicht genügen. Eine Rückfrage von ihm war: «Wen fändest Du denn geeigneter für mich?» Ich schlug die Besten, die mir je begegnet waren, vor, ohne Rücksicht darauf, ob sie noch verfügbar waren. «Ach, laß Dich nicht auslachen!» – «Aber eine Tüchtigere hättest Du wirklich nötig gehabt.» – «Wer z.B. würde denn Deine verschiedenen Aufgaben besser bewältigen?» – «Na, z.B. die oder die.» – «Aber die hätte ich doch nie *heiraten* wollen!»

Ein einziges Mal habe ich das getan, was ich bei vielen Frauen sah. Ich habe ihn geschickt, mir meinen Mantel zu holen, weil ich fror. Abends fragte er mich, was ich unter Ritterlichkeit verstünde. Nun, dies und das! «Ja, das ist alles richtig. Aber der Ritterlichkeit haftet außerdem etwas an von der königlichen *Freiheit* zu helfen. Wenn sie erwartet oder gar gefordert wird, so wird sie alsbald zum Frondienst degradiert, und dann entwürdigt sie beide Teile.»

Eines der ersten Gesprächsthemen in unserer Ehe war das damals erschienene Buch von Ricarda Huch «Luthers Glaube». Er hatte sich mit seiner Schwester Anne gut darüber verstanden. Mir waren die Gedanken neu, um nicht zu sagen fremd. Plötzlich sollte es nicht mehr auf unsere Bemühung, unsere Leistung ankommen? Ich war zutiefst erschrocken. Alles müsse die Gnade tun, hieß es in dem Buch, und nur aus der Liebe zu ihr sollte unser Vermögen, Tun und Denken sich nähren und gedeihen können? Wochenlang haben wir darum gekämpft. Er ließ nicht locker, bis ich es langsam begriff. Es war ihm äußerst wichtig, mich davon zu überzeugen. Aber bleibt es nicht bis an unser Lebensende ein Rätsel? Wir haben zusammen gelesen und dann darüber gesprochen. Er kannte nichts Schöneres, als wenn ich ihm vorlas, namentlich während seiner recht häufigen Erkrankungen. Je nach Fieberhöhe und Elendsgefühlen mußte ich wechseln zwischen allen Gewichtigkeitsgraden, von Grimms Märchen bis zu Thomas Carlyle.

Und wann und wo hat sich der bekannte Meltau über unserer Ehe ausgebreitet? In seinen Augen konnte es nur ein Tagesstaub sein, den man rechtzeitig abwischen mußte. Er tat dies mit einer manchmal fast quälenden Gründlichkeit. Das war nicht bequem, aber er hatte recht damit. Ich möchte ja ein ehrliches Bild zeichnen. Mit Mühe entdecke ich aus den ersten Jahren einzelne Schatten, die über unseren Weg glitten.

Bei den aufregenden Gesprächen mit den kommunistischen Unruhestiftern war ich schon der Enge wegen, in der wir damals lebten, aber auch als Zeuge zugegen. Ich hatte in Kieckow in vier Jahren täglich Umgang mit Landarbeitern und Einblick in die Gutsverwaltung gehabt. Mein Tageslauf begann dort um sechs Uhr auf dem Hof, setzte sich fort mit dem Beginn der Arbeit auf dem Feld. Danach mußte ich vom Büro aus die auftretenden Spannungen zu überbrücken versuchen. Nachträglich halte ich es für wahrscheinlich, daß ich zunächst mehr Routine im Umgang mit der Belegschaft hatte als Hans, obgleich streng genommen wir beide, auch er, landwirtschaftliche Dilettanten waren. (Er hatte ja ein Jahr Forst- und Landwirtschaft gelernt, aber das war lange her, und der Krieg lag dazwischen.) So habe ich manchmal an seinem Verhalten den Leuten gegenüber Kritik geübt. Ich fand ihn zu vorsichtig und nicht bestimmt genug. Vielleicht habe ich sogar in seltenen Fällen in die Unterhaltung eingegriffen, was mir am Bild der späteren Jahre völlig abwegig erscheinen will. Hat Hans dies abgewehrt? Ich glaube nie. Aber wir liebten uns ja in einer Weise, die jeden vom anderen sofort merken ließ, was diesem unangenehm war.

Wir hatten einen verschiedenen Lebensrhythmus. Morgens wachte ich wie ein Sack voller Flöhe auf und schüttete über Hans alle meine Pläne und Vorhaben aus. Er war ein stillerer Mensch, wachte auf und überdachte gern, ganz für sich allein, was er heute tun mußte. Es dauerte erst eine Weile, bis ich begriff, daß ich ihn dabei schonen mußte. Eines Nachts hörte ich Einbrecher. Sofort hellwach, ergriff ich mehrere Stiefelblöcke und den Stiefelknecht, um mit Hans loszugehen. Aber es war schier unmöglich, ihn wachzurütteln. Er begriff durchaus nicht, warum er jetzt in großer Eile aufstehen sollte. Als er es dann doch tat, waren die Kerle über alle Berge – oder vielleicht gar nicht dagewesen? Abends – ach, wie oft – wollte er viel früher zu Bett gehen, während ich noch gierig am Tag hing und mich nicht trennen konnte. Bei der dritten oder vierten Mahnung endlich hatte er mich so weit. Wie leid tut mir das noch heute! Er brauchte nun mal mehr Schlaf als ich. Und er stand morgens um sechs oder um sieben Uhr auf dem Hof.

Wann sollte man die unangenehmen Dinge sagen? Kein Mensch hatte mich bis dahin gelehrt, daß der richtige Zeitpunkt für jede Kritik die entscheidend wichtige Vertrauensbrücke herstellt.

Am Abend, nachdem die Gäste abgefahren waren, ihm zu sagen, daß er zu viel oder zu umständlich doziert habe, war grundverkehrt. Aber morgens, ausgeschlafen, reagierte er auf solche Mahnungen rein sachlich und in der Regel sofort dankbar. Am besten fand er es, wenn ich bei irgendeiner Abendunterhaltung, in der er nach meiner Sicht psychologische Fehler machte (man sieht solche Fehler ja immer schneller bei anderen als bei sich selbst!) unauffällig hinausging, etwa zu den Kindern. Etwas später rief ich ihn heraus, hier warte jemand auf ihn. Dieser Jemand war dann ich. Ich erinnerte ihn kurz an die bekannten Fehler. Meist nahm er sich dann noch die Zeit, mir vor Glück um den Hals zu fallen, weil ich ihm dies so rechtzeitig sagte, daß er es noch reparieren konnte. Ein Gekränktsein oder irgendeine Spur von Rechthaberei lag bei ihm gar nicht im Bereich des Möglichen. Im Moment einer Kritik interessierte er sich lediglich dafür, was daran stimmte. Traf die Kritik ins Schwarze, so dankte er mir für die Hilfe. Sonst begann eine rein sachliche Diskussion darüber. Aber durch seine klare Logik und Fähigkeit zur Objektivität fehlten die quälenden Elemente einer Auseinandersetzung.

Ich weiß noch heute die Stelle beim Skiaufstieg zum Grödner Joch, als ich während einer harten Diskussion endlich begriff, daß ich Kritik hören müsse, als handle es sich dabei um einen Dritten, daß ich mit möglichst wenig Herzensbeteiligung oder Kränkung festzustellen hatte, was davon richtig und was falsch sei. Als große Befreiung wirkte sich diese Entdeckung in meinem Leben aus.

Ich habe Situationen erlebt, in denen er überhaupt nicht merkte, daß er angegriffen werden sollte oder es ganz schnell vergaß. Die Brüder Franz-Just und Hans standen von klein auf vorzüglich zueinander bei einer fortlaufenden, humorgeladenen Kabbelei. Hans reagierte nur lachend auf Anpöbelungen, die anderen das Blut in den Kopf gejagt hätten. Er schlug zwar kräftig zurück, war aber dem psychologisch klügeren Bruder, der geradezu genial begabt war, die Schwächen jedes Partners zu erkennen, an Geschicklichkeit und Raffinesse unterlegen. Oder: Ein auffallend spießiger Nachbar von uns fungierte als Beisitzer bei dem Nazi-Schauprozeß in Berlin. Dieser Nachbar kannte natürlich genau die Verlogenheit der ganzen Sache, gab dies aber während der brutalen Vernehmungen mit keinem Wort oder keiner Geste zu erkennen. Das war im Juli. Im anschließenden Herbst wollte dieser Mann von Hans einen Zuchteber kaufen. Anstatt daß Hans seinen Beamten zum Vorwerk Karlshöhe schickte, fuhr er selbst dorthin und unterhielt sich beim Geschäft mit diesem Eberkäufer völlig harmlos, wie eben unter Nachbarn. Ich fand das unwürdig, wußte aber im selben Moment, daß Hans bereits total vergessen hatte, was dieser Kerl durch verlogene Feigheit ihm angetan hatte. Bei dieser Einstellung seines Herzens, in der nur wichtige Belange sich eingraben und Raum finden konnten, kein Gekränktsein irgendwelcher Art sich aufzuhalten oder gar festzusetzen vermochte, ist er oft mißverstanden oder falsch eingeschätzt worden, ja, «den Bösen» ausgeliefert gewesen.

Mir gegenüber war dies anders. Meine Kritik bewegte ihn ungemein stark, tat ihm weh und bereitete ihm Unruhe. Aber wenn sie zu rechter Stunde kam, ließ er sich das nicht durchgehen. Er war bis ins Innerste davon durchdrungen, daß er an sich arbeiten und arbeiten lassen müsse, ob mit Hobel oder Meißel. Es gab in seinem Vokabular keinen Satz, den er so von Grund auf bei sich selbst, bei seiner Frau und seinen Kindern verabscheute wie den: «Ich bin nun einmal so.» Daher kam es auch, daß er bei jedem Unglück, Konflikt, Streit oder Mißerfolg, bei jeder Beschwerde oder Kündigung zu allererst sich selbst fragte: «Was habe ich da wohl versiebt?» Er nannte das «verbockt». Diese Gewissenszartheit, die er ja, wenn ich das richtig sehe, auf alle seine Kinder vererbt hat, konnte ihm in unguter Ehe zum Verhängnis werden. An einer Frau, die dies nicht als schönste Qualität zu werten wußte, konnte er kaputtgehen. Das haben auch seine Mutter und Schwester Anne so gesehen.

Aber Empfindlichkeit ist etwas anderes als Gewissenswachheit. Bei der ersteren spielt die Eitelkeit eine Rolle. Wenn einem eine gute Portion Selbstbewußtsein in die Wiege gelegt wurde, so sollte man sich das Empfindlichsein nicht durchgehen lassen, der eine Ehepartner dem anderen nicht und die Eltern den Kindern nicht. Das Leben wird für uns und für die Umwelt sehr viel leichter, wenn wir uns die Empfindlichkeit, Vaters Vorbild folgend, abgewöhnen.

Schwer hatte er es mit mir, weil ich so schlecht disponieren konnte. Ein Beispiel: Von Oktober an, also unmittelbar nach der Brunft, verlangte er die Entschlüsse über unsere Skireise im Februar/März. Ich hatte die Jagd, die Kinderferien, Staudenpflanzungen, Schlachterei, Weihnachten und besonders das Krippenspiel im Kopf und fand es unmöglich, schon jetzt darüber zu entscheiden. Aber er setzte es durch und erreichte damit immer eine vorzüglich vorbereitete Reise mit für uns geeigneten Quartieren. Er war bis ins einzelne unser Reise-Impresario, und man war in seiner Hand vorzüglich aufgehoben. Aber er wollte vorher nie über meinen Kopf hinweg disponieren. Daher gab es lange Gespräche, die mich grenzenlos störten, in denen aber alle Bedürfnisse einer großen Familie eingeordnet wurden. Diese Befähigung zur Planung mag eine spezifisch männliche Qualität sein, ohne die eine Familie aber kaum leben kann.

Immer wieder bat Hans, ich möge doch mit ihm über die Felder fahren oder reiten, mit ihm wenigstens Pirschen fahren. So heiß ich dies liebte, ich verstand es nicht, meine menschlichen und sachlichen Aufgaben so zusammenzupressen, daß ich nachmittags, etwa regelmäßig, für ihn frei war. Ich bekam es nicht oft genug fertig. Aber er brauchte mich. Wie sollte ich das für möglich halten? Aber er war dennoch so. Er behauptete immer, die Außenwirtschaft sei wichtiger als die meinige. Natürlich wollte er trotzdem, daß bei mir alles funktionierte! Immerhin hatten wir mehr Ruhe füreinander als die meisten Ehepaare in heutiger Zeit. Aber ist das nicht ein schwerer Verlust? Ich glaube, die oft gepriesene Atmosphäre des Pätziger Hauses hing sehr eng damit zusammen, daß wir gemeinsame Zeiten der Ruhe hatten und daß wir genau übereinander Bescheid wußten.

Die Fahrtgespräche, auch mit Hausgenossen und Gästen, spielten eine große Rolle. Wenn jemand sich allzu ernst in die Probleme der Zeit vergrub, meinte Hans, man sollte zu Hause ein Schaukelsofa einrichten, da die Bewegung offenbar den Geist anrege, draußen aber doch in erster Linie die Augen aufmachen. Beim Fahren entwickelte er die Fähigkeit, drei oder vier Gespräche gewissermaßen nebeneinander her zu führen: die lustigen, die sachlichen und die ernsten. Offenbar fand er die Unterbrechungen, die sich durch alles, was wir sahen und hörten, ergaben, dafür geradezu gut. Er griff immer wieder die Fäden der verschiedenen Gespräche auf und setzte sie fort. Wie schade, daß es heute diese Wagenfahrten und das Reiten in Verbindung mit Arbeit nicht mehr gibt. Wie wenige erleben heute noch Abende im Wald, losgelöst von Menschen und Rundfunk! Wir danken diesen Stunden und der mit ihnen verbundenen Stille viele gute Kräfte.

Hans bemühte sich, sehr pünktlich zu Tisch zu kommen. Aber manchmal wurde er unerbittlich aufgehalten. Eines Mittags kam er in die Diele, wo wir schon beim Essen saßen, hielt einen kleinen Stoffhund von Peter hoch, den er auf der Terrasse gefunden hatte, und erklärte mit dem größten Ernst, der verdammte Köter habe ihn nicht reinlassen wollen. Mit so etwas war er natürlich gern entschuldigt, und um einen Witz war er ja nie verlegen.

Oft brachte er mir Blumen oder einen Zweig von seinen Ritten mit. Daß er dazu jedesmal absteigen mußte, empfand er nicht als Hindernis. Einmal hatte er in scharfem Galopp von Neuhof kommend am Mühlenweg die erste Heckenrose gesehen. Sofort wurde durchpariert, zurückgaloppiert und die Rose für mich gepflückt. Er wußte genau, wie mich so etwas freute.

Eines Abends fuhren wir den gleichen Weg zu den Höllenbergen. Links auf einer Höhe ein ungewöhnliches Bild: eine große Herde Schafe, die sämtlich den Kopf erhoben hielten. Hans erfaßte sofort, daß ein liederlicher Schäfergeselle hier offenbar die Herde im Stich gelassen hatte. Er stieg ab, stellte sich eine Sekunde vor die Schafe, als wollte er sich ihrer Gefolgschaft versichern, drehte sich um und sang den für normale Menschen unnachahmlichen hoch ansetzenden und schnell absinkenden Lockruf «Brrrrr». Ad hoc ging er im rechten Tempo, also erheblich langsamer als mein sich hinter der Herde haltender Pferdewagen, im Schritt einen Weg von dreiviertel Stunden durch das Bauerndorf nach Hause, brachte die Schafe in den Stall und entließ am nächsten Morgen den Schäfergehilfen. Ich sehe ihn noch in dem uralten ackerfarbenen Mantel seines Vaters unter dem wettergewohnten alten, lieben Hut vor der Herde hergehen und fühle noch den Stolz, daß er wie ein echter Hirte aussah und auch einer war.

Vom Pirschen kamen wir manchmal sehr spät zurück. Das Abendbrot stand kalt bereit, für Hans immer nur eine satte saure Milch mit Früchten. So brauchte keiner im Haus zu warten. Meist endete die Fahrt vor Erich Lieses Wohnung, so daß dieser rasch aufspringen konnte, um auszuspannen. Der Eindruck solch abendlicher Fahrten durch das von harter Arbeit ausruhende Dorf kommt mir aus heutiger Sicht legendär vor. Da pusselten sie ein bißchen an ihrem Holz, sägten, hauten oder packten es, bauten sich zwischen den säuberlich geschichteten Wänden ihre stillen Winkel. Dieser und jener harkte noch sein Vorgärtchen oder band eine Rose an. Aber viele saßen auf der Bank vor ihrem Haus, freuten sich über spielende Kinder, über Hunde und über den friedlichen Abend. Hörte man damals eigentlich irgendeinen Rundfunk? Vielleicht, aber es war kein störendes Gequäk. Gänse und Schweine gaben noch den Ton an. Feierabend!

Ein einziges Mal erinnere ich mich, daß wir einander Theater vorgespielt haben. Aber in diesem Fall hätte die Offenheit Hans in große Gefahren stürzen können. Ich erzähle diese Geschichte, weil sie vielleicht ein kleines Licht auf unsere damalige Situation und unsere Einstellung wirft.

Das war so: Sonderbarerweise erst im Spätherbst 1935 kam das seit 1933 herrschende Naziregime dahinter, daß an den «Stahlhelm» auch in Pätzig Waffen zur Ausbildung ausgegeben waren. Es handelte sich nur um sechs altmodische, schwere Karabiner. Sie waren von Hans an zuverlässige Männer im Dorf verteilt worden, und keiner hatte je darüber gesprochen. Wer kann wissen, welche Hoffnungen auf bessere Zeiten ein jeder noch mit dem Besitz dieser harmlosen Gewehre in seinem Herzen genährt hat?

Im ganzen Kreis wurden nun aber diese auf irgendeiner behördlichen Liste verzeichneten Waffen durch die Landespolizei eingesammelt. Ein schriftlicher Befehl gab den Termin der Ablieferung an. Die Pätziger brachten die sechs Karabiner ins Büro. Dort wurden sie in einen sehr großen Sack gepackt, verschnürt und sollten am nächsten Morgen termingemäß von dort aus nach Schönfliess gefahren werden. Hans erzählte mir davon. Ich merkte, wie es ihn wurmte, daß diesen ungut herrschenden Elementen nun auch noch diese Waffen in die Hand gespielt wurden. Sollte man das Geringste tun, um ihre Macht zu vergrößern? Aber natürlich, es mußte nun einmal sein.

Ich wußte zwar, das dies eine Sache war, die Kopf und Kragen kosten konnte, aber mir ließen die dummen Dinger keine Ruhe. Ich besorgte mir unauffällig einen Eimer Fett vom Kaufmann, sehr große Papierbögen, starken Bindfaden und die nötigen Geräte. Vor allem fand ich auf dem Boden eine Stelle, wo man unauffällig unter der Diele einen freien Raum erreichen konnte. Ich besorgte mir den Büroschlüssel und drang dort nach Mitternacht ein. Ich weiß noch, daß ich vor allem vor Paul Guse, dem Nachtwächter, große Angst hatte. Ich schleppte die sechs Gewehre, die ich sonst nie hätte tragen können, ins Herrenhaus hinüber, die erste, die zweite, die dritte Treppe hinauf und zitterte, irgend jemand im Haus könne erwachen. Wie hätte ich mich dann herausgeredet? Es muß ein oder zwei Monate vor Peters Geburt gewesen sein! Oben mußte ich mich erstmal hinlegen und verschnaufen. Jedes einzelne Gewehr wurde nun dick mit Fett beschmiert und verpackt. Und als alle fertig waren, ergaben sich große Schwierigkeiten, weil die Pakete viel zu lang und dick geworden waren für den vorhandenen Platz. Aber ehe der Morgen im Haus begann, war ich fertig.

Schon um sechs oder sieben Uhr begann das Theater. Die Gewehre? Wo waren sie? Große Aufregung! Polizei! Die müssen gestohlen sein! Der Wachtmeister kam augenblicklich, und ich führte ihn zu Hans ins Schlafzimmer, wo dieser gerade an Grippe krank lag. Natürlich fiel der Verdacht sofort und zuerst auf ihn. Aber gestern waren die Gewehre nach aller Zeugen Aussagen noch im Büro, ja genau, gestern abend spät hatte man sie noch gesehen. Aber da hatte Herr v. Wedemeyer schon im Bett gelegen. Hans konnte seine völlige Unschuld, da er ehrlich ahnungslos war, so überzeugend beweisen, daß der Mann sich selbst lächerlich gemacht hätte, wenn er ihn noch weitere Stunden vernommen hätte. An mich und daran, mich zu vernehmen, hat meines Zustandes wegen zum Glück kein Mensch gedacht. Da man ja nie wußte, wie ernst dieser Vorgang genommen wurde – man mußte in dieser Zeit immer auf Haussuchungen eingestellt sein – habe ich erst Jahre später Hans den wahren Sachverhalt erzählt. Er hatte großen Spaß daran.

Einmal hatte Spes mir irgendeine Angelegenheit anvertraut und geschlossen: «Sprich bitte nicht darüber!» Nach Jahren erfuhr sie, daß Hans keine Ahnung von der Sache hatte. Darauf sie: «Ich hab' doch nie gemeint, daß Du Hans nichts davon sagen solltest.» – «Aber Du hast mir doch Schweigen geboten!» Darauf fiel der klassisch gewordene Ausspruch von Spes: «Himmel, was müßt Ihr gut verheiratet sein, daß Ihr so etwas fertig bringt!»

Es muß im Sommer 1935 gewesen sein. Wir hatten schon sechs Kinder. Die aufwühlende politische Zeit vor der Naziherrschaft, wo Hans fast jeden Abend Versammlungen hielt und zu retten suchte, was noch zu retten war, der Einsatz in Berlin als Papens Mitarbeiter und Gegenspieler, die furchtbare Enttäuschung im Januar 1933, als alles sich als umsonst erwies und wir in die Gewaltherrschaft hineinrutschten, dann Hans' Abgang aus der Politik, die er nicht ändern und darum nicht verantworten konnte – das alles lag hinter uns. Wir nahmen eine Fahrkarte durch ganz Schweden in den hohen Norden, lasen uns die «Reise des kleinen Nils Holgersson» vor, die offenbar genau vom Zuge her auf dieser einzigen durchgehenden Bahnstrecke geschrieben ist – Tage und Nächte unterwegs –, und landeten im hohen Norden in Abisko. Sieben Stunden sind wir dort gewandert und geklettert, ehe wir einen einzigen kleinen Menschen erblickten, an der gegenüberliegenden Bergseite. Wir brauchten vor allem einmal keine braunen Uniformen zu sehen, von denen wir krank waren. Wir genossen die freimütige Leichtigkeit der Schweden.

Heimgekommen brach nun die wohl in seinen Augen letzte Zeit an, in der wir noch gemeinsam leben und wirken konnten. Hans wandte sich als erstes der Forderung seines Bruders Werner zu, der ihm sein Vermögen testamentarisch vermacht hatte und 1917 gefallen war. Das Geld war aufgewertet und mußte nun nach dessen Willen in Grundbesitz angelegt werden. Er kaufte Klein-Reetz, wirklich ein «verborgener Schatz im Acker», sandig und heruntergewirtschaftet, seit Jahren eine Zusatzwirtschaft. Es stand im Kreis Rummelsburg in ganz schlechtem Ruf. Der Preis betrug für 2700 Morgen nur ca. 190000 Mark. Der Wald überwog und war entzückend, wenn auch sehr bergig und schwer zu bewirtschaften. Hans erkannte, was aus diesem Gut zu machen war. Er gewann Herrn Döpke, und die zwei brachten in enger Zusammenarbeit das Gut zu ungeahnt schneller Entwicklung, namentlich durch Anbau von Saatkartoffeln. Während Pätzig immer eine sehr anstrengende Aufgabe blieb, wurde Klein-Reetz zur hellen Freude und Erholung. Es machte uns ungeheuren Spaß. Nach sechs oder sieben Jahren war Klein-Reetz bereits schuldenfrei. Niemand konnte das für möglich halten. Daß sich in den Herzen der Nationalsozialisten der Neid uns gegenüber regte, war vielleicht, wenn man es zu verstehen sucht, kein Wunder.

Im Herbst dieses Jahres muß ich erholungsbedürftig gewesen sein. Ich sollte mich allein in Klein-Reetz für vier Tage ausruhen. Inzwischen ist mir klar, daß ich mich in der Zeit, als Hans in Berlin so stark beansprucht war, etwas von ihm abgelöst und weiter entwickelt hatte, ohne aber eine innere Entfernung zu merken, geschweige denn sie für möglich zu halten. Hans gab mir lächelnd für die Reise nach Pommern einen dicken Brief mit unter der Weisung, ihn aber erst im Zug zu öffnen. Ich ahnte nichts und war zu Tode erschrocken, als ich viele Bogen seiner Hand aus dem Umschlag zog. Er begann sogleich mit sehr ernsten Tönen. Er zeigte mir an unzähligen Beispielen, daß ich mich wieder ganz neu ihm zuwenden müsse, wenn unsere Ehe nicht Schaden leiden sollte. Diesen Schaden wollte er um jeden Preis verhindern. Schon in früheren Jahren besinne ich mich, daß ich morgens den Fensterladen öffnete und nach draußen gewandt sagte, manchmal müsse man auch das Recht haben, mit irgendeiner Sache erst allein fertig zu werden, ehe man sie dem anderen präsentiere. «Was sagst Du da Komisches? So was gibt es doch nicht zwischen uns und darf es nicht geben. Komm erst mal her, damit wir das klar kriegen!» Dann entwickelte er mir am frühen Morgen, wo ungezählte Dinge auf jeden von uns warteten, daß wir 100%ig oder 150%ig verheiratet sein könnten, aber niemals halb; daß *alles* geteilt und jeder Schatten restlos beseitigt werden müsse. Nichts anderes war ihm wichtiger, als diese Übereinstimmung – auch in unseren Ansichten, die wir oft hart erkämpfen mußten.

Ich las diesen Brief unter heißen Tränen drei-, vier-, fünfmal. Die einsame Fahrt von Königsberg über Stettin werde ich nicht vergessen. Dies hob mich aus allen Angeln, und ich war verzweifelt wie noch nie. Tagelang streifte ich durch den Klein-Reetzer Wald und konnte keine Ruhe finden. Aber plötzlich war alles gut, und ich begann mit heilsam erkämpften neuen Entschlüssen. Ich weiß nicht mehr, was Hans im einzelnen an mir ändern wollte. Schwere Entgleisungen waren es wohl nicht. Die hätte ich sicher registriert und behalten. Nur ein hartes, unerbittliches Werben war der Brief. Mein größter Fehler war wohl der, daß ich nicht gemerkt hatte, wie *nachhaltig* er unter der düsteren Politik litt, daß er mich unter dem verzweifelten Aspekt des bevorstehenden Untergangs noch viel nötiger brauchte als je zuvor.

Als er jung war, habe ich Hans ganz selten weinen sehen. Später nicht mehr. Aber in diesen Jahren – ja! Dann kam es vor, daß er mitten in der Nacht aufrecht in seinem Bett saß und alle Schrecken kommen sah, die uns dann tatsächlich beschieden waren: den Zusammenbruch der alten Welt ohne Hoffnungen.

Es war so schön, Deine Stimme zu hören

Briefe aus dem Krieg von Hans von Wedemeyer

Hans schrieb mit nur ganz seltenen Ausnahmen an jedem Tag seiner Kriegszeit vom 1.9.1939 bis 22.8.1942. Von all diesen kostbaren Briefen sind nur sehr wenige erhalten, einer aus Fürstenwalde, einige aus Paris, keiner aus Koblenz und keiner aus Poltava, der für ihn verantwortungsvollsten Zeit. Dann nur noch die letzten Briefe von der Front. Hier folgen einige Auszüge:

Brief aus Fürstenwalde vom 1.12.1939:

Meine Ruthenfrau!
Noch sind die letzten Würfel nicht gefallen. Und gerade die, die am schärfsten gegen den Osten Stellung nehmen, klammern sich ganz eigentümlich fest an die Möglichkeit, daß Mobilisation in England und Frankreich noch nicht Krieg nach Westen bedeute. Aber die Würfel rollen. Wie sie fallen – wir stehen in Gottes Hand. Klaus [von Bismarck] wird sicher bei den Divisionen sein, die von der Pommerschen Ostgrenze her vorgehen. Aber auch sein Leben und das junge Glück unseres Kindes steht ganz in Seiner Hand.

Meine Gedanken rollen langsam. Ich kann die große Situation noch nicht ganz mit meiner Seele umfassen. Ich bin erfüllt von dem, was sich über uns zusammenballt, fühle mich so klein darunter, empfinde uns alle so klein darunter, daß meine Sinne noch gar kein Gebet formen können, weil es keine Richtung sieht, in der die Wünsche zielen können, keine andre Richtung als die: «Führe unser Volk zum Segen, Herre Gott!» Nur, daß jetzt unser Volk und seine

Seele im Mittelpunkt meines stündlichen Gebetes steht, das ist mir so selbstverständlich, daß ich gar keine Gründe dafür oder dagegen finde. Das ist einfach da. Es ist Verdunklung befohlen. Die andern sitzen alle im Kasino und hören die Abendsendungen aus Berlin, Warschau, Mailand, London. Es ist schwer, sich dem Bann des Radios zu entziehen, bis die letzte Gewißheit des Zweifrontenkrieges da ist. Ich habe mich doch zu Dir an den Schreibtisch losgerissen. Es war so schön, Deine Stimme zu hören...

Vorlesen der Briefe von der Front in Pätzig.

Brief vom 2. 1. 1940:

Mein Lieb! Ganz in weiß liegt unter strahlender Sonne Paris vor mir, davor das breite, stahlgraue Band der Seine. Eingestreut braunblaue Tupfen der Bäume, die der Wind kahl fegte. Ich bin glücklich, Deinen ersten Brief in Händen zu haben, und glücklich über den dankbaren Ton, der mir aus ihm entgegenklingt. Ich bin auch von

Herzen dankbar für das, was ich zu Hause gehabt habe, und zudem durchaus zufrieden hier, wenn auch meine Aufgabe ein wenig mehr Sinn haben könnte.

So, nun habe ich einen freundlichen Nachrichtenleutnant gefunden, der mich für eineinhalb Stunden als Offizier vom Dienst ablöste, und bin in den verschneiten Eichenwald geritten. Das war schön und erfrischend.

Wenn ich nicht wüßte, daß Du es mit Deinen goldenen Augen wirklich so zu sehen glaubst, dann könnte ich glauben, Du wolltest mich mit Deiner Aufzählung meiner Urlaubstaten über mangelnde Fähigkeit hinwegtrösten. Was ist das schon! Meist alles Luftschlösser! Aber ich hör's gern, weil mich Dein Liebhaben daraus anspricht. Wieviel höher stehen doch Deine Leistungen, mit denen Du überall gute Bindungen von Mensch zu Mensch und von Menschen an die Heimat und die Kirche knüpfst. Und wieviel schwerer sind sie und aus was für anderen Tiefen und Schmerzen herausgeholt. In einer Weise tut der kleine Minko[34], der Dich manchmal plagt, meinem Minko auch gut. Ich sonne mich dann in dem Bewußtsein, daß ich wenigstens ohne jeden Komplex zusehen kann, wie Du alles mit Leben und Seele durchwärmst und es nicht einmal merkst! Ich freue mich so an meiner Frau.

Es ist doch eigentümlich, wieviel wert es ist, wenn man einen Menschen in der Nähe hat, dem man sich nahe fühlt. Das fehlt mir hier doch deutlich, seit Henning[35] fort ist. Es ist etwas von Öde um mich herum. Um so mehr freut man sich über die Wärme, die von zu Hause herüberstrahlt.

Brief an Ruth-Alice vom 27. 12. 1941:

Mein lieber großer Neck!
... Ich bin Dir so dankbar, daß Du immer dankbar bist. Das ist eines der größesten Geschenke, das man seinen Lieben machen kann, um das man mit dem Herrgott reden muß.

Wie sehr denke ich an Euch drei jetzt zu Weihnachten. Der Junge mit seinen klugen Augen begreift sicher schon etwas davon, wenn nicht mit dem Verstand, so doch mit dem Herzen, das noch voll von der Klugheit des Himmels ist. Und Klaus hat in seinem Bataillon, in dem er die Dinge nach seinem Herzen gestalten konnte, sicher auch schönes Weihnachten gehabt, mit viel Wandern durch den Schnee und allerhand handfester Innigkeit seiner Jäger.

Weißt Du, die Gabe Christi wird mir gerade in diesem Weihnachten riesengroß und die beglückende Tatsache auch, daß man hier gar nicht würdig zu sein oder sich ihrer würdig zu zeigen braucht, sondern daß man sich hier einfach auftun, sich von ihr beschenken lassen darf.

Ich wünsche Dir, dem großen und dem kleinen Klaus ein gesegnetes neues Jahr.

Dein Vater

Aus einem Brief vor dem Einsatz an der Front:

...und wenn mich das Schicksal demnächst wieder in die Mühle der Front wirft, dann ist das meine Sorge, ob das Herz so wachsen kann, daß es neben der unerhörten Beanspruchung der Front auch noch wirklich dem einzig Schöpferischen, nämlich dem echten Liebhaben, Raum gibt.

Brief aus Paris vom 14.2.1941:

Herzliebste Du!
Was habe ich mich über Deine beiden Briefe gefreut, die heute ankamen, vom neunten und zehnten. Es ist so wunderschön, wenn unsere Gedanken miteinander laufen wie die Geleise desselben Schienenstranges. Namentlich wenn sie, wie dieses Mal, zusammenlaufen in der tiefen Dankbarkeit gegen Gott für das, was er uns auf dieser Erde an Glück geschenkt hat. Manchmal komme ich mir vor wie Hiob vor seinem Sturz und bitte dann den Herrgott, daß er uns so bereitet, daß wir Verluste, die sicher kommen, recht tragen.

Aber auch jetzt vorher wollen wir unsere Herzen nicht an kleine Großigkeiten knüpfen, sondern in Dankbarkeit an den Himmel.

Wie wünsche ich Dich auch nur einen Tag hierher, nur daß wir einmal nichts anderes täten, als in Ruhe dankbar zu sein, uns dazu an den Händen zu fassen und nichts vornähmen. Der eine Abend war so wunderschön, an dem wir nebeneinander lagen und uns nur in Ruhe erzählt haben. Es werden andere Zeiten kommen, in denen wir von solchen Erinnerungen zehren müssen. Die Zukunft kommt unentrinnbar auf uns zu...

Du fragst, ob etwas in mir wäre, was ich vor Dir verbärge. Ich weiß kein Finzelchen!

Dein Hans

Liebe Enkel!

Am Ende angelangt, glaube ich Euch sagen zu können: Euer Großvater würde sich freuen, wenn Ihr über die voranstehenden Sätze etwas nachdenkt.

Er hat seine Ehe oft als ein Stück Himmelreich bezeichnet. Warum ist dieses Erlebnis der Ehe etwas so Seltenes geworden? Ich bin sicher, daß es Gott war, der ihn zu dem Entschluß seiner Ehe gebracht hat. Aber genau so sicher bin ich, daß er selbst das Wesentliche dazu beigetragen hat, denn er dachte bescheiden von sich. Er fragte, forschte, suchte nach der Wahrheit, nach dem, was er sollte. Er wollte immerfort herausbringen, wie Gottes Wille ist und was er mit uns vorhat.

Nirgends bleiben die Nöte erspart, ob mit oder ohne Ehe. Aber auf diesem suchenden Weg nach der «Nähe Gottes mitten in unserer Welt» ist Er bereit, uns immer wieder einen neuen Anfang zu schenken.

Ihr, seine Kinder, habt Anteil an diesem weltzugewandten und frommen Vater, der sein Leben bewußt unter Gott gestellt hat. Sein Segen ist in Eurem Leben eine Realität. Sein Vorbild will Euch helfen. Darum laßt mich diese meine Erinnerungen mit dem Wort schließen, das auf Vaters und Max' Gedenktafel eingeschnitzt war und das unser reiches Leben umschließt: «Alles ist euer, ihr aber seid Christi.»

II.

Hans von Wedemeyer – Freunde erinnern sich

Warum mir dieser Mann zuerst auffiel

Klaus von Bismarck

Bei Beerdigungen und Taufen in Lasbeck in den Jahren 1926–1931 hob sich das Bild dieses Mannes erstmals für mich so heraus, daß ich über ihn nachdachte. Ich selber war damals Sekundaner oder Primaner, durch Herkunft und Verwandtschaft meiner Mutter früh auch kritisch-wach in der Beurteilung des ostelbischen Adels, der uns damals als Nachbarschaft und Verwandtschaft umgab.

Warum fiel mir dieser Mann auf? Wie kam es, daß ich mir wünschte, bei diesem Gutsherrn als junger Landwirt in die Lehre zu gehen? Von der großen Gestalt mit dem in schnellem Wechsel strahlend-fröhlichen und dann wieder von Sorgen um das Gemeinwohl umwölkten Gesicht ging eine selbstsichere Souveränität aus, eine Unbekümmertheit, die mich fesselte. Die den Kreis in Lasbeck beherrschende Figur bei diesen Familientreffen war damals nach meiner Beobachtung allerdings deutlich nicht Hans Wedemeyer, nicht der Hausherr Herbert von Bismarck oder seine Frau, sondern unbestreitbar die Großmutter Kleist aus Klein-Krössin. Ihre Gestalt, ihre Meinung war Mittelpunkt und Weisung dieser von traditionellem Preußentum und pommerschem Pietismus geprägten Welt.

Hans von Wedemeyer hob sich, so gewiß er Teil dieser Welt war, deutlich ab. Sein Lachen klang freier, seine politischen Aussagen waren fragender, horchender, so gewiß er andererseits den Typ eines Junkers am ungebrochensten repräsentierte. Bestimmend für den positiven Eindruck, den ich damals in mehreren Begegnungen gewann, entscheidend für meinen Wunsch, von diesem Mann in seiner unmittelbaren Nähe zu lernen, waren sein Ernst im Nachdenken über Vaterland und Kirche, seine unbekümmerte Offenheit – und das alles für mich in einem erstaunlich junkerlichen Gewande.

Die Lehre in Pätzig

Mein zweites landwirtschaftliches Lehrjahr in Pätzig vom Frühjahr 1932 bis Frühjahr 1933 vermittelte mir zunächst etwas schockartig ernüchternd ein anderes Bild von meinem Lehrherrn. Ich kam nicht ganz zurecht mit diesem über seine Felder philosophierenden Chef, nahm wahr, wie oft er in sprunghaften Äußerungen über Queckenbekämpfung, Liturgie-Reform, Grassamen-Anbau, die SS und anderes über Partien des Gesprächs wie abwesend war, als träume er redend vor sich hin. Manche der immer wieder vorgebrachten Leitsätze und Prinzipien seiner Gutsführung leuchteten mir ein, wie das System des Koppel-Umtriebes, der extensiven Bewirtschaftung der Außenschläge an durch Wildschaden gefährdeten Waldrändern usw. Aber die allzu häufige, lehrhafte Wiederholung dieser Prinzipien erweckten auch Zweifel an der «Frontnähe» dieses landwirtschaftlichen Lehrchefs. Später machte ich mir klar, daß die «Landwirtschaftliche Lehre» meines späteren Schwiegervaters einst in Charlottenhof bei seinem Schwager v. Klitzing so ablief, daß er – er hatte sein Reitpferd aus Schönrade dabei – den erfahrenen Gutsherrn durch Feld und Wald begleitete. Heute weiß ich, daß es nicht die Fachkompetenz war, die meinen zweiten Lehrherrn mit den Mitarbeitern in der Landwirtschaft verband, sondern das Engagement überall, wo er es antraf. Die Mitarbeiter hatten sich auf ihn eingestellt; sie wußten wohl, daß dieser Chef bei gelegentlichen unwirschen Tönen ein gütiger, außergewöhnlicher Mensch war. Ich entdeckte also, vor allem im Vergleich mit dem Lehrherrn meines ersten Lehrjahres, daß ich einen sehr andersartigen Lehrchef in Pätzig hatte.

Das lag, so weiß ich heute, natürlich auch an der politischen Entwicklung der Jahre 1932/33. Hans von Wedemeyer hatte immer weniger Zeit für seinen Betrieb. Sorge und Verantwortungsbewußtsein trieben ihn nach Berlin und hielten ihn dort, wo er seinen Freund Papen von einem immer mehr auf Hitler zusteuernden Kurs abzubringen suchte.

In den Stunden des politischen Gesprächs beim «Käffchen» nach dem sonntäglichen Mittagessen: dort erkannte ich wieder den gütigen, fröhlichen Mann, der so tief um sein Vaterland besorgt und bedacht war wie wenige unter den Männern, die ich mir sonst hätte als Leitbild wählen können.

Bei der Jagd, da war er ein Mensch inmitten der Schöpfung, so ungebrochen, gesammelt und männlich wie keiner, den ich kannte. In der Kirche in Pätzig erlebte ich nicht nur seine dienende Souveränität als Patron – etwa, wenn er mitten im Gottesdienst ruhigen Schrittes eine den Weihnachtsbaum gefährdende Kerze ausblies –, sondern auch eine Demut und Frömmigkeit, wie ich sie glaubhaft mit so viel Lebensfreude gepaart noch nie erlebt hatte.

Aber die Lehre in Pätzig entließ mich letztlich auch mit fragenden Gedanken über diesen Mann, seine träumerische Offenheit und Schutzlosigkeit. Die Zeichen des Leidens, der Tragik auf dem Gesicht dieses sich unter seinen «Standesgenossen» so fremdartig abhebenden Edelmannes traten stärker für mich hervor.

An der vaterländischen Front

Wenn ich mir rückblickend den Einsatz von Hans von Wedemeyer an der «vaterländischen Front» vor Augen halte, so frage ich mich, was ihn denn eigentlich unter anderen Konservativen heraushob.

Der ostelbische Adel lehnte vor und nach 1933 mit wenigen Ausnahmen Hitler als einen demagogischen Gernegroß ab. Seine Attitüden, seine Thesen einer sozialen Umschichtung mußten einer Welt, die im Grunde der Monarchie bzw. den Hohenzollern nachtrauerte und im «Stahlhelm» den Geist des königstreuen, preußischen Offizierskorps bzw. des Frontsoldatentums zu erhalten strebte, zutiefst zuwider sein.

Hans von Wedemeyer hatte nach meiner Auffassung sehr früh, und zwar mehr vom Herzen und Instinkt als von der Klarsicht des Verstandes her, gespürt, daß mit Hitler eine dämonische Welt im Anmarsch war. Es sind Erinnerungen an Gesprächsfetzen, an sein Gesicht bei Berichten über Papen, Hitler, Hindenburg im internen Kreis, die mich damals schon und heute verstärkt zu dem Schluß führen, daß dieser Mann sehr früh eine prophetische Einsicht hatte, das kommende Unheil sehr früh mitleidend wahrnahm, das ihn bis zum Tode an der Front vor Stalingrad stellvertretend für sein Vaterland unmittelbar betraf.

Hans von Wedemeyer war mit Leib und Seele beim «Stahlhelm» dabei. Er war engagiert mit vielen anderen «Standesgenossen» unter den Konservativen der Deutsch-Nationalen Partei, die eine Allianz mit der «Braunen Pest», wie sie dann in Harzburg doch zustande kam, bis zum letzten Augenblick zu verhindern trachteten. Aber er spürte – wie ich mich aus manchen Gesprächen sehr wohl erinnere – etwas vom Fortschreiten der geschichtlichen Entwicklung, was fast allen seinen konservativen Mitstreitern noch verborgen war: nämlich sich eine in der Tat vollziehende gesellschaftliche Umschichtung, die die patriarchalisch-konservative Welt ostwärts der Oder beenden würde. Die Ahnung vom herannahenden Ende des von Bismarck geschaffenen großdeutschen Reiches ließ ihn nicht mehr los.

So war es denn konsequent, daß er lange Zeit vor dem 20. Juli 1944 in die Front der kleinen Schar eingereiht war, die sich von einem Widerstand gegen Hitler keine rettende Wandlung für das Vaterland mehr erhofften, aber immer mehr vom Gewissen her für die Sache der Menschlichkeit getrieben war, hierfür ohne alles Pathos und demonstrative Bekenntnisse bis zum Tode einzustehen. Ich erinnere mich in diesem Zusammenhang an Äußerungen von ihm über das Leid der russischen Kriegsgefangenen, das Schicksal der jüdischen Familie Friedheim, die nördlich von Neudamm ein Gut besaß, usw.

Daß sich Hans von Wedemeyer aus der Kamarilla-Welt[36] eines großen Stabes an die Front meldete und dort fiel, ist für mich kein Rätsel. Er folgte seinem Instinkt, der ihn vor dem unausweichlichen

Ende in eine Solidarität mit den Männern der Front trieb, die die von Hitler und seinen Anhängern in der Wehrmacht eingebrockte Suppe auslöffeln mußten.

Seine letzten Briefe an mich waren fragend und horchend, weit ab von der Haltung des trotzig-stolzen Widerstandes eines völlig in seiner Welt befangenen Konservativen.

Der ganze Mensch

Dieser strahlende, männliche Mann, dieser Souverän seiner Familie und seines Besitzes war also doch zugleich eine mütterliche Natur, der austrug, was er mit einer außergewöhnlichen Sensibilität des Herzens und Verantwortungsbewußtseins aufnahm. Das bedeutete auch Einsamkeit, Spannung, Fragen und Leiden.

Daß die Schatten auf seinem Gesicht niemals längere Zeit überhand gewannen, daß das Bild dieses Mannes inmitten seiner Familie und seiner Freunde, ja auch inmitten widriger Umstände doch zunächst von seiner heiteren Ausstrahlungskraft bestimmt war, führe ich auf drei Gründe zurück:

1. Er reflektierte ganz offenbar das Licht der christlichen Hoffnung, die Unbefangenheit eines der besonders begnadeten Kinder Gottes.
2. Er war getragen und geschützt von der Liebe einer starken Frau.
3. Er war ein Mensch, offenbar von Geburt an in einem ungewöhnlichen Einklang mit der Schöpfung, ihr Teil. Er war den Dingen der Erde zugehörig, dem Rohr im Mittelsee, dem Glanz auf dem Haar eines edlen Pferdes, und er hatte Freude an alledem wie an der Gestalt einer Frau. Er vollzog ohne Worte immer wieder mit Leib und Seele die Aussage des Schöpfers «Siehe, es war sehr gut», auch in einer von bösen Gewittern verdunkelten Welt.

Ein geborener Herr

Hans-Jürgen von Kleist-Retzow[37]

Um die Monatswende August/September 1914 habe ich Hans Wedemeyer zum ersten Mal mit Bewußtsein gesehen. Das ist mir unauslöschlich in Erinnerung geblieben, nicht um irgendwelcher besonderen Dinge willen, über die wir gesprochen hätten, sondern als ein Erlebnis von ausgewogener, ungewöhnlicher Harmonie und schlichter Schönheit. Die Garde-Kavalleriedivision war von Norden kommend im Vormarsch auf Soissons, in dem wohl noch englische Nachhuten steckten. Die Schützen der Vorhutbrigade gingen entwickelt gegen den Stadtrand vor, und in einer Serpentine der sich steil von den Höhen auf die Stadt herunterschlängelnden Straße war ich mit einem Geschütz aufgebaut, um ihnen zu helfen, falls es nötig werden sollte. Vorläufig sah es nicht danach aus.

Da fand sich zu mir der Leutnant von Wedemeyer von den 3. Garde-Ulanen. Wir machten uns miteinander bekannt und freuten uns gemeinsam des schönen Blicks auf die zum Greifen nahe, aber tief unter uns in der milden Spätsommersonne friedlich daliegende Stadt mit ihren weißen Häusern und roten Dächern. Wir saßen im Gras des Straßenrandes, ließen uns die müden Glieder wärmen und fühlten uns beide wohl in dem ganz unkriegerischen Gefühl gemütvollen Urbehagens. Menschen, geschweige denn solche in fremden Uniformen, waren nicht zu sehen. Wir schauten hinunter wie auf eine verlassene Märchenstadt. Da löste sich plötzlich links aus einer Häuserkulisse ein braunroter Hund, andere folgten ihm, und schließlich paradierte vor uns über die offene Szene eine ganze Meute von etwa 20 edlen englischen Fuchshunden. Darüber schlugen unsere Jäger- und Reiterherzen höher, und wir meinten, das englische Kavallerieregiment, das sich in diesem Stadium des Krieges seine Meute nach Fankreich mitgebracht hatte, hätte doch wohl die Lage etwas zu optimistisch beurteilt. Die sportlichen Reiter, die nun ihre Meute verloren, konnten unseres ehrlichen Mitgefühls ebenso gewiß sein wie ihre Hunde, die zu herrenlosem Umherirren verurteilt waren.

Später hörte ich natürlich von Wedemeyers berühmter Patrouille und seinem abenteuerlichen Zurückfinden durch die hinter ihm geschlossenen feindlichen Reihen, zusammen mit dem Junker Moppi Plessen. Die ganze Division sprach ja davon, und er war eine Zeitlang der berühmteste Mann der Division.

An das alles dachte ich im letzten Kriegsjahr auf Heimaturlaub, als Wedemeyer sich bei mir telefonisch von seiner Kampffliegerschule aus zu einem Besuch in Kieckow ansagte. Ich empfand diesen in Aussicht gestellten Besuch nicht nur als besondere Freude, sondern auch als eine unserem Hause widerfahrende Ehrung. Wir baten ihn bei seinem kurzen Antrittsbesuch, diesen bald zu wiederholen, und ich fügte die Bitte hinzu, in Kieckow einen Rehbock zu schießen. Das war damals der «Pour le mérite», den ich als Zeichen besonderer Wertschätzung zu vergeben hatte.

Dann kam das bittere Ende mit Zusammenbruch und Revolution, die Vernichtung all dessen, was uns aus jahrhundertealter monarchischer Tradition als unvernichtbares und selbstverständliches nationales Heiligtum erschienen war. Durch Demütigungen und Enttäuschungen hin und her geworfen fand ich eines Tages nach langer Briefpause einen ganzen Packen Feldpost, und in dem ersten von mir geöffneten Brief von Spes die Frage: «Was sagst Du denn nun zu Ruths Verlobung?» Ich mußte erst noch eine Reihe von Briefen lesen, ehe ich dahinterkam, daß Hans Wedemeyer der Bräutigam meiner Schwester und nun also mein Schwager war. Schon damals war ich uneingeschränkt glücklich bei diesem Gedanken, obgleich ich noch nicht wissen, nur hoffen konnte, daß er später nicht nur mein Schwager, sondern mein, nein, unser Freund werden würde.

Der Hintergrund, vor dem wir Kieckower Hans näher traten, war Pätzig. Im Guten wie im Bösen kenne ich kein anderes mit Pätzig vergleichbares Gut. Es glich einem schönen, sehr edlen Pferde voller Bockigkeit und Untugenden, das nur einem sehr guten Reiter willig gehorchte. Seine landschaftlichen Schönheiten, das harmonische Verhältnis von Feld, Wald und Wiese, der gepflegte Forst, die mit den beiden großen schwimmenden Moorflächen gegebenen idealen Voraussetzungen für eine gute Hochwildjagd, die von keinem Durchgangsverkehr gestörte ruhige Lage, ein einfaches, altmodisches, einstöckiges Gutshaus ohne Wasserleitung und Elektrizität, aber mit großen, schönen, Gemütlichkeit atmenden Zimmern: das alles harmonierte vortrefflich miteinander und mußte jeden Besucher sofort gefangennehmen. Der landwirtschaftliche Fachmann sah wohl, wie schwer es sein mußte, in dem Endmoränengebiet mit seinen moorigen Gründen, Sandhängen und Tonköpfen, seinen Steilhängen und all den vielen Steinlöchern erträgliche Ernten zu erzielen, die dann auch noch von Rotwild und Sauen erheblich gezehntet wurden.

Hans brachte für die Aufgabe, diesen so schwierigen Betrieb zu bewirtschaften, die entscheidenden Voraussetzungen mit: Er liebte sein Pätzig von Kindheit an. Nur ein im tiefsten romantischer Mensch, wie er es war, konnte dies «ungezogene Kind» mit all seinen Fehlern und Mängeln, aber auch mit seinem unvergleichlichen Charme so liebevoll verstehend in Erziehung nehmen, seine Vorzüge ausbilden und auch aus seinen Mängeln noch erträgliche Leistungen hervorzaubern. Hans war ein tüchtiger Land- und Forstmann. Er verstand das Wirken der Natur, folgte ihren Gesetzen mit vorsichtiger Hand und war vom Morgen bis zum Abend in unermüdlicher Arbeit dabei, bis in die kleinsten und unscheinbarsten Einzelheiten dem Betrieb seinen persönlichen Stempel aufzudrükken. So war und wurde er immer mehr zum Vater von Pätzig, dem das Kind dankbar und gehorsam wurde.

Dazu war Hans ein geborener Herr, seiner Pflichten und Rechte als solcher bewußt. Irgendwelche Minderwertigkeitsempfindungen, Unsicherheit bei eigenen Entscheidungen, Menschenfurcht gegenüber Untergebenen, Gleich- oder auch Höhergestellten konnte man sich bei ihm nicht vorstellen. In Pätzig galt allein seine Anordnung für die Arbeiter und Angestellten, für die Familienmitglieder und auch für die Gäste des Hauses. Aber er war immer gütig und gerecht, fürsorglich und duldsam.

Hans war ein waidgerechter Jäger, guter Schütze mit Büchse und Flinte und ein furchtloser, vorzüglicher Reiter. Auch seine Hunde gehorchten ihm. Es war eine Lust, in Pätzig zu Gast zu sein.

Daran änderte sich nichts, wenn er gelegentlich sagte: «In meinem Hause kann jeder tun und lassen, was ich will.»

Hans war ein musischer und geistig vielseitig interessierter Mann. Auch jede seiner wirtschaftlichen Maßnahmen wurde den Gesetzen der Schönheit ebenso unterstellt wie denjenigen der Nützlichkeit und Zweckmäßigkeit, und es gelang ihm immer, eine Lösung zu finden, die beiden Gesichtspunkten gerecht wurde. Er las viel und ließ sich dadurch in seinen Gedanken anregen. Er liebte es, im Kreise seiner Gäste lebhafte Diskussionen zu führen, und es machte ihm Freude, zu deren Belebung den advocatus diaboli zu spielen. Er war in vielen Sätteln gerecht. Die Themen gehörten etwa in die Gebiete der schönen Literatur, der landwirtschaftlichen Fachwissenschaft, der Soziologie, der Geschichte, der Politik, der Philosophie oder auch, und das wohl vorzugsweise, der Theologie. Aber sie waren damit nicht erschöpft. Sie alle wurden behandelt von der Basis eines der Tradition verbundenen, aber jeder neuen Entwicklung aufgeschlossenen, echt konservativen und gerechten Geistes. Wir fanden in Pätzig «unser Delos, unser Olympia».

Es war selbstverständlich, daß Hans als konservativ-königstreuer Mann durch die Revolution 1918 aufs schwerste getroffen und in seiner säkularen Haltung erschüttert wurde. Es war ebenso selbstverständlich, daß die dann folgende politische Entwicklung bis 1933 durch die Unfähigkeit der politischen Kräfte, einen Staat anstelle des Bismarck-Reiches zu errichten, der die Achtung und das Vertrauen des Volkes sich erworben hätte, auch Hans wie uns alle in die Opposition führen mußte. Es war schließlich selbstverständlich, daß auch Hans, ebenso wie wir, den Weg der Rechtlosigkeit und der Gewalt, den der Nationalsozialismus einschlug, absolut ablehnte. Wir sind soweit nie verschiedener Meinung gewesen. Hans mag der Politik von Stresemann und Brüning gegenüber eine in der Nuance wendigere und realistischere Linie vertreten haben als wir, die wir ganz auf die harte und unkonziliante Linie meines Schmenziner Vetters und Freundes Ewald von Kleist eingeschworen waren. Die Mark war immerhin näher an Berlin als Hinterpommern.

Vom 1. Juni bis 17. November 1932, der Reichskanzlerzeit Papens, gingen unsere politischen Wege wieder einmal ganz ohne Einschränkung zusammen. Papen war aus dem Kriege mit Hans befreundet. Er zog ihn als seine Unterstützung zu politischer Mitarbeit heran. Durch die alte Freundschaft und zur Loyalität verpflichtende Stellung eines politischen Mitarbeiters wurde Hans nach der Demission Papens in eine von der unsrigen abweichende Haltung gezwungen, als Papen um die Jahreswende die Verbindung zu Hitler wieder aufnahm und wir uns deswegen im Gefolge des Schmenziners von Papen distanzierten. Das war schmerzlich für beide Seiten, weil wir, wenn auch in der innersten politischen Überzeugung nach wie vor verbunden, um der Loyalität willen den selbstgewählten politischen Vorbildern gegenüber nicht mehr in voller Offenheit miteinander reden konnten. Erst viel später habe ich erfahren, daß Hans damals, wenn auch vergeblich, seinen ganzen Einfluß bei Papen eingesetzt hatte, um ihn von der Lancierung Hitlers in die Regierung abzubringen.

Im Kriege hat Hans auf der Seite des Widerstandes gestanden. Er hat mir den Umsturz auch als sein Ziel noch im Flur vor Spes' Wohnung ausdrücklich bestätigt, als wir uns vor seinem Tode zum letzten Mal sahen.

Es will mir scheinen, daß bei seiner Einstellung und Haltung nichts natürlicher für seine Meldung an die Front gewesen ist als der Grund, er wolle im Moment des Umsturzes als Kommandeur eine Truppe in der Hand haben, um sie im Sinne der Widerstandskämpfer einzusetzen. Damit rundet sich die Erfüllung seines Lebens, wie ich es kenne und liebe.

Instinktsichere Witterung für alles Dämonische

Wilhelm Stählin[38]

Es ist wenig, was ich an eigenen Erinnerungen hätte beitragen können zu diesem Buch der Verehrung und Dankbarkeit. Aber ein kurzes persönliches Wort darf ich noch anfügen.

Manche der Bereiche, in denen Hans von Wedemeyer gelebt hat, sind mir nicht nahe genug, als daß es mir zustünde, mich dazu zu äußern; aber ich möchte einfach sagen, in welchen Zusammenhängen mir sein Bild immer wieder aufgetaucht und vor mein inneres Auge getreten ist.

Wir haben viel Anlaß auszusprechen, daß der christliche Glaube unecht wird, wenn die Frömmigkeit im Bereich der Gedanken bleibt und sich nicht mit einem ursprünglichen Gefühl für alles schöpfungsmäßig Lebendige, für Landschaft, Frucht und Getier verbindet. Wenn ich mir die Fahrten vergegenwärtige, die ich mit Hans von Wedemeyer durch seinen Pätziger Wald gemacht habe, und die Gottesdienste in seiner Dorfkirche, dann trage ich in mir das Bild dieser Verbindung, die wir so oft und so schmerzlich vermissen.

Wenn ich mir darüber Rechenschaft gebe, daß kein Volk bestehen kann ohne Adel, ohne Menschen, die Herren sind, deren vornehme Gesinnung und Verantwortung nicht in die allgemeine Égalité eingewalzt werden kann, und wenn ich mich frage, wie dieser Adel bewahrt werden kann, auch wenn die äußeren Formen versunken sind, in denen dieser Adel durch Jahrhunderte gelebt hat, dann richtet sich meine Hoffnung auf Männer, wie Hans von Wedemeyer einer war.

Und wenn ich mich frage, was ich unseren Politikern wünschen soll, nämlich nicht bloß Klugheit oder gar Schlauheit, sondern die furchtlose Unbeugsamkeit eines in Gott gegründeten Gewissens und zugleich jene instinktsichere Witterung für alles Dämonische, dann möchte ich ihnen am liebsten das Bild eines Mannes vor Augen stellen, wie wir es in Hans von Wedemeyer verehrt und geliebt haben.

Ein gekröntes Leben

Fabian von Schlabrendorff

Die meisten Menschen auf dieser Erde leben zweispännig. Sie haben zwei Eigenschaften und bedienen sich der einen Eigenschaft, sobald sich die Gelegenheit dazu gibt, um auf der anderen Eigenschaft auszuruhen. Eine kleinere Gruppe von uns Menschen dagegen fährt einspännig durchs Leben. Sie besitzen nur ein Ziel, eine Gabe, eine Eigenschaft. Dafür haben sie aber dann im allgemeinen den Vorzug, daß sie es mit dieser Eigenschaft und dieser einen Gabe weit bringen.

Hans von Wedemeyer hat, so wie ich ihn gekannt habe, weder zu der einen noch zu der anderen Gruppe gehört. Wenn ich selber ein Urteil darüber abgeben müßte, wie er in seinem Leben fuhr –, so würde ich sagen: Vielspännig ist er gefahren. Ich habe selten einen Menschen, selten einen Mann kennengelernt, der über so viele Gaben verfügte, die für andere ein ganzes Leben ausmachen.

Für mich war er in erster Linie der Landwirt und der Jäger. Ich habe sein landwirtschaftliches Unternehmertum bewundern können nicht nur um der Bewirtschaftung des alles andere als leichten Gutes Pätzig, sondern auch beim Ankauf von Klein-Reetz. Mich beeindruckte tief seine Art, mit der er über seine Güter fuhr, alles sah, alles beobachtete, für alles Abhilfe schaffte.

Und dann der Jäger: Da trat ein Zug in ihm zutage, den damals die meisten hier unter uns in ihm leuchten sahen, es war beinahe etwas Heidnisches, Germanisches. Die Jagdtage in Pätzig waren heilige Tage.

Daneben war er im gleichen Umfang Soldat. Nur wenige werden noch wissen, daß er in der Zeit des Ersten Weltkrieges als Offizier der dritten Garde-Ulanen aus Potsdam in einer der drei berühmten Patrouillen ritt. Während der Marneschlacht sollten sie hinter den französischen Linien im Nachschubbereich Gleise sprengen, um für das Heranführen der Truppen von der italienischen Front an die französische Front Zeit zu gewinnen. Er ist einer der wenigen, der von diesen gefährlichen Patrouillen wieder lebend zurückgekommen ist. Auch im Zweiten Weltkrieg war er ganz Soldat. Ich habe ihn erlebt an der Beresina, dem berühmten Fluß; da haben wir einen langen großen Spaziergang gemacht, und da hat er vom Ende dieses Krieges gesprochen, dem Zweiten Weltkrieg, mit einer seherischen Kraft.

Außerdem war er ein homo politicus. Er war ein leidenschaftlich politischer Mensch, und so kam es denn, daß er in der Zeit des Nationalsozialismus alles das hat auf sich zukommen sehen müssen, an dem andere verzweifelt wären. Das Schlimmste, ja eigentlich das Erniedrigendste für ihn war, als man ihn in einen Prozeß verwickelte, der in der Form ein sozialer Prozeß, in Wirklichkeit nichts anderes als ein politischer Verdammungsprozeß war. Da hatten die Nazis das Gesetz zur nationalen Arbeit geschaffen und eine Instanz eingerichtet, die in der Lage war, die Betriebsführereigenschaft abzuerkennen und denjenigen damit dem bürgerlichen Tode zu überantworten. In dieser ersten Instanz in Berlin war er unterlegen, weil das Gericht das Urteil längst gefällt hatte, ehe überhaupt die Verhandlung begonnen hatte.

Hans von Wedemeyer hat mich gebeten, ihm zu helfen. In der zweiten Instanz haben wir es gewagt, ob wir nicht doch noch Richter fänden mitten in diesem Dritten Reich, und siehe da, wir haben sie gefunden. Denn das Gesetz zur Ordnung der nationalen Arbeit kannte noch eine zweite Instanz, das war eine Teilabteilung des Reichsgerichtes. Und dieses Reichsgericht hat nicht einen Prozeß veranstaltet in Leipzig hinter verschlossenen Türen, nein, das kam nach Pätzig, das kam in den Kreis Königsberg in die Neumark, das kam nach Schönfliess ins Rathaus. Ich sehe noch heute die erstaunten Gesichter der märkischen Bevölkerung, als plötzlich die roten Roben des Reichsgerichts im Rathaus in Schönfliess auftauchten und der Vorsitzende des Gerichtes die erste Unruhestiftung mit den

Fabian von Schlabrendorff

Worten niederdrückte, er als einziger habe in diesem Raum die polizeiliche Gewalt und werde sie unerbittlich ausüben gegen jeden, der versuche, ihn zu stören.

Hans von Wedemeyer wurde freigesprochen. Dank seiner meisterhaften Haltung in diesem Prozeß, in dem jede Kleinigkeit durch dieses Reichsgericht aufgeklärt wurde, bis zur Besichtigung von Pätzig. Ruth von Wedemeyer sagte damals immer wieder dem Präsidenten des Gerichts, dem späteren Senatspräsident Schrader, daß sie in diesem Prozeß auch so gerne als Zeugin vernommen werden wollte. Eine Bitte, die der hohe Richter natürlich nicht abschlagen konnte. Welchen tiefen Eindruck auf diese Abteilung des Reichsgerichts die Besichtigung des Gutshauses gemacht hat: diese große Schlichtheit, Einfachheit und Vornehmheit, die alle Anklagen wie im Winde verschluckten.

So war denn das ganze Leben Hans von Wedemeyers erfüllt im Kampf um die politischen Dinge. Aber es wäre falsch, ihn damit abzutun, wenn man nur auf diese Gaben verwies. Echt wurde er erst, wenn man auch wußte, daß es sich bei ihm um einen homo theologicus handelte, der durch die Michaelsbruderschaft, die Berneuchener Bewegung, versuchte, eine Erneuerung der Liturgie, ein Leben in seine Kirche zu bringen, der durch die tägliche Morgenandacht in Pätzig selbst das Wort ergriff und zur Bibel sprach und dem man anmerkte, sein ganzes Leben, auch das politische, das landwirtschaftliche, das Jägerleben, das Soldatenleben – das war in einem nur denkbar, weil alles sich gründete auf diesen großen religiösen Fels.

Aber Hans von Wedemeyer war auch ein Mensch. Ich weiß noch, wie er, ein fanatischer Mensch der Pünktlichkeit, mit seiner Tochter Maria über die Felder von Pätzig fuhr und entgegen seinen sonstigen Gewohnheiten sich verspätet hatte. Alles saß schon bei Tisch, er machte die Tür auf, hatte ein ganz spitzbübisches Gesicht und sagte nur «Maria ist schuld». So war sein Humor.

Er hatte aber auch eine Gabe, seiner Trauer Ausdruck zu geben, wenn diese Trauer einem wirklich gut tat. Ich habe noch nie einen Menschen gesehen, wenigstens keinen Mann gesehen, der dazu so wie er in der Lage war. So erinnere ich mich noch gut, daß er, als er in Berlin war und dort politisch arbeitete, verzweifelt über das Kommen Hitlers mich anrief und mir sagte: «Wir müssen einen Spaziergang durch den Tiergarten machen.» Wir taten es. Während des ganzen Spazierganges sagte er immer wieder: «Es ist alles aus, der Hitler wird kommen, er wird Deutschland, er wird Europa, er wird uns alle vernichten.» Und diese Echtheit, diese Tiefe dieser Trauer, die habe ich nie so stark zum Ausdruck kommen sehen wie bei ihm.

Aber auch damit wäre noch nicht alles über Hans von Wedemeyer gesagt. Er hatte noch eine andere große Gabe: Er sah Dinge, die auf unsere Welt zukommen, er sah die Tendenzen. Er hatte, wie Goethe gesagt hat, nicht eine Ahnung, sondern ein «Ahnungsvermögen». Und er wußte, der Mensch kann diesen Dingen nicht ausweichen, er wird ihnen begegnen. Da sah man in ihm auch den konservativen Menschen! Auch Dinge, von denen er wußte, sie werden kommen, sie sind unvermeidlich, da meinte er nicht, man muß sich all dem fügen, nein, da war er klug genug zu sagen, wir müssen die Dinge langsam auf uns zukommen lassen, sonst entwikkeln sie eine solche Kraft und eine solche Schnelligkeit, daß die

Welt, in der wir existieren, mit uns zugrunde geht und zertrümmert wird. Durch diese seine ganze Art hat er es verstanden, sein Leben zu meistern und ein Leben zu führen, von dem man sagen kann: Es war ein gekröntes Leben.

III.

Freundschaft mit Bonhoeffer

Ruth von Kleist-Retzow und Dietrich Bonhoeffer

Als Kommentar zu den hier folgenden Briefen muß ich etwas von meiner Mutter, Ruth von Kleist-Retzow, einschalten. Sie hat Hans ganz besonders nah gestanden, und durch sie ist auch unsere Verbindung zu Bonhoeffer gewachsen.

Zur Freude ihrer Kinder hatte meine Mutter in den 30er Jahren eine Enkelkinderpension eröffnet. Unter ihrer heimatlichen Obhut gingen fünf Enkel aus den verschiedenen Landhäusern in Stettin zur Schule, u. a. auch Maria. Dietrich war damals Leiter des Predigerseminars in Finkenwalde und besuchte dies Haus in der Pölitzer Straße oft und gern und sehr zum Segen dieser Enkel. Meine Mutter ging regelmäßig mit ihren Enkelkindern zum Gottesdienst nach Finkenwalde.

Daraus ergaben sich Dietrichs wochenlange Aufenthalte in Klein-Krössin, dem kleinen Landsitz meiner Mutter, nahe Kiekkow. Dort fand er die nötige Ruhe, an mehreren seiner Bücher zu arbeiten. Abends las er meiner Mutter seine Tagesarbeit vor. Er legte Wert auf ihr fundiertes und intensives Interesse, auf ihr spontanes und lebensnahes Urteil.

Er schrieb mir am 25. 8. 1942 diesen Brief nach Hans' Tod:[39]

Hochverehrte gnädige Frau!
Es war vor etwa 7 Jahren, als Ihr Gatte in meinem Finkenwalder Zimmer saß, um über den Konfirmandenunterricht, den Max damals bekommen sollte, zu sprechen. Ich habe dieses Zusammensein nie vergessen. Es hat mich durch die Zeit des Unterrichts begleitet. Ich wußte, daß Max das Entscheidende schon vom Elternhaus empfangen hatte und weiter empfangen würde. Es war mir auch klar, was es heute für einen Jungen bedeutet, einen frommen Vater zu haben, der zugleich mitten im Leben steht. Als ich dann im Laufe der Jahre fast alle Ihre Kinder kennenlernte, da bin ich von der Macht des Segens, der von einem Christus-gläubigen Vater ausgeht, oft sehr beeindruckt gewesen. Es ist im Grunde der eine und selbe Eindruck, der mir in der Begegnung mit Ihrer ganzen großen Familie, mit den Häusern Ihrer Frau Mutter und Ihrer Geschwister so wichtig geworden ist. Der Segen ist ja nicht etwas rein Geistliches, sondern etwas in das irdische Leben tief Hineinwirkendes. Unter dem rechten Segen wird das Leben gesund, fest, zukunftsfroh, tätig, eben weil es aus der Quelle des Lebens, der Kraft, der Freude, der Tat heraus gelebt wird. Aus solchem Segen lebend und solchen Segen in letzter Verantwortung weitergebend steht das Bild Ihres Gatten mir heute vor Augen, und ich bin dankbar dafür, und das möchte ich Ihnen, hochverehrte gnädige Frau, in diesen schweren Tagen gern sagen. Wenn ein Mensch den Segen, den er selbst empfing, an die Seinen und an viele weitergegeben hat, dann hat er wohl das Wichtigste im Leben erfüllt, dann ist er wohl selbst ein in Gott glücklicher Mensch geworden und hat andere in Gott glücklich gemacht. Der Segen aber, in dem er lebte, bleibt über ihm als das Leuchten des Angesichtes Gottes über ihm.

Es wird der Geist sein, in dem er gelebt hat, in dem Sie jetzt mit Ihren Kindern zusammen sind. Derselbe Ernst, mit dem er damals zu mir von der christlichen Erziehung seines Sohnes sprach, wird nun Sie erfüllen, um Ihren Kindern zu einem christlichen Trauern um den Vater zu helfen, es wird dieselbe Liebe zum Wort und Sakrament, die ihm geschenkt war, Sie miteinander und mit der Gemeinde im Himmel vereinen, es wird derselbe Geist des Opfers und Gehorsams gegenüber Gottes Willen sein, der Sie still und dankbar alles hinnehmen läßt, was Gott Ihnen geschickt hat. Was für ein Lobpreis Gottes kann ein solches christliches Leidtragen einer großen Familie um den zu Gott heimgerufenen Vater sein! Meine Gedanken gehen besonders zu Max. Wie muß ihm gerade jetzt der Vater fehlen. Und doch bin ich ganz gewiß, daß er nicht mehr vergessen und verlieren kann, was er von seinem Vater empfangen hat, daß er geborgen ist, wie sein Vater geborgen war und ist.

Gott helfe Ihnen, hochverehrte gnädige Frau, durch sein Wort und Sakrament selbst getröstet zu sein und andere zu trösten.

Es grüßt Sie mit all den Ihren

Ihr verehrungsvoll ergebener Dietrich Bonhoeffer.

Dietrich Bonhoeffer im Hof des Wehrmachtsuntersuchungsgefängnisses von Tegel im Sommer 1944.

Maria erlernte später nahe von Klein-Krössin den Haushalt und begegnete Dietrich von dort aus abermals. Im Frühjahr 1943 verlobten sich die beiden. Kurz darauf, am 5. April 1943, wurde Dietrich verhaftet und zunächst ins Gefängnis nach Tegel gebracht. Nunmehr arbeitete Maria im Haushalt der Eltern Bonhoeffer in Berlin und durfte Dietrich in Abständen besuchen.

Am 8.10.1944 wurde Dietrich – im Zusammenhang mit dem Attentat vom 20.7.1944 – in den Gestapo-Keller der Prinz-Albrecht-Straße und damit in eine viel härtere Haft gebracht. Jetzt konnte man nahezu nur noch seine Wäsche abholen und ihm kleinere Erleichterungen schaffen. Maria betrachtete es als ihre Hauptaufgabe, ihn und die anderen uns nahen politischen Gefangenen in irgendeiner Form zu erfreuen. Durch ihre sehr geschickte Art des Umgangs mit dem Gefängnispersonal hat sie den unglücklichen Gefangenen vielfach helfen können.

Der hier Euch in die Hände gegebene zweite Brief von Dietrich stammt aus der Zeit in Tegel. Er mag als ein Echo meiner – wenn ich mich recht entsinne – zwei Besuche dort bei ihm angesehen werden. Sie wurden von dem uns gegenüber sitzenden Wärter von der genehmigten Viertelstunde auf eine Dreiviertelstunde ausgedehnt, bis Dietrich seinerseits aufstand und den Anstoß zur Beendigung gab. Dietrich lehnte es im Laufe dieses Gesprächs ab, seine jetzige Situation als ein «Kreuz» zu bezeichnen. Er gab mir erstaunliche Hilfen für mein Leben, so daß mir das Herz höher schlug. Der Wärter brachte ihn fort, veranlaßte mich aber, noch auf seine Rückkehr zu warten. Als ich ihm für die Ausdehnung der Unterhaltung dankte, sagte mir dieser einfache Mann, während er mir in meinen Mantel half, es sei ihm selbst eine Freude gewesen, das Gespräch zu verfolgen, und wenn er so etwas irgendeinem Gefangenen gönne, so diesem. Er sei der einzige Mann, der mit dieser Lage stets fertig würde. Er sagte wörtlich: «Ich habe noch keinen Gefangenen gesehen, der wie dieser kein einziges Mal einen Gefängniskoller gehabt hat.» Und dann sagte der Wärter noch, ich solle durch ihn wissen, daß es Bonhoeffer immer erneut schwer würde, mir diesen Schmerz seiner Haft antun zu müssen. Aus diesem Grunde habe er, der Wärter, sich gefreut, das Gespräch auszudehnen. Ich ging frohen Herzens nach

Maria von Wedemeyer

Hause, gestärkt von dem Eindruck, daß auch dies Haus der Schrekken einen Herrn hat und daß dieser Herr ein äußerlich Gefangener war.

Dieser Brief von Dietrich ist am 10.4.1944 geschrieben, also ein Jahr nach seiner Verhaftung und fast genau ein Jahr vor seinem Tod:[40]

Liebe Mutter!
Wenn Ihr an Deinem Geburtstag im großen Familien- und Freundeskreis zusammen seid und fröhlich und dankbar den schönen Tag feiert, dann mußt Du wissen und spüren, daß aus der Stille einer verschlossenen Zelle heraus unaufhörlich gute Gedanken und Wünsche zu Dir gehen und daß keiner mit fröhlicherem und dankbarerem Herzen bei Dir sein kann als der, der sich erst seit einem Jahr Dein Sohn nennen darf und weiß, daß er eine gute Mutter

gefunden hat. Wenn Maria bei Dir ist, wirst Du es durch sie hindurch empfinden. Ich habe die Losung des 19.4. aufgeschlagen. Sie weisen uns auf die hin, die aus der Ewigkeit uns rufen und bei uns sind, auf Vater und auf Max. Du wirst in Deinen Gedanken bei ihnen sein und doch auch ganz bei uns und bei denen, die Dich auf dieser Erde brauchen. Die Zeit zwischen Ostern und Himmelfahrt ist mir immer besonders wichtig gewesen. Schon richtet sich unser Blick auf das Letzte. Aber noch haben wir unsere Aufgaben, unsere Freuden und unsere Schmerzen auf dieser Erde und die Kraft des Lebens ist uns durch Ostern zuteil. Ich sage nichts anderes, als was ich erfahren habe, wenn ich Dir heute dafür danke, daß Du uns auf diesem Wege zwischen Ostern und Himmelfahrt vorangehst; es ist der Segen, den Vater und Max Dir und uns hinterlassen haben. Auch ich will mit Maria diesen Weg gehen, ganz bereit für das Letzte, für die Ewigkeit und doch ganz gegenwärtig für die Aufgaben, für die Schönheiten und für die Nöte dieser Erde. Nur auf diesem Weg können wir miteinander ganz froh und ganz ruhig werden. Mit ausgestreckten offenen Händen wollen wir empfangen, was Gott uns schenkt, und uns daran freuen aus ganzem Herzen und mit stillem Herzen wollen wir hingeben, was Gott uns noch nicht gewährt oder nimmt. Ich weiß, daß ich mir mit Maria darüber einig bin, und ich weiß, daß Du, liebe gute Mutter, uns beiden gern helfen wirst, wo es nötig ist und wir Dich darum bitten. Ich danke Dir für alles, was Du im vergangenen Jahr für mich getan hast. Gott erhalte Dich im kommenden Jahr uns und Deinem ganzen Haus.

Dein dankbarer Sohn Dietrich

Die Eltern haben sich so sehr wohl bei Euch gefühlt, und Du hast es ihnen so besonders schön gemacht, daß ich ganz glücklich darüber war. Sie haben das Gefühl, sich mit Dir besonders gut zu verstehen. Ich danke Dir für diese Tage ganz besonders!

Sofort nach der Flucht mit den Geschwistern im Januar/Februar 1945, die Maria zunächst nach Oppershausen bei Celle zu Verwandten von Herrn Döpke brachte, reiste sie zurück nach Berlin, fand aber Dietrich dort nicht mehr. Sie suchte vergeblich nach ihm in verschiedenen Lagern. Sie lief in jenen chaotischen Zeiten lange

Strecken zu Fuß, und weder in Buchenwald noch in Dachau noch in Flossenbürg konnte sie etwas über ihn erfahren. Die Nachricht von seiner Ermordung am 9.4.1945 hat sie erst sehr viel später nach dem Kriegsende durch Bischof Stählin in Oldenburg bekommen, wohin sie mit dem Fahrrad gefahren war.

Es folgen einige bisher unveröffentlichte Briefe von Ruth von Kleist-Retzow an Dietrich Bonhoeffer.

Stettin, 15. Februar 1941

Mein lieber guter Dietrich!
Zwar schreibe ich noch im Liegen. Sie müssen die Schrift entschuldigen, aber da ich heute durch Eberhard* erfuhr, daß Sie noch immer im Lande sind, möchte ich Ihnen schnell noch den Dank aussprechen, den ich seit dem 4. im Herzen trage. In diesen Tagen meiner Krankheit haben mich Ihre Worte viel begleitet und mit Dank erfüllt. Wie Gott Sie gesegnet hat! Und mich, daß ich Ihre Freundschaft gewann! Der Grund, auf dem sie ruht, ist der einzige unwandelbare, den es auf Erden gibt. Daß Sie den alten Menschen in Ihrem jungen Leben einen Raum gönnen, ist ein großes Geschenk für mich. Ja, in der Kirche schmilzt Alter und Jugend zusammen. Aber nicht immer gewährt Gott solche Gabe. Das ist doch meine liebste, meine schönste Lebenserfahrung, daß Dürre niemals dürr blieb, sondern daß immer Neues kam, das genau das brachte, was nötig war: «Du füllst des Lebens Mangel aus –»

Ihre guten Wünsche für unsere neuen Lebensjahre teile ich ganz. Könnte man etwas dazu tun, daß Sie den Platz fänden, an dem Sie wirken könnten. Manchmal möchte man dem großen Gott wohl in die Werkstube sehen wollen: Warum er Kräfte brachliegen läßt, die so notwendig wären für den Bau seines Reichs. Will er uns zeigen, daß er uns nicht nötig hat? Wir denken ja noch immer, daß wir ihn

* Eberhard Bethge. Langjähriger Freund Bonhoeffers und Herausgeber seiner Werke.

unterstützen müssen... Fast möchte ich Sie beneiden um Ihr nächsten Vorhaben. Welches Wiedersehn muß es bringen? Reimar kritisiert den Schäble, der mir so viel Freude machte, scharf. Im Grundgedanken wird er recht haben, aber er schüttet ja immer das Kind mit dem Bade aus. Ich bin zwar überzeugt davon, daß es in der Theologie wachsende Erkenntnis gibt, von einer Stufe zur anderen – darum noch längst nicht nur eine Stufe für den Bau des Reiches Gottes unter den Menschen. Wenn ich an Venske(?)-Braun denke, so ist Schäble noch 100 Mal zu hoch für sie, geschweige denn Calvin, Luther, K. B.*, die sie gar nicht durchdenken könnten. Also muß es doch Etappen geben, in denen Menschen, – auch Theologen, – sich vorwärts begeben. Es ist auch wahrscheinlich gar nicht so wichtig, in welcher Ecke sie eben stehen, sondern allein maßgeblich, daß sie sich nicht zum Ausruhen niederlassen.

In diesen Tagen las ich: «In der Finsternis wohnen die Adler». Zwei Drittel des Buches folgte ich mit größter Spannung und Zustimmung. Dann aber setzte ich ihm ein leidenschaftliches Nein entgegen. Das ist ja falsche Theologie, selbst erworbene Gnade, Rechtfertigung aus eigenem Können, Selbstbetrug... Eberhard schreibt mir, Sie beide hätten das Buch bejaht, aber ich denke, es ist ihm nicht mehr frisch im Gedächtnis. Vor ca. 15 Jahren habe ich mich mal mit sogen. «Spiritualisten» eingelassen; ich denke heute mit Scham daran zurück. Nicht, daß ich diese Welt der Seelen und der Geister ableugnen wollte; ich glaube sogar an ihre Realität. Aber ich glaube, daß sie uns realiter verboten ist. Gott will uns vor ihr bewahren. Mag sie als Schreckmittel dann und wann von Ihm gebraucht oder zugelassen werden... Aber mit seinem Heilsplan hat sie nichts zu tun. Ich zweifle nicht daran, daß diese großen Wirkungen in Skandinavien historisch sind. Ist dies der Beweis für ihre Gottwohlgefälligkeit? Da liegen sie in Zuckungen und Geschrei am Boden und bewirken Wunder. Das taten die ägyptischen Priester auch. Aber nicht wir starben für unser Heil, sondern Jesus tat es allein. Während ich das Buch las, klang es mir immer in den Ohren: «Er hat genug für uns all getan» – aber vielleicht verstehen Sie

* Karl Barth.

nicht, wie ich es meine, und finden, daß mein Urteil falsch ist? Man könnte wohl nur mündlich darüber reden.

Wann wird man sich wiedersehen? Es geht wieder bergauf mit mir, weil Gott es so haben will. Wenn ich fiebere, bin ich immer ungeistlich gestimmt und leide darunter. Erst wenn es vorüber ist, kann ich wieder dankbar sein. Eberhard schreibt, daß Ihr Buch gut(e) Fortschritte (macht?).* Ein schöner Gedanke. Im Geist begleite ich es.

Ihre Mutter hat mir auch gratuliert in so guten, beschämenden Worten. Soll man sich gegen so viel Überschätzung wehren? Aber dankbar darf man sein.

Während Spes zu meiner Pflege hier war, hatten wir viel von den schönen Jahren unserer «Enkelpension» gesprochen. Und dann kam es auch immer wieder: «Wie schön, wenn wir nach Finkenwalde zum Gottesdienst fuhren! Und die Konfirmandenstunden!» In der Tat, welche glückliche, harmlose Zeit war es!

Bitte grüßen Sie die Dohnanyi-Kinder. Ich danke ihnen bald selbst. Gestern habe ich die Lutherlieder alle nacheinander gelesen und mich so daran gefreut! Welche Mühe!

Und nun leben Sie wohl, und Gottes Engel geleite Sie auf Ihrer Fahrt.

In ganzer Treue allezeit
Tante R.

Stettin, 12. Dezember 1941

Lieber Dietrich!
Ich habe noch 500 Bl. Schreibmasch.papier und 200 Bg. Kanzleipapier (weiß), sowie 100 Hüllen wie diejenigen, welche ich an Sie benutze, für Sie erhalten. Was wollen wir nun damit machen? Soll ich das Paket nach Berlin schicken? Oder brauchen Sie es noch in Kieckow?

Daß mein Sohn** krank wurde, ist nun auch wieder eine Durch-

* unleserlich.
** Hans-Jürgen von Kleist-Retzow.

Bibelarbeit im Park von Kieckow 1939: V. l. Ruth von Kleist-Retzow, Dietrich Bonhoeffer, Konstantin von Kleist-Retzow.

querung aller Pläne (bitte geben Sie ihm einliegenden Brief.) Aber ich höre, daß Sie fleißig Klavier spielen, was Ihnen hoffentlich Freude bereitet. Spüren Sie Erholung? – Ich werde wohl nicht vor dem 18. nach Krössin kommen können und nehme auch an, daß Sie mich nicht brauchen werden?

Der Tod meines Neffen Rohr * ist wieder ein schwerer Schlag für unsere Familie... Er ist der einzige Sohn seiner Eltern, und ich empfinde den Schmerz meiner armen Schwester sehr tief. Was wird noch folgen?

* Fritz Robert von Rohr.

Ich möchte Ihnen noch sagen, welche große, neue Freude mir beim Vorlesen die «Nachfolge» ist. Zuletzt hörten und besprachen wir die Abschnitte: das Außerordentliche mit der Feindesliebe, die Wahrhaftigkeit und die verborgene Gerechtigkeit, und knüpften lange, fruchtbare Gespräche daran. Es sind immer Stunden der Sammlung, die gerade jetzt, wo alle Nerven fühlbar überspannt sind, sehr wohltuend sind. Merkwürdig ist es, wie Frau Rükarth grad auf Grund ihrer eigenen Leere das glühende Interesse und wirkliches Verständnis für Ihre Ausführungen aufbringt. Und schön ist es, wie sie nach dem gelegentlichen Ausspruch: «So, das habe ich nun nicht verstanden» keine Ruhe läßt, bis uns eine Erklärung gelingt. Ich finde wieder, daß die «Nachfolge» ein Buch ist, das man nicht «durchliest», sondern *in* dem man lesen darf. Vielleicht ist das sein größter Wert. Dabei habe ich oft den Eindruck, daß manches noch nicht zu Ende gesagt ist, daß Zwischenglieder fehlen, oder wie ich es ausdrücken soll. Darum schreiben Sie ja auch weiter. Kommen Sie jetzt dazu, oder geht es noch nicht?

Lassen Sie sich herzlich grüßen
von Ihrer R. v. Kleist.

Ob Sie wohl Dr. Tielsch * einen Dankesgruß schreiben möchten? Es würde mich entlasten.

Kieckow, 30. 12. 1941

Lieber guter Dietrich!
Ich kann das alte Jahr nicht abschließen, ohne Ihnen noch einen besonderen Gruß und Dank zu sagen. Obgleich ich nicht unruhig bin über die bevorstehende Operation meines Sohnes, so ist es mir doch eine große Beruhigung, Sie in seiner Nähe zu wissen. Es ist mir natürlich ein Opfer, daß ich ihm in diesen Tagen nicht nah sein kann. Wenn ich meine Anrechte an ihn auch längst abgetreten habe, so ist und bleibt er doch mein Kind trotzdem, das vor Zeiten

* Vermutlich der Hausarzt der Familie.

in ganzer Abhängigkeit mit mir lebte. Das sind wohl Gedanken, die Ihnen noch ganz fremd sind, aber sie wurden mir wieder ganz lebendig an dem Buch *, das Sie mir geschenkt haben. (Ich habe es noch nicht einmal zu Ende gelesen, da meine Augen mir in den vergangenen Tagen den Dienst wiederholt verweigerten und es nun schon so weit ist, daß ich ihre Inanspruchnahme einteilen muß.)

Monika** reiste ihrem Sohn über das wilde Meer nach... Es ist ergreifend zu lesen, wie ihr alles andere unwichtig war, weil es ihr um die Rettung der Seele ihres Sohnes ging. Aber ich begreife auch gut, daß alle Einwirkungen mit Ausnahme der Fürbitte unwichtig wurden. Das ist auch heute so und lernt sich doch erst sehr langsam. – Für die guten Worte, die Sie Ihrem Geschenk hinzufügten, danke ich Ihnen noch besonders. Wissen Sie auch, daß Sie mir mit ihnen ein Anrecht eingeräumt haben? Das Anrecht, daß ich meine Worte nicht auf die Goldwaage zu legen brauche, wenn mir mal ein persönliches Wort entfährt... Ich will es gewiß nicht ausnutzen, denn Sie könnten es mir ja sonst wieder entziehen. Aber dem steht nun gegenüber, daß Sie trotz Ihrer Jugend und meines Alters seelsorgerliche Aufgaben an mir haben. Es ist von großer Bedeutung, von einem Menschen zu wissen, den man um Rat fragen darf, wenn es immer näher dem Ende zu geht. So wollen wir beide Gott danken, daß Er unsere Begegnung herbeiführte, und ihre Werte ausnützen, so lange wir sie noch haben.

31. Dez. Wie unheimlich ist die große Stille, die dem Sturm gefolgt ist***. Was geht vor? Was wird folgen? Konst.**** und ich waren gestern abend bei dem «Einsamen im Walde»*****. Er wußte nicht mehr als wir, aber er war sehr erschüttert. Gott wolle uns beistehen. Ich halte heute Sylvesterandacht in Krössin und in Kieckow. Sie soll auf den Grundton gestimmt sein: «Fürchte dich

* Der Furche-Band «Monika. Das Bild der Mutter in den Bekenntnissen Augustins».

** Mutter des Kirchenvaters Augustinus.

*** Die Einkesselung der 6. Armee in Stalingrad.

**** Konstantin von Kleist-Retzow.

***** Der BK-Pfarrer K.-H. Reimer in Naseband.

nicht – glaube nur.» Vielleicht schenkt es Gott, daß ein Lichtstrahl durch meine armseligen Worte dringt. Ich würde nicht mehr wagen, den Mund aufzutun, wenn ich nicht wüßte, daß ich nur das Werkzeug sein will, das Gott erwählen kann, wenn Er es will.

Am 3. will ich mit den Kindern auf 2 Tage nach Lasbeck fahren und am 5. in Stettin landen. Haben Sie das Wäschepaket unversehrt erhalten? Es ist schon vor dem Fest abgegangen. Ja, es freut mich, wenn ich auch dabei etwas «mütterlich» für Sie sorgen kann. Wie *gut* ist Ihre ganze Familie um meinen Sohn besorgt! Wenn Sie mir wieder einmal Ihre Eindrücke über das Befinden meines Sohnes schreiben möchten, wäre ich Ihnen sehr dankbar. Heute abend will ich Neues erfragen. Er schrieb mir so sehr getrost und es ist schön, daß ihm Professor Br.* so gut liegt: «Er ist meine ganze Liebe», schreibt er mir. Ich freue mich natürlich, daß ich hier bei den Kindern und Leuten sein kann. Ich lerne auch die Kinder so viel besser als sonst kennen. Sie gehen einen guten Weg, wie mir scheint.

Bitte grüßen Sie Ihre Eltern und besonders alle Schleichers, die mich rührend bedacht haben. Ich schreibe, sobald ich kann. Nur was aus dem mir zugedachten Blumengruß geworden ist, der vor die verschlossene Tür gekommen sein muß, beunruhigt mich.

Gott befohlen im Neuen Jahr mit allen Sorgen, aller Not. Ist übrigens die Scheidungsfrage aufgegeben? Es ist ja immer so, daß sie unmöglich wird, wenn ein Teil nicht einwilligt. Das habe ich damals bei meiner Tochter** erfahren. Aber weiß man überhaupt, was man tut, wenn man in sein Schicksal eingreift?

Ach unsere armen Soldaten! Was soll nun aus ihnen werden?

In ganzer Treue Ihre

R

* Wahrscheinlich Prof. Dr. Kurt Brandenburg, leitender Arzt am Berliner Virchow-Krankenhaus.

** Spes Stahlberg, geb. von Kleist-Retzow.

Über dem Patronatsgestühl der Dorfkirche ließ Ruth von Wedemeyer diese geschnitzte Gedenktafel anbringen – mit dem Bild aus Wald und Flur und dem Vers: «Alles ist Euer, Ihr aber seid Christi» will sie das Verantwortungsbewußtsein des preußischen Gutsbesitzers ausdrücken.

IV.

Wieder in Pommern – Am Sterbebett meiner Mutter im Oktober 1945

Ein Reisebericht

September 1945: Ich war nach meiner Flucht im Januar als Lehrling in die Gärtnerei nach Bethel bei Bielefeld gegangen, um auf diese Lehre hin eine Siedlung aufzubauen und damit meine Kinder zu ernähren. Daß uns jemals eine Rente gezahlt würde, hielt man damals nicht für denkbar.

Mitten hinein in diese nötige Schulung überfiel mich eine Störung in dem Augenblick, als mir ein Stück Land zugeteilt war.

Es war am 8.9., als ich plötzlich wußte: Ich muß noch einmal in das russisch besetzte Gebiet reisen. Ich wußte nicht, wer mich rief. Vielleicht waren es Gerd Tresckows Kinder? Vielleicht meine Pätziger? Ich wußte nur, daß eine Not mich zwingend forderte und daß mich nichts daran hindern durfte zu reisen.

Alla Stahlbergs Hochzeit sollte noch gefeiert, die nötigen Behördengänge erledigt werden. Dann startete ich am 17.9.1945.

Ich schrieb von unterwegs, noch vor der Grenze:

«17.9. – Ich fahre nun endgültig. Es zieht mich unwiderstehlich dorthin, als riefe mich unentwegt jemand um Hilfe. Verzeiht mir, wenn es Leichtsinn sein sollte. Ich bin durchaus nicht furchtlos bei diesem Unternehmen, nach allem, was ich von den Grenzübergängen hörte. Aber in mir wird täglich und fast stündlich die Sicherheit stärker, daß dies geschehen muß.»

Und am nächsten Tag:

«18.9. – Es ist keine, gar keine Furcht mehr da. Sie hat einer großen Freude Raum gegeben für den Dienst, zu dem ich gerufen bin... Bei Helmstedt komme ich nicht weiter. Ich bin von Hannover Richtung Göttingen ausgestiegen, fahre nun Richtung Duderstadt und nehme dort Anlauf Richtung Nordhausen drüben...»

Aus dem Zug:

«18.9. – Ich bin durch einen Hagel von Warnungen, Beschwörungen und Bitten hindurchgegangen, bis es zur Abreise kam. Ich wundere mich selbst, daß nichts von alledem eindrang, weil der Ruf von drüben immer zwingender war als all diese Stimmen, und das, obgleich ich nicht weiß, von wo er kommt. Ich bin und bleibe bisher merkwürdig sicher.»

Ruth von Wedemeyer im Jahre 1944

«19.9. nachts – Nun sitzen wir immer noch diesseits bei Wiedenbrück. Die positive Nachricht war wohl voreilig. Ein ungeschickter Mann hat uns durch sein aufgeregtes Benehmen den Übergang verscherzt.» (Die russischen Wachtposten eröffneten ein lebhaftes Feuer.) «Dagegen sollte ich wohl noch freier werden von Gepäck und Besitz. Mein kostbarer Rucksack, an den ich – im Heu schlafend – meinen Kopf legte, verschwand, und ich merkte es nach Aussage anderer drei Minuten zu spät. Draußen im Dunkeln war kein Dieb mehr zu entdecken.»

«20.9. – Ich sitze draußen vor dem Bahnhof Bad Sachsa am Wege und habe die schöne Harzbergkette im Morgennebel vor meinen Augen. Es trübt sich immer mehr ein und will mich mit betrüben. Aber das gelingt dem Wetter nicht...»

An diesem Morgen fand ich einen Acker, auf dem deutsche Bauern, die ihre Höfe jenseits der Grenze hatten, ihre diesseits gewachsenen Kartoffeln ernteten. Das Wetter war gut. Bewaffnete englische Wachtposten beaufsichtigten die Arbeit. Drüben markierten hohe und gedeckte Holzkanzeln, mit russischen Wachtposten besetzt, die unerbittliche Grenze, die man mitten durch das deutsche Land gezogen hatte.

Ich fragte einen Bauern ganz beiläufig, ob ich helfen solle. Das gefiel ihm. Wir sammelten die Kartoffeln in aufrecht gestellte Zwei-Zentner-Säcke. Das Ganze war wohl nur eine Nachlese oder sehr schlechte Ernte.

Schließlich kam der Abend. Mich hungerte, da aller Proviant mir gestohlen war. Jetzt scheuchten die englischen Wachtposten die Bauern eilig über die Grenze zurück. Sie waren von den Russen am Morgen sorgfältig gezählt und aufgeschrieben worden, damit sich kein anderer dazuschliche. Die Deutschen waren mit ihren Wagen herübergekommen, in der Hoffnung zu ernten. Allem Anschein nach wollten aber die Engländer die Kartoffeln behalten und hatten die Bauern nur zur Ernte benutzt. Die Engländer knallten ganz schön in die Gegend. Angstvoll stürzten die Bauern auf ihre Wagen und ließen die Kartoffeln zurück.

Nun sah ich meine Stunde gekommen. Ich hielt es für unwahrscheinlich, daß die Engländer nach mir schießen würden. Ich schleppte die Säcke schleifend an den Rand des Ackers und bewog den Bauern, mir beim Aufladen zu helfen. Endlich überwand er seine Angst und tat es. Die Familie wurde gnädig gestimmt. Ich nutzte den Moment, um dringlich zu bitten, mich sogleich und im Schatten des Wagens in einen Sack kriechen zu lassen und aufzuladen. Sie hielten großen und umständlichen Rat, erklärten mir aber, daß sie dies nicht wagen könnten. Schließlich überwand die Bauersfrau ihre Furcht und hieß mich aufsteigen. Wir saßen mit den herangeholten vierzehn Säcken zu etwa acht Personen dicht gedrängt auf dem altmodischen Bretterwagen mit zwei Pferden und fuhren die noch etwa 50 Meter bis zum Grenzbaum. Die Spannung auf dieser kurzen Strecke peitschte die Nerven. Ich war möglichst unauffällig gekleidet, Wehrmachtshosen mit alter grauer Windjacke, und sah wie ein Landarbeiter aus. Ich linste die Posten nicht an, so oft sie auch den Wagen umkreisten. Und dann löste sich die Spannung. Wir durften fahren. Die gutmütige Bauersfrau, die ja meine Hilfe anerkannte, aber besessen war von der zitternden Angst vor ihrer eigenen Courage, kramte einen Laib Brot heraus, schnitt für mich eine schöne Doppelschnitte ab und belegte sie dick mit Schmalz und Leberwurst. Wie mir das schmeckte! Dies war der Übergang am 20.9. abends bei Tettenhausen.

21.9. – Ich ging auf der Landstraße sehr frohgemut weiter, fand die Bahnlinie mit irgendeinem vollbeladenen Zug und fuhr bis Nordhausen. Verblieb dort die Nacht, bis am Morgen ein weiterer Zug mich bis Löderburg brachte, das Fluchtquartier meines Schwagers Hans Klitzing und meiner Schwägerin Anne, der Lieblingsschwester von Hans. Das Wiedersehen war wunderbar und traurig – wie eng berühren sich Freude und Schmerz! Sie hatten ihren ältesten Sohn Werner auf der Flucht verloren, als er noch einmal umkehrte, um sein Vieh zu füttern. Die Russen machten kurzen Prozeß wie mit vielen und wie auch mit Onkel Franz-Just Wedemeyer in Schönrade.

Am Morgen des 23.9. wollte ich zur Bahn und erschrak vor den russischen Posten, die den Bahnhof bewachten, mich aber gehen ließen. Die Reisen waren mehr als abenteuerlich. Da meist auf jeder Strecke nur ein Zug täglich verkehrte, wurde dieser von Reisenden bestürmt. Wir krochen auf die Dächer, aber ehe der Zug abfuhr, wurden alle wieder heruntergejagt. Ich sprang meist im letzten Moment auf den schon fahrenden Zug und klemmte mich auf eine eiserne Leiter, die damals an jedem Wagen angebracht waren, wohl für die Eisenbahner, um die Dächer zu begehen. Da die Leitern nur aus schmalen Eisenstangen bestanden, mußte ich mich zweimal durch die Sprossen flechten, um durch das Schaukeln der Bahn und vor Müdigkeit nicht heruntergeschüttelt zu werden. Nur alte ausgediente Waggons waren für den Personenverkehr freigegeben. Auf jeder Station war ich sofort wieder unten, um nicht aufzufallen. Die Reise war einigermaßen mühsam. Aber ich blieb nie zurück.

Plötzlich die Station Gräfenhainichen. Ich fragte auf dem Bahnsteig nach Frau Schmidt-Strohwalde und ob sie noch lebe. Ja, im kleinen Haus neben dem Schloß. Ich änderte sofort meinen Kurs und besuchte meine alte, gute Freundin Mausi. Wieder solch ein unfaßlich schönes Wiedersehen. Sie hatte gleich mir ihren Mann und Sohn samt Heimat verloren. Sie nahm mich mit großer Freude auf, nächtigte mich und schenkte mir, was ich zur Weiterfahrt so nötig brauchte: einen Rucksack, eine Decke, eine Jacke. Was für Kostbarkeiten waren das damals!

24.9. – Ich drang bis Berlin-Charlottenburg vor. Mein erster Weg ging zu Bonhoeffers (Prof. Dr. med. – Eltern von Dietrich). Welch ein Wiedersehen! Die Eltern hatten in den letzten Kriegstagen zwei Söhne und zwei Schwiegersöhne durch Ermordung der Gestapo verloren. Daß sie auch dieses Entsetzliche zu tragen vermochten, zeigte mir diese Begegnung. Aber wie traurig war es. Wie traurig ist es noch heute, immer wieder noch – und nach 26 Jahren! Lest doch einmal die Worte von Vater Bonhoeffer, die Eberhard Bethge an den Schluß seiner großartigen Bonhoeffer-Biographie gesetzt hat.[41] Die eigene Aussage gibt ein besseres Bild von der Haltung der beiden Persönlichkeiten, als wir sie zu beschreiben vermöchten.

Maria hatte die unfaßliche Nachricht erst im Juni erreicht; die Eltern in Berlin sogar erst im Juli, als der englische Sender einen Gedächtnis-Gottesdienst aus London übertrug. Bell, Bischof von Chichester, sagte u.a. in seiner Ansprache: «His death is a death for Germany – indeed for Europe too...»[42]

Vom 25. bis 26.9. war ich auf der Suche nach den Tresckow-Kindern, nach Pätzigern, nach der Familie Reck, ohne irgendeine Spur zu finden.

26.9. – Auf einem langen Flur im Burckhardthaus begegnet mir plötzlich Eberhard Bethge. Er sieht mich an, als wäre ich ein Geist. «Gerade hat mir der Postbote die erste Nachricht meiner Schwester aus Köslin gebracht!»

Seine Schwester, Frau Onnasch, schrieb, daß meine Mutter durch einen Kellersturz ein Bein gebrochen habe und im Krankenhaus in Bublitz liege. Mutter lebte! Sicher war es Mutter, die mich rief. Mit der ihr eigenen Stärke hatte sie nach mir gerufen. Ich mußte zu ihr. An dieser Gewißheit kam ich nicht vorbei. – Mein Bruder sei verschleppt von den Russen. – Dies war nach sieben Monaten das erste Wort aus Kieckow...

In dem gut unterrichteten Burckhardthaus hatte ich gehört, daß die Polen keinen Deutschen nach Pommern hineinließen. Wer es dennoch fertigbrachte, wurde bis aufs Hemd geplündert. Dorthin vorzudringen sei aussichtslos.

27.9. – Hertha Gunsch fuhr mit mir zum polnischen Konsulat. An irgendein Reisepapier war aber frühestens nach Ablauf einer Woche zu denken, aber auch dann schien dieser Erfolg uns mehr als fragwürdig. Das Telefon funktionierte damals noch nicht. Wir fuhren endlose Wege in den Grunewald zu ihrer dort wohnenden Schwester in der Hoffnung, daß sie uns helfen könne. Dort trafen wir unverhofft einen alten Bekannten der Schwester, einen Polen, Szukalski mit Namen, einen früheren polnischen Gutsbesitzer, der, seinerzeit von Deutschen ausgewiesen, auf dem Wege nach Westpreußen zu seiner früheren Besitzung ausgerechnet an diesem Nachmittag die Schwester von Hertha Gunsch besuchte. Er war sofort bereit, mich durch die Grenze zu schleusen, und erwies sich für mich von hohem Wert, grundanständig und hilfsbereit. Die vorliegenden Nachrichten von den Zuständen auf der Bahnstrecke Stettin-Stolp lauteten so ungünstig, daß ich mich sofort, unter Verzicht auf jeden Ausweis und auf polnisches Geld, entschloß, mich unter seinen Schutz zu begeben.

Ich schrieb damals:

«27.9. – Ich fahre in dieser Nacht oder früh in den Osten, um Mutter zu sehen, oder – wenn es mir geschenkt wird – sie zu holen. Voller Seligkeit bin ich, daß durch Hertha Gunschs Hilfe die Fügung geschah, daß ich Schutz habe für die sonst recht ungemütliche Reise. Die Polen tun einem nichts, plündern nur. Wenn ich Mutter doch noch lebend fände! Die Nachricht von Frau Onnasch ist erst zehn Tage alt. Das Land hungert, und sie?

Hertha Gunsch hat mich unterstützt und begleitet wie ein guter Engel in diesen drei Tagen, in denen ich ununterbrochen durch Berlin gelaufen und gefahren bin. Ich finde kein gutes Wort mehr für Euch – zu stark bis an den Rand gefüllt von meinem großen, schweren Auftrag. Frau Gunsch näht mir in dieser Nacht einen Rock von einem Ballen Scheuertuch, den mir Ursula Schleicher reizenderweise schenkte.«

28.9. – Um 4.00 Uhr morgens brachen wir auf, hielten und warteten meist, fuhren frierend, ohne Fensterscheiben sehr langsam und brauchten bis Angermünde (normalerweise eine Stunde) die Zeit bis zum Abend. Da der Zug dem Vernehmen nach erst am Morgen weiterfahren sollte, waren wir froh, ihm zu entrinnen. Ich fand in Angermünde ein Pfarrhaus. (Superintendent Borrmann hatte dem Einmarsch der Russen standgehalten.) Wir wurden freundlich aufgenommen und fanden auf zwei Klapp-Liegestühlen in verdeckter Veranda ein «fürstliches» Quartier. Ich war stolz, Szukalski dies bieten zu können. Um ihm die Zeit zu vertreiben, hatte ich ihm schon eine Jagdgeschichte nach der anderen erzählt, womit ich ihn hoch beglückte und mir gewogen machen konnte. Zu nötig sollte ich noch seine Hilfe brauchen.

Das Pfarrhaus war ein spukhaftes Unruhenest durch die Russenbesetzung und das fortgesetzte Bitten hilfloser Deutscher. Aber wir schliefen dennoch einige Stunden.

29.9. – Wieder zurück in unseren kalten Zug ohne Fensterglas und frierend bis Scheune. Abermals Nachtpause. Scheune war die Stettiner Umleitungsstation, als «Räubernest» weithin bekannt. Die russische Besatzung des Zuges entzündete mit dem Zaun der Station ein Feuer auf dem Bahnsteig. Langsam wich die ängstliche Stimmung im Zug der Macht des Frierens. Ein Fahrgast nach dem anderen fand sich am Feuer ein. Mond und Sterne leuchteten still über den grell vom Feuer angestrahlten dunklen Gestalten.

Um doch noch etwas zu schlafen, suchten wir endlich Quartier in einem verlassenen Gutsvorwerk mit abgerissenen Türen und Fenstern. Wir fanden einen kleinen leeren Schweinestall, in dem wir etwas Stroh über reichlichen Mist breiteten, um für eineinhalb Stunden hinlänglich geschützt zu schlafen. Im Dämmern tasteten wir unbehelligt zum Bahnhof Scheune zurück. Niemand wußte, wann der Zug nach Pommern ging und ob wir hier Zloty bekämen. Für einen Hundertmarkschein erhandelte Szukalski am Schalter mit aller Gewandtheit nur zwei Fahrkarten nach Altdamm (normalerweise wohl 15 Minuten Fahrt). Ich verzichtete auf weiteren Geldtausch.

Auf dem Bahnhof strömte uns ein Heer von Flüchtlingen, mit ihrer letzten Habe beladen, entgegen. Dazwischen standen Polenjünglinge in Zivil, mit Karabiner oder Maschinenpistole bewaffnet. Das Bild einer alten Frau, wie ein Mantel über die Schulter eines Greises gelegt und liebevoll von ihm getragen, steht noch vor meinen Augen. Eine andere Frau flehte mich mit qequältem Gesicht an, ihre kranke Mutter mit ihr zu tragen. Ich schämte mich, ihr nicht helfen zu können, zumal ich mich selber bald in ähnlicher Lage vermutete. Hatte ich doch Tragegurte in meinem Rucksack in der Hoffnung, Mutter damit aus Pommern herausholen zu können. Aber hier hatte jeder mit sich zu tun. Nur Greise, Frauen und Kinder sah man. Die Männer fehlten in dem leidvollen Bild dieser Eindrücke.

Wir fanden zwischen Polen Platz, nachdem ich vorher angeschrieen worden war: «Hier reisen nur Polen, nix für deutsche Leute.» Szukalski gewann sich sofort die Stimmung im Abteil und wurde mit belegtem Brot und Tabak verwöhnt. Nur ein Pole nahm mich aufs Korn und brüllte mich nach geraumer Zeit mit einem «Raus» an. Da ich einer Polin meinen Platz gab und beharrlich schwieg, beruhigte sich die Stimmung wieder.

30.9. – Kontrolle hinter Stargard. Ein Wunder mußte geschehen. Ich hatte weder Geld noch Fahrkarte noch gültigen Ausweis. Meine Alliierten-Scheine, die mir Frau Henry geschenkt hatte, wurden nicht bewertet.

Szukalski sprach lange mit dem Kontrolleur. Ich durfte sitzen bleiben. Hinter Labes, dem einstigen Wohnsitz meiner Schwester Maria, wo ihr Mann, Herbert Bismarck, Landrat war, abermalige Kontrolle und polnische Unterhaltung mit Szukalski. Aber in Wurow wurde ich unsanft hinausbefördert, konnte Szukalski nicht mehr danken und stand im Regen auf dunklem Bahnsteig. Sollte ich etwa hier verbleiben und kaum das Leben retten? Ich strebte zweimal zurück in den Zug, wurde aber jedesmal, von heller Blendlaterne beleuchtet, immer unwilliger entfernt und zuletzt zur Station gestoßen. Dort mit Fußtritt wieder herausgeworfen, stand ich vor dem Bahngebäude, mehrfach polnisch angequatscht. Es gab für mich keine Alternative. Ich *mußte* den Zug erreichen.

Als er sich in Bewegung setzte, verblichen die Blendlaternen. Ich überquerte drei Gleise und gewann den Puffer eines Güterwagens, auf dem ich bis Schievelbein erträglich stehen konnte. Ich klammerte mich mit den Händen an die Eisenträger, die den Waggon zusammenhielten. Der helle Kegel der Blendlaterne, der weiter während der Fahrt den Zug abstreifte, erfaßte mich gerade nicht mehr.

In Schievelbein sprang ich ungesehen in einen Güterwagen, der zwei Bahren mit Schwerkranken oder Toten barg. Während der Fahrt hörte das Schnarchen aus der hinteren Ecke des Wagens auf. Ein Pole kam mit Lampe und beleuchtete mich: Verhör! Meine Flut von englischen Gegenfragen scheuchten ihn zurück in seinen abgelegenen Winkel.

In Belgard, meinem Geburtsort, lief ich über die Schienen zur Stadt, mir ein Nachtquartier zu suchen. Es muß elf Uhr abends gewesen sein. Auf recht belebten Straßen bat ich viele Menschen um Auskunft nach der Wohnung des Pfarrers. Keine einzige deutsche Antwort. Schweigende Abwendung und harte Abweisung wechselten mit der überlegenen Frage, was ich noch auf der Straße suche. Hinter allen hellen Fenstern polnische Laute. Nach eineinhalb Stunden Umherirrens vorbei am Bahnlokal mit polnisch-russischem Radau, Balgerei, Sex-Szenen trieb mich das Grauen auf die Landstraße Richtung Bublitz. Hier war es endlich still. Später erst erfuhr ich, daß die Polen sehr scharf mit der Innehaltung der Polizeistunde für Deutsche waren.

Als ich mich zu diesem Nachtmarsch nach Bublitz entschloß und mich nach den Sternen östlich ausrichten wollte, merkte ich, daß der vorher ganz klare Himmel sich verschleiert hatte. Welch tiefe Bedeutung dies noch haben sollte, ergab sich erst später. Ich war aber trotz der fehlenden Sicht völlig sicher, in östlicher Richtung zu gehen.

Ich wanderte eine gute Stunde, als ein etwas abseits gelegenes erleuchtetes Haus rechts mein Vertrauen erweckte. Aber auch da hörte ich noch rechtzeitig polnische Laute und eilte zurück in den Baumschatten. Jedem Fahrzeug wich ich ängstlich in den Chausseegraben oder Wald aus.

Endlich ein Dorf. Ich hörte, daß jemand im dunklen Raum deutsch sprach – nun schon in tiefer Nacht. Ich wagte erstmalig zu klopfen und nach dem Weg zu fragen.

«Nach Bublitz? Und Sie kommen aus Belgard? Da sind Sie genau falsch gegangen. Jetzt über Groß-Tychow nach Bublitz», war die Antwort. Der große Umweg war mir klar. Ich war völlig verzweifelt. «In welchem gottverlassenen Nest bin ich denn hier?» – «In Grüssow.»

Grüssow – ein Ort, der durch die Schaumann-Wedersche Verwandtschaft in unserer Kindheit eine Rolle gespielt hatte. Ich faßte es kaum: Im Burckhardthaus in Berlin hatte man mir gesagt, Frau von Schaumann lebe dort noch. Grüssow war jetzt weit und breit der einzige Ort, der mir weiterhelfen konnte. Das Dorf war auch bei

Nacht militärisch besetzt. Daher mußte ich die Dorfstraße vermeiden, durch Gärten und den kleinen Dorfbach waten.

Ich fand das mir beschriebene Haus, war aber ratlos, welche Tür ich wählen sollte. Da öffnete sich die letzte. Ille Schaumann kam heraus, um «über den Hof zu gehen». Sie sah mich entgeistert an und schob mich wortlos in ihre Tür. Nebenan wohnte ein gefährlicher Aufpasser.

Wir traten in die schlicht, aber sehr gemütlich eingerichtete Arbeiter-Wohnstube und erzählten den Rest der Nacht mit gedämpfter Stimme, was wir erlebt hatten. Unvergeßliche Stunden großer beiderseitiger Geborgenheit. Ich brachte ihr die ersten Nachrichten seit der Besetzung vor sieben Monaten. Ihr Sohn lebte. Ihre Schwester Agnes lebte. Ihre Schwester Hete Tresckow, Pätziger liebste Nachbarin, war mitsamt ihrem Sohn Rüdiger von den Russen erschossen worden, ebenso wie in Zernikow die Familie von Oelsen. Aller Schmerz ging in der dankbaren Gemeinsamkeit unserer Herzen unter.

Der Morgen graute ohne Schlaf. Es ergab sich, daß eine abermalige Fügung mich unwissentlich auf den richtigen Weg gewiesen hatte. Von Ille erfuhr ich, daß ich völlig richtig gegangen war, um Mutter noch zu sehen; Mutter liege nicht mehr in Bublitz. Ich war in gerader Linie auf Kieckow zu gegangen, wohin inzwischen Mutter zurücktransportiert war. Sie brachte mich unter der gebotenen Vorsicht auf den Weg, ging dann sofort zur Arbeit in den Garten.

Sie hatte eine Kuh, lebte mit einigen alten Gästen und ihrem Dienerehepaar zusammen, leitete den Gutsgarten für die Russen und durfte, kraft ihrer Tüchtigkeit, die Grüssower Belegschaft, ausgenommen Obst und edle Gemüsesorten, aus dem Garten satt machen. Mit sehr verarbeiteten Händen war sie guten Mutes. Alle meine Gefühle für Wartenberg[43] konnte ich in dieser und einer noch später folgenden Nacht auf sie übertragen.

1. 10. – Neun Uhr morgens. Noch waren etwa 30 km bis Kieckow zu überwinden. Der Proviantsack war zu schwer, und ich wanderte, schon sehr müde, am Nachmittag gegen vier Uhr am Dorf Klein-Krössin, dem Nebengut, Wohnort meiner Mutter, rechts vorbei in

Richtung Kieckow. Mit welchen Empfindungen! Eine Herde von etwa 150 Stück Jungvieh, vom alten Graban betraut, weidete bei «Neu-Amerika» (so hieß ein Waldteil). Der Wald stand unverändert, ein großer Schlag rechts der Chaussee nach Kieckow war mit nicht allzu verunkrauteten Kartoffeln bestanden, und in der Sommerungsstoppel gab es einigen Klee. In Kieckow war auch etwas zu Roggen gepflügt, natürlich keinerlei Schälfurche. Die Wiesen sahen nicht verdorben aus, die Klein-Krössiner Häuser waren unversehrt. Alles in allem ein in meinen Augen schon ganz ungewohntes und günstiges Bild. Auf der Strohmiete, auf dem Chausseedreieck, stach ein Mann Stroh ab; ein heimgekehrter Krieger. Er wußte nur, daß «unser Herr Hauptmann» bei den Russen sei und Frau Landrat, also meine Mutter, schon wieder in Kieckow. Auf der Strecke zwischen Wald und Kriegergedenkplatz traf ich eine Groß-Tychower Pfarrgehilfin, die eben von Mutter kam: «Lungenentzündung! – Es steht ernst!»

Sie wird mich für reichlich durcheinander gehalten haben, denn ich brach mitten im Satz ab und rannte, ohne noch meinen Namen zu nennen, aber auch ohne Müdigkeit zu empfinden, im Trab die letzten eineinhalb Kilometer nach Kieckow. Das alte, liebe Kieckow. Hatte ich Augen dafür?

Links der lange rote, von Mutter gebaute Kuhstall – der erste Tiefstall, den es damals gab. Da steht Ernst Henning, und wenige Schritte danach begegnet mir Otto Behling. Beide starren mich an. Ich laufe mit nur flüchtigem Gruß an den alten Freunden aus der Kindheit vorbei. Da steht links noch die alte Lindenallee zum Gutshaus. Ich lasse sie links liegen und renne das Pflaster zum Dorf hinunter, vorbei an dem roten Inspektorhaus rechts, und strebe zu dem Fachwerk-Försterhaus, in dem ich im ersten Krieg jahrelang mein Gutsbüro verwaltete, und rüttle an der Tür. Verschlossen! Eile links herum zum Hintereingang. Dort steht meine Schwägerin Mieze. Sie hat mich kommen sehen. Jahrelang hat dieser Augenblick vor meinen Augen weitergelebt.

«Bist Du es wirklich?» Ihr Gesicht malt zuerst Entsetzen, kaum Freude. – So heiß hat sie gerade heute einen von uns ersehnt. Die plötzliche Erfüllung dieses Verlangens wirft sie fast um.

«Mutter stirbt.» Es war am Montag, dem 1. Oktober, um halb fünf nachmittags. Ach, ich hoffte doch noch, sie zu sprechen. Ich knie an ihrem Bett, in meinem Herzen hin und her geworfen von der heißen Freude, sie noch lebend zu sehen, und dem großen Schmerz, nicht mehr mit ihr reden zu können. Die Augen sehen scheinbar ins Leere, sie hört meine Stimme nicht. Ich möchte sie in die Arme nehmen, sie wachrütteln und drücken, mich bei ihr ausweinen, und ich wage kaum, ihre Hände zu berühren. Sie hört meinen Dank nicht mehr. In gewohnter Haltung liegt sie hochgestützt mit leichter Neigung des Kopfes nach rechts; das Gesicht wie ein Winterbaum ohne Laub, erkennbar in seinen großen, edlen Formen. Wißt Ihr eigentlich, daß Mutter sehr schön geworden war? Es war noch nie so viel Raum, feierlich gesammelter Raum in ihren Zügen wie jetzt. Sehr verwandt berührt mich das Gesicht mit dem von Hans-Jürgen [von Kleist-Retzow], als ich ihn das letzte Mal in seiner hoheitsvollen Würde im Kösliner Gefängnis sehen durfte. Ich wage kaum, das Gesicht anzureden, als wäre es meinem Zugriff schon enthoben. Ich hoffe ja auch, es wird noch eine klare Stunde folgen. Dennoch fasse ich den Entschluß, die wichtigsten Botschaften zu sagen: «Mutter – Fabian[44] lebt!» Sie hebt die linke Hand, wiederholt diese zwei Worte ganz selig. Für eine Sekunde fliegt ein Freudenglanz über ihre ernste Stirn.

«Klaus ist bei uns – gesund!» Das nimmt sie auch noch auf, wie auch die Nachricht, daß Ruth-Alice einen gesunden Jungen hat. Daß Herbert und Maria in Buch sind, hat sie, glaube ich, noch begriffen. Dann sagt sie: «Ich kann mich gar nicht mehr besinnen. Es ist alles so fernab.» Nach geraumer Zeit fragte sie noch einmal: «Fabian lebt?» und «Dietrich lebt auch?» Ich verneine. Das ist die letzte Frage an mich. Sie zeigt keinen Schmerz mehr. Offenbar mangelt die Kraft, die Empfindungen noch auszudrücken. Vielleicht aber ist auch die Freude, ihn nun wiederzusehen, größer als die Trauer.

Als ich gegen halb acht nebenan Abendbrot esse, fragt sie zweimal die Schwester, die an ihrem Bett für mich Wache hält: «Wo ist meine Tochter?» und «Meine Tochter möchte wiederkommen.» Das sind die letzten zusammenhängenden Worte, deren ich mich entsinne. Meine Gegenwart ist ihr offenbar ganz selbstverständlich. Wie schön das ist! Sie läßt alle pflegerischen Handgriffe an sich geschehen. Nur wenn das kaputte, notdürftig geschiente Bein angerührt wird, gibt sie ein sehr gesammeltes, energisches «Nein» her, ohne jede Schärfe oder Erregung. Genauso gesammelt, klar und stark ist ihr «Ja», wenn man ihr Buttermilch, Apfelmus oder auch kleine Weißbrotstückchen anbietet, ein weiches Ei.

Am nächsten Vormittag nimmt sie nur noch Flüssiges zu sich. Sie schläft leidlich ruhig. Noch ist sie nicht durchgelegen. Das Umbetten ist sehr schwierig. Irma Henning steigt hinter ihren Kopfkissenaufbau und greift sie von oben. Wir anderen heben gleichzeitig. Einer muß immer für das kranke Bein sorgen. Über dem rechten Knöchel ist das Schienbein gebrochen.

Ich erfahre nun: Etwa am 9.9. war Mutter, in die kleine Jungsche Küche abends eintretend, in die offene Kellerluke gefallen. Es ging so schnell, daß keiner der drei oder vier Menschen, die im Raum waren, es hindern konnten. Man hatte sie notdürftig geschient und gut gelagert und am nächsten Tag nach Bublitz fahren können. Hier in der Gegend befand sich kein deutscher Arzt mehr. Dort gab es weder Gips noch Pflaster. Erst nach zweieinhalb Wochen ganz primitiven Lebens, das Mutter mit Fassung und Humor ertrug, hat Mieze eine Rückfahrgelegenheit erkämpfen können. Ein Russe, der eine Stärke[45] verschachtert hatte und diese zurück besorgen sollte, ist zu diesem Zweck acht Stunden lang, mit Mutter auf dem Wagen liegend, im Kreise hin und her gefahren und brachte sie endlich sehr erschöpft mit Mieze zusammen in Kieckow an. Das war am Freitag, dem 28.9., abends. Am Sonnabend früh fand Mieze sie, wahrscheinlich von der vorausgegangenen Anstrengung beeinflußt, in einem zeitweilig bewußtlosen Zustand mit Sprachlähmung. Es war das gleiche Krankheitsbild wie vor zwei Jahren in Stettin, ein fieberloser geistiger Lähmungszustand mit voller Bewegungsfreiheit aller Glieder. Das Cardiazol, das ich mitbrachte, hatte keine Wirkung mehr.

Ich bin fast nicht von ihrem Bett gewichen. Jede Minute war kostbar, ihr im Geist zu danken, Kräfte auf sie herabzuflehen, abzubitten, aber vor allem immer erneut zu danken. Ich glaube fest, daß sie in diesen für mich wichtigen Stunden noch etwas davon gefühlt hat, ohne dem noch Ausdruck geben zu können.

Mittags haben Mieze und ich uns gerade zu Tisch gesetzt, als Superintendent Zitzke aus Belgard hereintritt, erstmalig seit Monaten. Da er nun einmal die 30 km per Rad gefahren sei, wolle er an unserem Haus nicht ahnungslos vorübergehen. Kaum fünf Minuten später kommt die Schwester von Mutters Lager herein. Mutter hat einen Herzkrampf, ihr Gesicht ist blaurot, der schwere Atem ist in Röcheln übergegangen. Die Agonie hat begonnen, der endgültige Abschied.

Wir bitten den Pastor, da er als Gottesbote in dieser Stunde unser Haus betritt, um eine Abendmahlsfeier an ihrem Sterbebett. In Ruhe bereiten wir alles vor. Unter der schönen alten Madonna von Grünewald, Besitz von Enkelin Ruth, ist auf der Kommode zwischen den beiden Fenstern, ganz wie bei unseren Arbeitern, der Altar aufgebaut mit Kreuz, zwei Kerzen und einem Dahlienstrauß. Wir sitzen im Halbkreis um den Altar und Mutters Bett, sie gewissermaßen in den Kreis einschließend. Alle Hausgenossen und die Getreuesten aus dem Dorf sind versammelt: Frau Jung, die alte Marie, Irma Henning, die täglich umsonst die Kuh versorgt und melkt, sehr viel bei der Pflege hilft und voll warmer Teilnahme ist, Schwester Martha, eine herzleidende, kleine freundliche Person, die, selber Patientin, Mutter im Krankenhaus treu gepflegt und ihr hinterher in offenbarer Verehrung gefolgt war, Frau Reinsch aus Berlin, Herr Inspektor Lücking, ein hängengebliebener Flüchtling aus Ostpreußen. Wir singen «Aus tiefer Not», «Christus, der ist mein Leben» (lest einmal nach, wie gerade dieses Lied die Stunde erfüllen konnte) und «Wenn ich einmal soll scheiden», dazwischen Beichte und kurze, liebevolle Ansprache über den Kleistschen Wahlspruch: «Fürchte dich nicht, glaube nur» und Abendmahl. Da Mutter an einem feuchten Tuch noch saugen konnte, habe ich dieses Tuch auch in den Kelch getaucht, so daß sie an dem Wein noch Anteil hatte, das merkte man ihr an. Dann sind Mieze, der Pastor und ich an ihrem Bett niedergekniet, und endlich hat er lange Zeit die Hände ausgebreitet hoch über der dahinsterbenden Frau und sie mit einem wunderschönen Segen hinübergeleitet in die ewige Welt.

Ich kann Euch nicht sagen, wie selig Mieze und ich unter dieser schönen, starken Feier wurden in der Gewißheit, daß nun stellvertretend das Größtmögliche für Mutter getan war. Wie sicher waren wir doch: Sie durchschritt nur noch ein Tor, das weit für sie aufgetan stand, hinein in die ewige Welt, in der sie schon so fest und tief verwurzelt war in langem, frommem Leben, ein Leben voller Liebe zu Gott und den Menschen. Es war, als flute ihre Fröhlichkeit zurück zu unser aller Herzen.

Als ich nach der Feier dem Pastor dankte, drückte er mit seinen beiden Händen die meinen: «Sie ahnen ja nicht, welch ein Geschenk diese Stunde für mich ist. Ich habe Ihre Frau Mutter immer sehr verehrt und habe darunter gelitten, daß wir uns nicht nahe kommen konnten; aber in der letzten Zeit haben wir uns darüber ausgesprochen und bis ins Tiefste verstanden.» Damit war sogleich alles, was Mutter in der Nazizeit von so manchen Theologen und auch von diesem getrennt hatte, gleichsam ausgelöscht und aufgehoben.

Dieser Mann hat mir auch in den folgenden Tagen und für meine Flucht hochwichtige Dienste geleistet.

Wir, Mieze und ich, sitzen beide zu Seiten von Mutters Lager und halten ihre Hände. Und schon eine halbe Stunde nach dem Ende der Feier tut sie ihren letzten Atemzug. Es war alles ein einziges Wunder vor unseren Augen.

Es war am 2. 10., nachmittags um halb fünf, genau 24 Stunden nach meinem Eintreffen in Kieckow, daß ich Mutter die Augen zudrückte. Am Sonnabend, dem 6. 10. nachmittags, als in Oberbehme meine Kinder am Grab unserer lieben Quartiergeberin Tante Friederike von Laer standen, die uns allen im letzten Fluchtjahr zur weisen Ältermutter geworden war, hatten wir die schöne Feier in der von Großvater Kleist-Retzow erbauten Kapelle.

Zunächst hatten wir am 4. 10. eine Abendandacht, zu der fast alle Kieckower erschienen, um sie noch einmal zu sehen. Die Apsis wurde von Ernst Henning und Herrn Venzki, dem neuen Rettungshausvater[46], sorgfältig mit buntgefärbten Ahornblättern geschmückt. Auf dem Altar lagen vom Dorf gespendete Winterastern.

Die Russen hatten erlaubt, daß Fritz Dähnrich den Sarg sorgfältig zimmerte. Die Rettungshaus-Zöglinge richteten den natürlich inzwischen verwahrlosten Friedhof ordentlich und hübsch her. Herr Lücking, der landwirtschaftliche Beamte, trug mit sieben anderen Männern den Sarg. Alle die lieben alten Gesichter! Mieze und ich saßen vorn links bei dem Lesepult, wo Mutter sich das Harmonium hatte hinstellen lassen, auf dem sie zu jedem Gottesdienst spielte. Im Gestühl saßen Maria Gräfin Kleist aus Groß-Tychow und Frau von Funk und Altenbockum aus Muttrin. Nach Regentagen brach die Sonne durch, brachte die Ahornbäume zum Glühen wie bei dem Begräbnis von meinem Bruder Konstantin vor 28 Jahren, der als Flieger gefallen war. Das war auch in solchen Herbsttagen.

Wir sangen das Lied von der Gedenkfeier für Jürgen-Christoph und Hans-Friedrich, die beide innerhalb von 14 Tagen in Rußland gefallen waren: «Warum sollt ich mich denn grämen?» und das von Mutter so nachdrücklich empfohlene «Wollt ihr wissen, was mein Preis?». Das war nun ihr letztes Wort an uns alle und ihr Vermächtnis.

2. Kor 4, 7–18 wurde verlesen, und über den 103. Psalm wurde gepredigt. Als letztes Lied sangen wir «Christ ist erstanden». Wir senkten ihren Sarg links neben Vaters Grab. Wir taten es im Gedenken an Euch alle und für Euch mit. Ich nahm Abschied von den Kreuzen der drei Kieckower Kinder, von dem weiten Blick über die Felder und dem großen Kruzifix in der Kirche.

Jede Minute war bedeutungsschwer und mit Kräften geladen. Konnte man es fassen, daß ein so liebevolles und beinahe «herrschaftliches» Begräbnis uns durch die große warme Verehrung der Bevölkerung, vor der die Russen Respekt zeigten, sieben Monate nach der Besetzung des Dorfes noch geschenkt wurde?

Mieze erzählte, daß Mutter unter der Sorge um ihre Angehörigen in der Russenzeit sehr gelitten habe. Sie hörte nie ein Wort von ihnen. Sie habe sich aber mit allem letztlich abgefunden, auch mit der Plünderei, mit der Enge, der bescheidenen Ernährung. Auch die Angst vor den immer erneut eindringenden Russen, die alles durchsuchten, sei geschwunden. Nach der Plünderung auf dem Treck besaß sie nun doch noch, was sie brauchte für Winter und Sommer:

Wäsche, Kleider, Schuhe, und sie hatte die meisten ihrer liebsten Bilder und der wichtigsten Bücher um sich. Einmal stahl der führende polnische Dolmetscher ihr ihre Brille. Mutig ging sie selbst ins Herrenhaus; der Kommandant brachte ihr einen Stuhl heraus, und binnen kurzem mußte der Pole die Brille zurückbringen. Wie ein Kind hat sie sich darüber gefreut.

Die Russen regierten im Dorf. Die sechzig guten Pferde waren eingetauscht worden in sechzehn erbärmliche Mähren. Anstatt im September/Oktober zu Roggen zu pflügen, wurde gedroschen. Herr Lücking hatte einen schweren Stand und war natürlich lustlos. Zunächst wurde aus Kieckow eine große Abmelkwirtschaft gemacht. Dann war nur das Jungvieh dort und in Krössin zusammengetrieben. Von 800 Morgen Kartoffeln vor der Russenzeit waren 160 Morgen in die Erde gekommen. Von 700 Morgen Roggen wollte man 70 oder 100 Morgen noch in die Erde bringen.

Aber jeder Arbeiter hatte noch eine Kuh. Die Witwe von Förster Jung hatte sogar eine weitere. Man faßte es kaum.

Da Herr Lücking nicht nur als Beamter, sondern auch als Bürgermeister angestellt war und das Mehl verwaltete, hatten Mutter und Mieze besser gelebt als wir in Westfalen. Jetzt wurden die Kartoffeln beschlagnahmt, und es fing an, knapp zu werden. Aber Herr Venzki, der beiden Frauen in Verehrung ergeben ist, hat Mieze bestimmt in jeder Beziehung weiterhin unterstützt. Er hat mir das mehrfach versprochen.

Die Leute waren hingebend in ihrer Hilfe. Mieze trug Schuhe von Frau Henning, ich bekam ein schwarzes Kleid ihrer Tochter geliehen, Irma schenkte mir zum Abschied 700 Gramm selbst gemachter Butter, das wertvollste Tauschobjekt im polnischen Gebiet. Die zärtliche Wärme war unter jedem Wort der Leute zu spüren. Mieze würde keine Not leiden, solange noch einer im Dorfe etwas hat. Noch besaßen die Leute sogar ihr Schwein. Allerdings waren die Verhältnisse in Kieckow ganz außergewöhnlich günstig. Keinerlei Gewalttätigkeiten der Russen an Frauen und Mädchen. Dazu sagte die alte, treue Belegschaft: «Weil wir eine fromme Herrschaft haben.»

Das schönste Geschenk für Mutter war, daß sie in diesen schweren Monaten noch einen wichtigen Dienst an den Zöglingen des Rettungshauses tun konnte. Der Großvater Kleist hatte dies Haus aus eigenen Mitteln aufgebaut und mit seinem Geist erfüllt. In der Nazizeit wurde es zum gefährlichen Denunzianten-Nest. Nun aber hatte es wieder einen christlichen Hausvater, der ihr in Freundschaft verbunden war. Allwöchentlich gab sie dort Religionsunterricht. Nach Aussage von Herrn Venzki erwarteten die Kinder diese Stunde mit Ungeduld, liebten und verehrten sie. Sie hatte auch noch Bibelstunden gehalten und beim Einlaufen der traurigen Verlustnachrichten viele Menschen im Dorf getröstet.

Wie mag das Vorbild dieser beiden Gutsfrauen gewirkt haben! Beide wußten zu diesem Zeitpunkt noch nichts über den im April von den Russen verschleppten Mann und Sohn, meinen Bruder Hans-Jürgen.

Ihrer beider liebevolles Zusammenleben und Ertragen aller Unbilden stärkte die Dorfbewohner. Verschiedene redeten davon zu mir und sagten: «Wenn unsere junge gnädige Frau bei uns bleibt, dann sind wir nicht verloren...» Nach harten Kämpfen mit ihr hatte ich dann auch eingesehen, daß sie Kieckow jetzt noch nicht verlassen konnte. Tapfer wie in allen harten Anforderungen ihres Lebens hoffte sie hingegen doch, bald den Entschluß zur Flucht fassen zu können oder ausgewiesen zu werden, was denn später auch geschehen ist. Auf ihrem Rücken trug sie wertvolle Ölgemälde und verzichtete dafür auf andere Annehmlichkeiten, wie etwa einen Bettbezug, für den Neuaufbau ihres Lebens. Für mich brachte sie zur Erinnerung an das gemeinsame Erleben von Mutters Tod das für mich kostbare Bild meiner Großmutter, Gräfin Zedlitz-Trützschler geb. von Rohr, mit. Für Spes hatte sie ihre drei Kinderbilder aus deren Wohnung in Berlin nach Kieckow gerettet und trug nun auch diese auf ihrem Rücken in den Westen. Diese Geschenke waren und sind in ihrer Großzügigkeit ein Abbild ihrer Persönlichkeit und eine unaufhörliche Erinnerung an sie. Wir wollen ihr dankbar bleiben, daß sie der Kieckower Bevölkerung und vor allem Mutter die Russenzeit zu ertragen half.

Zurück nach Kieckow: Das Dorfbild war unzerstört. Die ehrwürdigen Eschen unterhalb der Schmiede, um die wir als Kinder herumkletterten, rechts das bescheidene Schulhaus, in dem einst Herr Kämmerer die Kinder lehrte, in dem im ersten Krieg dann die berühmten Dorfabende stattfanden, die meine Mutter zuerst tagtäglich abhielt und damit die Dorfgemeinschaft festigte.

Für den einberufenen Lehrer trat meine Schwester Spes dort Jahr und Tag als Dorflehrerin ein. Ich sah noch einmal den schönen Blick auf die geöffnete Kirchentür mit den von weither sichtbaren Lichtern dahinter – zu Weihnachten mit dem Tannenbaum. Das war einer meiner stärksten Kindheitseindrücke, wenn wir gemeinsam abends über das holprige Pflaster zum Gottesdienst gingen.

Die breiten Feldsteinstufen führten in Abständen zu der großen Steintreppe hinauf. Ich sah noch einmal die schmiedeeisernen Kreuze, die die Kirche umgaben, die dörflichen Gräber, den Kleistschen Begräbnisplatz. Man durfte damals nur von Ort zu Ort gehen mit polizeilicher Genehmigung. Das minderte die Kontaktmöglichkeit zu den noch lebenden Gutsnachbarn. Alle Gutsfrauen, von denen ich hörte, waren selbstlos um ihre Dorfbewohner bemüht, teilten die Armut mit ihnen, waren von ihnen aufgenommen. Sie kamen zum Begräbnis von Mutter, mußten aber danach eilend zu Fuß zurückgehen, um noch vor Abend ihre Dörfer zu erreichen.

5. 10. – Ich wanderte unangefochten die 28 bis 30 km zu Fuß nach Belgard, um Miezes Silber durch den Superintendenten Zitzke verkaufen zu lassen. Es erwies sich aber, daß die Polen zu arm waren, um die sie verlockenden Bestecke mit Monogramm und Krone zu erstehen. Für mich war dies schlimm, denn ich hoffte, mit dem gewonnenen Geld ein Rückreisepapier zu erhandeln. Ich kam nachts erfolglos nach Kieckow zurück.

7. 10. – Ich startete, von Mieze mit kostbarem Reisegepäck versehen (vor allem mit den wertvollsten Gemälden), zu Fuß nach Groß-Tychow, bekam eine Karte bis Belgard, deponierte das Gepäck dort zunächst bei Bekannten, wo es leider auch verblieben ist. Die Nacht verbrachte ich bei Superintendent Zitzke.

8. 10. – Am nächsten Morgen versuchte ich, ein Reisepapier am Bahnhof einzuhandeln.

Nunmehr wurde ich nach langem Warten von einem Uniformierten in die Stadt geführt.

Geradeaus und vorbei an dem kleinen, alten grauen Amt, wo mein Vater als Landrat mit minimalen Hilfskräften gewirkt hatte. Aber die Bauern kamen, wenn sie in die Stadt fuhren, klopften bei ihrem Landvater an und schütteten ihre Sorgen vor ihm aus. Dort bin ich auch als fünftes Kind geboren. Mein Vater starb ein halbes Jahr später. In der schönen alten Marienkirche wurden wir getauft. In sie kehrte Euer Vater Hans nach einem Besuch in Kieckow ein, um sich zu besinnen. Dort war es, wo der Entschluß ihn gleichsam überfiel, mich heiraten zu müssen. Er hatte damals noch kaum zwei Sätze mit mir geredet.

Ich folgte dem Beamten in die Neustadt. Die Straßen waren leer. Die Deutschen arbeiteten entweder oder hatten sich ängstlich in ihre Winkel verkrochen. Ich ahnte nichts Böses. Schließlich landeten wir in einem Haus in der Neustadt, das in seiner Zweiteilung unseren Arbeiterwohnungen glich. Man wies mich höflich in das an dem durchgehenden Flur gelegene hintere Zimmer rechts, in dem sich ein Klavier und ein Ofen befand. Nun endlich überfiel mich die Erkenntnis, daß ich hier bei der polnischen Miliz gelandet war und daß ein hartes Verhör folgen würde. Auf dem Flur war lebhaftes Hin und Her. Ich erwartete jeden Augenblick die Rückkehr der Miliz.

Schnell kramte ich meine ausführlichen Aufzeichnungen über die furchtbaren Geschehnisse im Kreis Belgard heraus, die ich den westlichen Angehörigen mitbringen wollte. Zerriß alles in Hast und steckte es in das Ofenloch. Dann packte mich die Angst, man könne die Zettel dort finden und zusammensetzen, denn der Ofen war kalt. Ich holte jeden Fetzen Papier aus der Asche wieder hervor, hob den oberen Klavierdeckel hoch und versenkte alles geschwind dort hinein. Ich atmete auf, und wirklich unmittelbar danach öffnete sich die Tür. Ich wurde ins Nebenhaus über den Hof geführt. Es war ein zweistöckiger Wohnbau, in dem sich, wie ich später erfuhr, im zweiten Stock die 60 Mann starke Miliz zu den Mahlzeiten zusammenfand. Ich wurde zunächst von einem nicht unsympathischen Beamten vernommen. Als er hörte, daß ich aus Kieckow kam, sagte er: «Da war ich mal als Schnitter. Herr von Kleist ist ein guter Mann.» Ich fühlte mich beruhigt.

Dann brachte man mich zu einem unangenehmen Burschen mit vielen Schmissen im Gesicht. Hier dauerte das Verhör sehr lange. Unter anderen Drohungen griff er nach seinem Revolver, zog ihn heraus und setzte ihn auf meine Brust. Schließlich drohte er mir, mich am Fenstergriff aufzuhängen. Da dieser Mann aber nur gebrochen Deutsch sprach, konnte ich durch beharrliche und ruhige Wiederholung meiner Antworten gut bestehen. Es half mir dabei sehr, daß ich im August 1944 eine fünfstündige, ungleich geschicktere und dadurch gefährlichere Nazi-Vernehmung hinter mich gebracht hatte. Ich empfand die acht Stunden Vernehmung hier – im Vergleich zu den raffinierten Methoden der Gestapo – recht harmlos.

Freilich glaubte ich, daß man mir nun, nachdem mir mein bißchen Hab und Gut aus der kleinen Reisetasche noch abgenommen worden war, das Ausreisepapier geben würde, schon um mich los zu werden. Statt dessen ging mein Weg an dem Ausgang vorbei in den Keller, und die schwere Eisenstange wurde hinter mir abgeschlossen. Welch sonderbares Gefühl, das nur der versteht, der es einmal erlebt hat. Hier befand ich mich in einem 3 × 4 m großen Kellerraum mit fünf deutschen Frauen. An der Decke eine helle Birne, die auch nachts brannte. Drei Doppel-Holzpritschen mit dünner Wattematratze ohne Decke, ohne Kopfpolster. Die Frauen waren freundlich und wiesen mir einen oberen Platz an. Wir verständigten uns mit wenig Worten, durften aber weder laut sprechen noch singen.

Morgens wurden wir einmal in eine sehr schmutzige Holzbude mit Stange gelassen. Sie befand sich in einem kleinen eingezäunten Hof nach hinten heraus. «Schnell, schnell», war der laufend wiederholte Befehl des Wachtpostens. Gegen zwölf Uhr bekam jede einen Teller Kartoffelwasser mit einigen Kartoffeln darin, nachmittags ein Weckglas mit dünnem Kornkaffee und ein etwa 5 cm breites, trockenes Stück Brot. Wir stellten unsere Hocker dazu in einen Kreis. Eine Frau sprach ein Tischgebet. Niemand sagte irgendein

Wort bei diesem feierlichen Mahl, das ich immer als eng verwandt mit dem Abschiedsmahl der Jünger empfand.

Meine Gefährtinnen saßen hier zum Teil seit Monaten. Keine hatte bisher den Versuch gemacht, Arbeit zu bekommen. Merkwürdig! Wir konnten doch nur dadurch hier herauskommen.

9. 10. – Ich bat den Gefängniswärter um Arbeit. Auf alle Art versuchte ich, zu einem erneuten Verhör vorzudringen, weil ich zu meinen Kindern nach Hause müsse.

Jede hatte einen Hocker, einen gemeinsamen Eimer und ein sehr kleines Schüsselchen für Wasser, das einmal täglich zum Waschen für sechs Personen gefüllt wurde. Es gab ein kleines vergittertes, hoch gelegenes Fenster. Eine besaß einen Kamm für alle. Wir vertrugen uns ausgezeichnet.

10.–13. 10. – Ich wurde fast täglich freigelassen zum Arbeiten. Der im Grunde nicht unfreundliche alte polnische Beamte erinnerte mich im Typ an reell preußische Beamte dieser Art. Er brachte mir seine schmutzigen Strümpfe zum Stopfen und dann fortlaufend Mäntel und Handschuhe zum Reinigen.

Ich zielte bewußt auf eine Arbeit mit Öffnung der Tür. Die zweite Stufe war dann das Angebot, die Zellen der deutschen Gefangenen zu reinigen, die über Tag zur Arbeit unterwegs waren. Eine harte Sache. «Total verlaust», sagte mir der nun schon etwas kontaktwillige Mann. Chaos und Dreck zeugten von der bereits eingetretenen Verelendung der Opfer. Ich war sehr glücklich, ihnen etwas ermutigend helfen zu können, auch wenn ich sie nie zu sehen bekam.

Die dritte, mich hoch erfreuende Stufe war der Befehl, das Nachbarhaus, wo die polnische Miliz wohnte, zu reinigen.

Ich ließ mir Zeit bei sehr gründlicher Arbeit, horchte und schnappte manchen mir nützlichen Brocken auf. Dem mehrfach ausgesprochenen Befehl, nun aber Schluß zu machen, erwiderte ich beharrlich mit Kopfschütteln und der Wendung: «Deutsche Frau sehr gründlich.»

Danach wurden wir zusammen zum Kartoffelschälen eingesetzt. Da sie alle mit großem Fleiß arbeiteten, übernahm ich das häufige

Wechseln des Wassers, von dem ich behauptete, daß es den Küchenausguß verstopfen würde. Ich müsse es draußen ausgießen. Durch diesen Trick bekam ich frische Luft und konnte entdecken, daß der Lattenzaun des Hofes einige lose Bretter hatte.

14. 10. – Der Sonntag kam. Ich war mit der mir am nächsten stehenden Frau allein in der Zelle am Vormittag. Auf meinen Gängen hatte ich mir draußen eine ganz kleine Kletterrose abgerissen und dazu den Scherbenrest einer Glasvase gefunden, hatte das Gitterfenster notdürftig blank geputzt, so daß sogar ein Sonnenstrahl zu uns den Weg fand. Die Rose stand davor. Unglaublich, welche heilende Kraft von diesem Blümchen ausging.

Die Frau saß in der Mitte des kleinen Raumes. Sie war sehr elend. Man hatte auf dem Boden ihrer Scheune, unter Heu versteckt, eine Waffe mit Munition und eine Uniform gefunden, alles dort offenbar ohne ihr Wissen von einem flüchtenden deutschen Soldaten versteckt. Sie wurde dafür im Gesicht mit Gummiknüppeln völlig blau geschlagen und ins Gefängnis eingeliefert. Ich ging den ganzen Vormittag oder Tag um ihren Hocker herum, um mir Bewegung zu machen, und sang dabei sämtliche Kirchenlieder, die ich auswendig konnte. An diesem Sonntag wurden wir Freunde. Beide waren wir glücklich. Übrigens hielten wir alle gemeinsam täglich unsere Andachten. Irgend jemand hatte ein Gesangbuch gerettet. Aber wir alle konnten viele Lieder auswendig, und ich dankte dies der treuen Pflege der Kirche, an der auch ich damals schon fast verzweifelt war. Ich revidierte auf dieser Reise meine Ansicht.

15. 10. – Trotz meiner bewußten Faulheit beim Kartoffelschälen schlug am 15. 10. meine große Stunde. Die Tür unserer schmalen Kammer, in der wir schälten, öffnete sich. Ein uniformierter Russe stand lange dort und inspizierte alle sechs Frauen. Dann wählte er «meine Freundin» und ausgerechnet mich aus und winkte uns mitzukommen. Warum ausgerechnet mich? Wir sollten in der Stadt Kartoffeln schälen.

Es zeigte sich, daß er ein Mensch war. Man muß im Kerker gesessen haben, um zu ermessen, was es bedeutet, plötzlich freien Fußes durch die Straßen zu gehen. In einem Schulgarten zeigte er uns voller Stolz einen in einem Baum angebrachten Wasserbehälter. Unten ein Hahn. Wir durften ihn aufdrehen und uns nach Herzenslust Gesicht und Hände waschen. Dann ging er mit uns zur Küche und jeder empfing – o Wunder – einen hochgefüllten Suppenteller mit weichgekochtem Weizen. Er wurde auch ein zweites Mal gefüllt. Nun sollten wir im Treppenhaus der Schule Kartoffeln schälen.

Aber davon konnte bei mir nur zum Schein die Rede sein. Ich untersuchte die Klassen und die Klos und fand die Reste eines zerrissenen Schulatlas. Und wirklich, da: eine ganz oberflächliche Karte von Pommern in kleinem Maßstab. Welch rettender Besitz! Ich fand ein Stück Bleistift und ein kleines Stückchen Papier. Nun schrieb ich dem Superintendenten kurz, wo ich war, mit der Bitte, mir nach Grüssow etwas Geld zu schaffen. Eine mir Vertrauen erweckende Belgarder Hausfrau bewog ich, ihm den Zettel in der Mittagspause persönlich zu übergeben. Am Abend dieses freien Tages mit Hoffnung und mit gefülltem Magen war mir der Kamm geschwollen. Ich *verlangte*, im Dunkeln wieder im Gefängnis anlangend, mit Nachdruck meine nochmalige Vernehmung und Entlassung zu meinen unversorgten Kindern. Die offenbare Folge davon oder vielmehr meine Strafe war ein sehr unguter Einschüchterungsversuch: Stundenlang wurden deutsche Männer vor unserer Zellentür gequält. Wir erwarteten die Nacht über ständig eine ähnliche Behandlung an uns Frauen. Das gute alte Lied «Befiehl du deine Wege» hat uns mit seinen zwölf Versen befähigt, diese Zeit zu überstehen.

Die Tür öffnete sich auch. Doch wurde nur eine der Frauen zum Verhör abgeholt. Sofort erbat ich das gleiche für meine Person, was mit Schweigen übergangen wurde.

16.10. – Nun war mein Entschluß ganz fest. Ich wartete bis zum Mittagessen der Miliz, wozu ich möglichst viele Männer der Stadtbewachung im oberen Stock vermutete. Die Fenster des Speiseraumes gingen allerdings auf den bewußten Hof, von dem aus allein ich flüchten konnte.

Ich fand ein Stuhlbein als Stock und im Kartoffelkeller einen leeren Sack. Die anderen Frauen schälten eifrig und ahnten nichts. Der Teller Suppe wurde noch gelöffelt und ein zweiter im Moment einer kurzen Abwesenheit des Kochs. Mit diesem Mann stand ich mich gut. Er erzählte mir, daß seit Bestehen des Gefängnisses noch nie jemand habe ausrücken können. In dem schrägen Winkel unter der Treppe in dem oberen Stock lag die Wache. Ich wollte gerade an ihr vorbeischleichen, als der Gefängniswärter mich beauftragte, zwei soeben verlassene, besonders schmutzige Zellen zu putzen. Erschrocken willigte ich ein, machte mich diesmal sehr oberflächlich an die Arbeit; meine Freundin nahm mir die zweite Zelle ab. Allen Frauen gab ich vor, erneut im Nachbarhaus zur Arbeit befohlen zu sein. So konnte meine Abwesenheit ihnen nicht auffallen, und sie ist offenbar erst abends bemerkt worden. An der Wache kam ich vorbei und suchte eilig nach den zwei losen Brettern im Zaun, die durch den Schuppen einigermaßen verdeckt waren. Leider war das Loch zu klein. Ich mußte es wagen, in voller Sicht des Eßraumes ein etwas größeres Loch zu benutzen. Ich stand jetzt im Garten des katholischen Meßdieners, dessen Stangenbohnen mir einigen Schutz zum Umziehen gewährten. Ich veränderte in größter Eile meine Kleidung, in der ich sieben Tage lang allen mir begegnenden Beamten auffällig geworden war, so gut als es möglich war. Ich bräunte mit Spucke und Erde Gesicht und Hände, hatte aber keinen Spiegel dazu. Dann fand ich – Gott sei's gedankt – einen Komposthaufen, der mir die sonst ganz hoffnungslos hohe Hürde eines Zaunes, mit sehr sorgfältig genagelten Brettern und drei festgespannten Stacheldrähten darüber, um ein weniges verringerte. Zuerst schwang ich den Sack mit den übrigen Sachen, danach mich selbst über den immer noch unmenschlich hohen Zaun ohne allzu große Verletzungen, alles unter voller Sicht von drei Mietskasernen.

Jetzt betrat ich die Straße, tief gebückt und mit gequältem, zu Boden gewandten Gesicht, den Sack über den Rücken geschlagen und schwer hinkend auf den Stock gestützt. Zweimal begegnete mir ein Mann der Miliz. Der eine stieg vom Rad ab und betrachtete mich mißtrauisch, guckte mir lange nach, ließ mich aber weiterschlurfen. Dann kam eine Schar Kinder, die keinerlei Notiz von mir nahmen. Dies stärkte meinen Mut, daß ich wohl unauffällig und echt aussah. Ich ging nun in östlicher Richtung, mußte durch die Vorstadt, bis ich einen Kartoffelacker mit erntenden Arbeitern gewann. Nach eineinhalb Stunden erreichte ich ein Waldstück, veränderte dort sofort wieder nach Möglichkeit meine Kleidung, ging leichten Fußes und aufrecht und machte im Laufe des Tages einen Umweg von 28 km, um Grüssow erst im Dunkeln zu erreichen. Wenn ich gesucht wurde, so wäre dies dort geschehen, weil sie die Adresse aus mir herausgefragt hatten.

Ein mir vor Tagen geschenktes Stück Brot hatte ich aufgehoben und saß nun zwei Dörfer vor Grüssow auf dem Friedhof von Kamissow auf dem Grab einer Marie Henning, deren Namen mir im Gedächtnis blieb, weil es eine Frau dieses Namens in Kieckow gab. Nach dieser kurzen Rast hatte ich nun noch eine breite Schaftrift in Richtung Langen (Lenzen?) zu bestehen, danach noch ein Waldstück bis Grüssow. Es begann zu dämmern. Zwei Kinder begegneten mir, nicht älter als fünf und sieben Jahre, die zusammen an einer Milchkanne trugen. Jetzt wagte ich es, sie auf deutsch anzureden. Ich hatte recht vermutet: deutsche Arbeiterkinder. Von ihnen erfragte ich, wo im nächsten Dorf noch eine deutsche Frau wohne, ließ mir die Wohnung sehr genau beschreiben.

In dem Moment, als sie weitergegangen waren, begegnete mir ein Radfahrer. Nur Milizmänner hatten in jener Zeit Fahrräder. Sie waren an weißer Armbinde kenntlich und gefürchtet, weil sie ständig ausgesandt wurden, um Flüchtlinge zu fassen oder festzustellen, ob Deutsche sich ohne Ausweis auf Wanderung befanden. Durch entsprechende «Fänge» mußten diese Leute ja auch ihre Existenzberechtigung unter Beweis stellen. Mehrere von meinen Mitgefangenen waren auf diese Weise ins Gefängnis gekommen. Mich packte eine große Angst. Er sprang vom Rad, fragte nach meinen «Poppieren». Ich nahm eine Jammerstimme an und erklärte, mit schlechtem Platt und mich sehr primitiv stellend, daß ich doch beim Grab meiner Tante gewesen sei.

«Wie heißt Ihre Tante?» – «Na, doch Marie Henning». – «Wo wohnen Sie?» – «Na, doch in Langen.» – «In welchem Haus?» Jetzt folgte meine haargenaue Beschreibung der Adresse, die mir die Kinder vor einer Minute umständlich erklärt hatten: «Bei Frau

Hoffmann!» Ich beteuerte, nicht gewußt zu haben, daß ich meine Papiere auch zum Friedhof hätte mitnehmen müssen. Ich fasse es heute noch kaum, daß er mir glaubte. Er wurde gesprächig, und ich rühmte sein gutes Deutsch, und er ließ mich laufen.

Frau Hoffmann zeigte mir tatsächlich, ohne viel zu fragen, den Weg nach Grüssow. In jenen Tagen halfen sich alle Deutschen. Ich fand Ille Schaumann in der Nacht, nunmehr wieder im Schloß. Sie war in dieser offenbar bewachten Wohnung dringend daran interessiert, mich schnell loszuwerden. Es ging mit wenig Worten ins Gartenhäuschen, wo ich die Nacht neben Geräten hockend aushielt. Sie brachte mir am Morgen (17. 10.) in unnachahmlicher Fürsorge Geld, Papiere und Tinte, um ein notdürftiges, falsches Papier herzustellen, das mir später der Superus[47] in Schievelbein bereitwillig unterstempelte, Proviant, Strümpfe, Handschuhe, Nähzeug, einen Kamm, Tragetaschen und 100 Mark vom Superintendenten. Ich fühlte mich reich und glücklich, vor allem darüber, daß die Miliz mich in Grüssow bisher nicht gesucht hatte.

In einem späteren Brief ohne Datum schreibt mir Ille Schaumann, und ich muß dies nun wörtlich folgen lassen:

«Weißt Du, daß die Polen in Belgard gesagt haben: Das ist noch nie vorgekommen, daß jemand der G.P.U. ausrückte. Die Frau, die das fertig bekam, ist so tapfer, die wollen wir laufen lassen.

Die Gemeindeschwester von Grüssow erzählte es mir, die nicht ahnte, daß Du bei mir warst. Sie vermutete Dich in Richtung Kolberg.«

Wie dankbar war ich nachträglich den Polen. Ich mußte doch in ihren Augen als ein lästiger Querulant gewirkt haben. Konnte ich mich damals wundern über die Art, wie sie mit uns Deutschen umgingen? Ich empfand dies als eine nur zu selbstverständliche Antwort auf alles, was zuvor der Nazismus und deutsche Männer ihnen angetan hatten. Diese natürliche Reaktion auf Selbsterlebtes wurde auch in allen Reden dieser einfachen Männer immer wieder deutlich.

17. 10. – Fußmarsch bis Schievelbein. Unterwegs Besuch bei der Tochter eines meiner Mitgefangenen, eines Großgrundbesitzers Braun, den ich ganz kurz gesprochen und sehr elend gefunden hatte. Der Ortsname ist mir entfallen.

Dann sehr freundliche Aufnahme und Nächtigung bei Superintendent Lüderwald, der auch dem Russeneinmarsch standgehalten hatte. Auch hier Unruhe und Hunger, aber große Hilfsbereitschaft.

Auf meinen zwei Wanderungen von und nach Belgard sah ich häufig Fahrzeuge, die in kindlicher Lust die Pferde kaputtjagten. Es tat richtig weh, dies zu sehen. Es schmerzte fast ebenso wie die später zwischen Belgard und Labes gewonnenen Eindrücke tiefsten menschlichen Elends. Die Menschen hungerten. Im Belgarder Kreis begegnete mir aber immer neu die Aussage über den Superintendent Zitzke, der dort verblieben und für den ganzen Umkreis der einzige Trost und Halt war. Es war, als gebe dieser eine Mann durch seinen selbstlosen Einsatz dem ganzen Land, das geistig gesehen einem Trümmerfeld glich, noch ein Gesicht.

Die in dreiviertel Jahren Abwesenheit zu meinem Erstaunen fast vergessene große Weite der ostdeutschen Landschaft umfing mich als große Wohltat. Im Vergleich zu dem im ersten Jahr als Enge und Qual empfundenen Westfalen erwiesen sich hier Wald, Felder und Wiesen als Heimat in ihrer beruhigenden Kraft. Ich konnte stundenweise die Angst vor den Verfolgern gänzlich vergessen.

18. 10. – Weitermarsch bis Labes. Labes war sehr zerstört. Der Markt ganz wüst. Die Stadt auch vorherrschend polnisch wie Belgard. Auf dem Bahnhof standen unerfreuliche Typen, schmutzige Beamte. Deutsche Frauen verkauften in Zeitungspapiertüten drei bis vier Äpfel für 15–20 Zloty. Im Laden erfuhr ich, das Pfund Butter koste 220 Zloty. Alles war zu haben, aber Deutsche hatten kein Geld und verdienten keines. Anscheinend waren Landarbeiter auf den großen Gütern unter russischer Besatzung noch die einzigen vermögenden Deutschen.

Erstmalig wagte ich es nun, in Labes, mir von dem geschenkten Geld eine Fahrkarte zu kaufen und die Bahn zu besteigen. Wir fuhren eng gedrängt und stehend in einem Güterwagen. Obgleich ich natürlich jedes Wort vermied, wurde ich mit «deutsches Schwein» tituliert und fortlaufend abgetastet. Aber der gute Rock aus Scheuertuch rettete mich vor Zugriffen. Ich war in dieser Nacht sehr glücklich, völlig arm zu sein.

In Stargard wechselte ich den Güterwagen und konnte mich dort in einer Ecke verkriechen. Ich wurde 10–12 mal abgeleuchtet, aber als zu schäbig zum Plündern befunden.

Die abenteuerliche Nacht in Scheune ließ mir doch meinen Sack, weil ich beweglich den plündernden Horden ausweichen konnte. Sie stürzten sich von der Straße her, wo sie ihre Wagen stehen hatten, auf das Heer von Flüchtlingen, um deren letzte Habe wegzureißen. Unter einer hohen Bogenlampe stand unbeweglich ein russischer bewaffneter Wachtposten, der alles geschehen ließ. Auch die weit auf den Acker ins Dunkle geflüchteten Deutschen wurden gefunden. Ihr Wehgeschrei erfüllte die ganze Nacht lang in Wellen die kalte Luft. Am Morgen fanden wir endlich in einen Zug. Mir gegenüber war eine junge Frau. Sie zeigte mir strahlend ihren einzig geretteten Besitz: ein zerlesenes Gesangbuch. Nun wolle sie damit ihr Leben neu aufbauen.

19. 10. – Ich fuhr bis Angermünde. Dort besuchte ich unsern guten Freund, Doktor Lonicer aus Königsberg/Neumark, der auch seine zweite Frau durch die Russen verloren hatte, nun aber hier im Krankenhaus der Chefarzt wurde. Wie hat dieser vorzügliche Arzt und edle Mensch uns und unseren Kindern und der Belegschaft das Leben erleichtert. Wenn ich doch noch einmal einem seiner Nachkommen begegnen könnte!

Er erzählte glücklich über seine Zusammenarbeit mit dem Superintendenten Borrmann dort. Das modern eingerichtete Haus hatte nach der Plünderung beim Einmarsch der Russen nur noch Bezüge für 75 Betten, war aber z. Zt. mit 240 Kranken belegt. Fast nur Typhuskranke und erkrankte Ostflüchtlinge. Medikamente und Verbandstoffe waren verbraucht, ebenso die nötigen Instrumente für operative Eingriffe. Die Nachbeschaffung war aussichtslos. Die Freude über unser Wiedersehen überdeckte alle Traurigkeit.

19.10. – Ich hatte großes Glück, mit einem Auto bis Berlin-Charlottenburg fahren zu können, fand Bonhoeffers am Leben und erfuhr, daß gerade Lotte Liese bei ihnen gewesen sei und nach mir gefragt habe.

Aus der Zeit der mehrfachen Besuche der Eltern Bonhoeffer in Pätzig hatte Lotte Liese, die Frau unseres Chauffeurs und Kinderfreundes Erich, der aber aus dem Krieg noch nicht wieder aufgetaucht war, eine gute Verbindung zu Bonhoeffers. Ich erfuhr dort, daß meine Pätziger in dem Schloß meines Ururgroßvaters Vernezobre de Laurieux in Hohenfinow bei Eberswalde untergebracht waren (Besitzer hatte gewechselt). Lotte war eingefallen, erstmalig zu Bonhoeffers nach Berlin zu reisen, um nach mir zu fragen.

Ich war durch diese erneute Fügung sehr betroffen. Ohne diese Nachricht wäre ich auf der Stelle zu meinen wartenden Kindern gefahren, die seit zwei Wochen von mir nur wußten, daß ich nach Pommern gereist bin. Nun aber konnte ich noch sofort nach Eberswalde fahren und ging zu Fuß nach Hohenfinow, traf um halb zehn abends (20.10.) am verschlossenen Hoftor ein. Nach langem Pochen und Rufen öffnete mir Frau Berger. Im prächtigen Barock-Gartensaal waren Familie Buddruss und Liese samt zwei anderen Frauen untergebracht. Es war völlig kalt.

«Wilhelm», unser getreuer Diener und Hausmeister seit 1918, hatte schon geschlafen. Er gab mir voller Wiedersehensglück sein warmes Bett und legte sich selbst in den Stall. So wie die Dinge lagen, war dies eine unvergeßliche Wohltat für mich. Ich erfuhr von allen Leiden der Pätziger. Alle, die dort in der Gegend Quartier gefunden hatten, besuchte ich.

All diese Menschen nach neun Monaten großer Leiden plötzlich wiederzusehen, ging fast über meine Kraft. Aber zugleich war die Wiedersehensfreude so groß wie wohl nur sehr selten in meinem Leben. Ich ging aufs Feld und stahl für Frau Prochnow, die Witwe unseres gefallenen vorzüglichen Försters, Kartoffeln, aß bei ihr zu Abend, erlebte das trostlose Begräbnis von Frau Anna Schmäk mit einem schon beinahe gestorbenen Pastor und konnte einige Worte am Grab sagen. Fünfzehn frische Hügel von Pätzigern, u.a. von meinem geliebten Frl. Höhne, die kein anderes Sehnen gehabt hatte, als uns noch einmal zu sehen, fand ich dort.

Zuerst war mir von all dem Elend todestraurig zumute. Als es mir dann gelang, durch Fürsprache und mit kleinen Diensten vielleicht etwas zu helfen und Wege anzubahnen für einen möglichen Weitertransport, war ein Abschied immerhin möglich, ohne zu verzweifeln.

22. 10. – Verschiedene sagten mir zu, daß sie in den Westen kommen wollten. Allen, die bei diesem Wunsch verblieben, konnte ich nahe Löhne in Westfalen die Wege einigermaßen ebnen. Es waren neun Familien. «Wilhelm» hat mich beim Abschied umarmt und geküßt, fast als wäre ich seine Braut.

Beim Abschied und seither fühlte ich mich merkwürdig entlastet von der großen Sorge um die Pätziger. Beim Augenschein verliert ja die ärgste Not ihr Grauen. Die Wärme und Freude aller machten mich glücklich. Sie hatten mich verstanden und waren mir gut geblieben trotz meiner Flucht.

Merkwürdig, wie meine frischen Erlebnisse aus dem Gefängnis und auf der Flucht verblaßten und unwichtig wurden, an dem Elend dieser Menschen gemessen.

Ich nahm die Frau unseres Stellmachers Haeger samt Sohn Heini mit nach Oberbehme, da ihr Mann dort schon aufgetaucht war und Arbeit gefunden hatte. Die Nacht über blieben wir auf dem Bahnhof Eberswalde.

23. 10. früh – Fahrt nach Charlottenburg zu Hertha Gunsch in die Kantstraße. Keine Zugverbindung war herauszufinden. Hertha bemühte sich um eine andere Fahrgelegenheit. Bei Bonhoeffers wurden wir mit Brot versorgt.

Im kirchlichen Zentrum Hardenbergstraße traf ich Bischof Krummacher und wurde von ihm beauftragt, einen Bericht über meine Eindrücke im russisch-polnisch besetzten Gebiet für den Bischof von Chichester aufzuschreiben. Ich schrieb ihn in der Nacht mit Hilfe von Hertha. Er ist erhalten. Einige Sätze daraus lasse ich hier folgen:

«Am Ende der Reise fand ich unsere von mir lange gesuchten Gutsangestellten und Dorfbewohner im Vertriebenenquartier in Hohenfinow bei Eberswalde. In drei Monaten waren von 80 Menschen 15 an Entkräftung verstorben. Anderen steht ihr Ende durch Hungertyphus und Unterernährung bevor. Mit 400g Kartoffeln und 150g Brot pro Tag ohne jegliche andere Zuteilung können Menschen nicht leben. Meine dringenden Bitten, dem russischen Kommandanten, dem Militärverwalter sowie dem russischen Inspektor vorgetragen, man möge für die 240 Flüchtlinge des Gutsdorfes einige Morgen Kartoffeln zur Ernte freigeben, blieben ohne Erfolg und Gehör. Jeder Versuch, Lebensmittel vom Feld weg zu ernten, wird mit Waffengewalt verhindert. Mit beispielloser Geduld ertragen diese Menschen, die z. T. in unheizbaren Räumen ohne eigene Kochgelegenheit hausen, ihre traurige Lage.»

24. 10. – Nach einer stundenlangen Rundfahrt durch Berlin landete ich erneut in Charlottenburg. Es ging zurück zur kirchlichen Dienststelle, wo ich endlich Nachricht von Frau Pastor Reck fand. Ich hinterließ in letzter Minute in Bethanien eine Bestellung für sie. Dann habe ich ihre Spur leider wieder für viele Jahre verloren. Ich war mit eigenen Problemen beschäftigt und hätte ihr doch unbedingt helfen müssen in zu schweren Nöten. Mit Haegers fuhr ich von Charlottenburg ab.

25. 10. – Nach einer nächtlichen Zugfahrt ging es zu Fuß mit schwerem Gepäck über die Elbe. Der Grenzübergang geschah abends und nachts bei Gradleben ohne besondere Gefahr und mit Scheunenquartier.

26. 10. – Wir fuhren weiter bis Herford, wo wir gegen Mitternacht ankamen. Zu Fuß gingen wir nach Oberbehme. Wie sehr war uns Oberbehme inzwischen zur Heimat geworden! Gegen zwei Uhr weckte ich Haeger und schickte ihn sofort zum Bahnhof, wo er sein Gepäck finden könne. Das bis dahin völlig unerwartete Wiedersehen mit Frau und Sohn muß eine hinreißende Überraschung gewesen sein. Die Wasserburg war fest verrammelt. Im Gärtnerhaus bei Grete Dimel und Else Rath bin ich ins Fenster gestiegen.

27.10.1945 – Früh weckte ich die Kinder. Es war eine große herrliche Wiedersehensfreude voller Dank. Bei Ruth-Alice aß ich Erbsensuppe.

Soweit der Bericht.

Wäre doch für die Leser klar geworden, daß mir jeder Schritt dieser Reise zu den großen Zielen gelenkt wurde: Mutters Tod – das Wiedersehen mit den Pätzigern – die Heimkehr. Mit der Aneinanderreihung von Tatsachen wollte ich die Transzendenz meiner Erlebnisse an Euch weitergeben.

So bin ich nach dem unmenschlichen Krieg, in jener traurigen und harten Trümmerzeit, glücklich und frei von den ärgsten Sorgen nach Hause gekommen.

Aber der Schmerz um Dietrich blieb – und der um Marias Leben.

In sechsundzwanzig Jahren hat er kaum abgenommen. Immer erneut flammt er auf in unseren verwirrten Tagen.

Isernhagen, Pfingsten 1971

V.

Wer war die Autorin Ruth von Wedemeyer?

Peter von Wedemeyer

Ruth von Wedemeyer schaute dem Kommandanten fest ins Gesicht. «Sie werden mit diesen Geschützen nicht auf die amerikanischen Panzer schießen. Sie würden nur Hunderte, vielleicht über tausend Kinder und Frauen opfern, die Front nicht länger als drei Stunden halten und veranlassen, daß der Amerikaner alles in Schutt und Asche legt.»

An einem Morgen im April 1945 hatte Ruth von Wedemeyer gehört, daß die deutsche Fliegerabwehrstellung in der Nähe des kleinen Ortes Oberbehme, Kreis Herford in Westfalen, dem Ziel unserer Flucht vor den Russen, Befehl bekommen hatte, in den Bodenkampf gegen die vorrückenden Amerikaner einzugreifen. Sie hatte sich den Lodenmantel angezogen, die Hirschhakennadel angesteckt und war die nahe gelegene Anhöhe zu Fuß hochgestiegen, um sich melden zu lassen. Der Kommandeur hielt ihr wortlos den fernschriftlichen Befehl vors Gesicht. «Ich habe Befehle.» Sie gab nicht auf, musterte den Streifen Papier genau und konterte: «Dies ist ein allgemeiner Befehl, er gilt nicht nur Ihnen, er gilt anderen Stellungen auch. Das Kommando kennt Ihre besondere Lage nicht. Sie können hier nicht nach Westen schießen. So wie das hier steht, tragen Sie die Verantwortung und nicht Ihr Vorgesetzter. Der ist weit weg. Das einzige, was Sie machen können: die Geschütze sprengen und geordnet abziehen.» Sie drehte sich auf dem Absatz um und ging. In der Nacht veranlaßte sie noch einige Frauen und alte Männer, die vom Volkssturm aufgebauten «Panzersperren» (mit Sand gefüllte Ackerwagen, denen man die hölzernen Räder abmontiert hatte) von der Straße zu räumen. Am nächsten Morgen rasselten die amerikanischen Panzer durch das Dorf, ohne einen Schuß abzugeben. «Verantwortung für andere tragen», davon war meine Mutter erfüllt.

Die Kinder waren, mit dem Pferdewagen über 500 km weit von Pätzig kommend, gerettet. Aber wie sollten nun die vielen Mäuler gestopft werden? Sieben Kilometer von unserem Flüchtlingsdomizil entfernt konnte sie 20 Morgen Land auf einem ehemaligen Truppenübungsplatz pachten und unser früherer Verwalter Alfred Döpke auch nochmal 20 Morgen. Um dieses Land zu bebauen, schliefen wir zunächst die Woche über bei Bauern auf dem Heuboden. Die Maschinen wurden mühsam von freundlichen Nachbarn ausgeborgt, und los ging es. 20 Morgen gegen 6000 Morgen einzutauschen war für unsere Mutter kein größeres Problem. Mit der gleichen Disziplin und Intensität kämpfte sie und gab uns allen ein Ziel. Tauschgeschäfte waren die Art, zu etwas zu kommen. So wurde die spärliche Ernte dazu benutzt, Material für den Hausbau zusammenzubringen. Ein Beispiel: Im 30 km entfernten Brackwede bei Bielefeld gab es einen Hersteller von Kalksandsteinziegeln. Mutter fuhr mit uns eines Morgens in aller Frühe mit dem Wagen dorthin, bespannt mit unsern drei Treckpferden, um aus der Abfallkippe zerbrochene Steine herauszuholen. Wir Kinder brauchten den ganzen Tag, um viertel und halbe Steine hervorzugraben, und der Wagen war noch nicht halb voll. Daraufhin schickte sie mich (zehnjährig) mit einigen Zigarren, die sie getauscht hatte, mit folgendem Auftrag los: «Du gehst in den Betrieb und fragst dich durch zum Herrn Direktor und gibst ihm die Zigarren, bedankst dich sehr für die Möglichkeit, daß wir aus dem Schuttplatz noch ‹brauchbare› Steine haben heraussuchen dürfen. Gib ihm persönlich die Zigarren! Wenn sie dich nicht vorlassen, kommst du mit den Zigarren zurück.» Gesagt, getan! Der Direktor war so gerührt, daß er uns vorfahren und den Wagen voll noch warmer Steine laden ließ.

Das Krippenspiel, mit dem sie die Menschen in Pätzig zusammengeführt hatte, führte sie erneut Weihnachten 1946/47 mit ihren Kindern und vielen Nachbarn in einem großen Schafstall in Bischofshagen bei einem benachbarten Bauern auf. Viele kamen, saßen auf Strohballen und erlebten die Engel, die Hirten, Maria und Josef, den Wirt und die Könige. Wir waren dem Wunder der Geburt im Stall näher als je zuvor.

Das Schlafen auf dem Heuboden wurde bald eingetauscht gegen eine Bauhütte, in der wir zu fünft auf einer Strohschütte (3 × 3 m) schliefen. Gekocht und gewohnt wurde nebendran, ebenfalls in 3 × 3 m Größe. Jeder besaß einen Nagel für seine Habe an der Wand.

Nach der Währungsreform mußte Mutters Konzept eines Familienbetriebes überprüft werden. Die Kinder brauchten Bildung. Sie übergab Herrn Döpke ihre 20 Morgen und nahm eine Arbeit als Heimleiterin an, schließlich bei einer Freundin in Berchtesgaden. Es wurde für mich zur Schul-, für die Geschwister zur Ferienheimat. Die Familie hielt sie aber aus der Entfernung zusammen, auch wenn der Radius sich bald bis nach den USA und Schweden vergrößerte. Ihre Briefthemen waren Berichte über die einzelnen Kinder. Negatives wurde weggelassen, Positives ausführlicher erzählt. Dem Einsatz für die Erneuerung der Kirche blieb sie treu. Sie lebte mit Radio, Zeitung und vielen Büchern und sprach alle die Menschen an, von denen sie vermutete, daß sie etwas Positives bewirken könnten. Die Witwe im Neuen Testament, die um ihres unverschämten Bittens willen selbst beim ungerechten Richter Gehör fand, war ihr Vorbild. Nach fast jeder Predigt gab sie dem Pfarrer ein Echo. Immer fand sie etwas Positives, nur das Nichtgenannte zeigte dem Geistlichen die Kritik. Wir Kinder traten solange vor der Sakristeitür von einem Bein auf das andere.

Für Mutters Altenteil baute ihr Schwiegersohn, Klaus Doerr, in Isernhagen-Hannover neben sein eigenes Haus ein Doppelhaus. Dort lebte sie als Großmutter der sechs Kinder Doerr und weiterer 19 Enkel, die in Deutschland und den USA verstreut waren. Mit treffsicherem Gespür fand sie heraus, wenn irgendwo Kummer war. Jeder verzieh ihr, wenn ihre Aktivitäten nicht immer ins Schwarze trafen. Wenn eins ihrer Enkelkinder zu ihr hinüber kam und sagte: «Großmutter, es ist so langweilig», dann hatte sie immer sofort etwas zu tun. Einmal wurde die kleine Maria Doerr mit einer großen Papierschere ausgerüstet und sollte sich damit beschäftigen, etwas auszuschneiden. Leider erwischte sie mit der Schere den oberen Teil des Zeigefingers. Blutüberströmt lief das Kind zur Großmutter. Die packte die Fingerkuppe, preßte sie fest auf den Finger, machte einen Verband darum, und der abgeschnittene Teil wuchs wieder an. Allerdings mußten sie später feststellen, daß Großmutter in der Aufregung die Fingerkuppe verkehrt herum angedrückt hatte. So hat die Enkelin noch heute einen Finger mit falsch verlaufenden Linien.

Immer wieder sammelte Mutter in ihrem Hause Menschen zusammen, die über Glaubens-, Zeitfragen und die Zukunft diskutierten. Die Verantwortung für andere war ihr als Preußin in die Wiege gelegt. Dieser Aufgabe bleib sie treu bis an ihr Lebensende. Auf ihrem Grabstein steht: «Ich muß die Wege Gottes durchscheinend machen.»

VI.

Erinnerungen an die Familie

Ruth-Alice von Bismarck

Ruth von Kleist-Retzow, Dietrich Bonhoeffer und Maria von Wedemeyer

Unsere Großmutter saß an ihrem großen Schreibtisch, als ich aus der Schule kam. Als ich mich zur Umarmung von hinten über sie beugte, sah ich auf dem Block vor ihr statt des gewohnten Briefes die ganze Seite mit griechischen Buchstaben bedeckt. Dietrich Bonhoeffer hatte gesagt: Das Neue Testament kann man nur mit Griechisch wirklich verstehen. Mit 70 also begann sie, es zu lernen. Was sie aber ihr ganzes Leben lang wollte, war: Es nicht nur zu verstehen, sondern auch zu leben. Nun kam diese Nazizeit und forderte die Kirche heraus, sich auf beides ganz neu zu besinnen: das Verstehen und das Leben. Was für ein Glück, das sie noch mit 70 erlebte!

1936 wurde an zwei Stellen ein Neubeginn gewagt: Die Großmutter begründete in Stettin eine Schüler-Pension, um ihren ländlichen Enkeln den inneren Rückhalt zu geben, den sie offenbar in den Internaten, auf die sie angewiesen waren, nicht mehr bekamen. Ganz nah, in Finkenwalde, gründete Dietrich Bonhoeffer das erste von der offiziellen Kirche unabhängige Predigerseminar in Preußen.

Es dauerte nicht lange, da saß ich mit den anderen vier Enkeln um die statiöse Gestalt der Großmutter geschart in der notdürftig zur

Kirche hergerichteten Turnhalle des Seminars, umgeben von dem kräftigen Gesang der 23 Kandidaten. Bonhoeffer predigte über den 139. Psalm. «Ich sitze oder stehe auf, so weißt Du es...» Der Psalm hatte für mich schon lange beschützende Kraft ausgestrahlt. Dieser Mann machte etwas total anderes daraus. Ich hatte es immer so verstanden, als würde Gottes Hand mich auch «am äußersten Meer» mit Geborgenheit umgeben. Dietrich aber sagte von dieser Hand nicht «halten», er übersetzte «packen»! Hier stand einer, der war, widerstrebend oder nicht, von Gottes Hand gepackt worden – und sie würde ihn nicht mehr loslassen. Und wenn er gleich bis nach Amerika fliehen würde, was er später tat, so würde ihn «doch diese Hand daselbst greifen und diese Rechte ihn packen».

Auch die Zuhörer würde sie nicht mehr loslassen, jedenfalls die Großmutter und die sechs Enkel nicht. Hans-Otto, Max und Hans Friedrich werden eines Tages aus dem Krieg nicht mehr nach Hause kommen. Hans Friedrich wird tot von den Kameraden gefunden, die aufgeschlagene Bibel neben sich. Die Enkelin Spes wird ihr Leben mit einem Finkenwalder Kandidaten verbinden und Maria das ihre mit Dietrich selbst. Zunächst allerdings fällt sie bei ihm mit 12 Jahren wegen Unreife bei der Vorprüfung für die Konfirmandenstunde durch. Und ich selber schreibe dieses alles nun auf.

In der großen Schar ihrer Enkel, der die Großmutter nicht nur als geistige und moralische Autorität, sondern auch mit ganzer Liebes- und Leidensfähigkeit vorstand, nahm die kleine Enkelin Maria eine gewisse Sonderstellung ein: «Meine kleine Freundin» konnte Großmutter sie nennen oder auch «meine kleine Hexe». Eigentlich schenkte sie immer den Ältesten ihre besondere Liebe. Aber in Maria fand sie sich selbst als Kind und junges Mädchen wieder. Ein besonderes Glück für beide.

Die Geschichte, die diesem Buch angefügt ist, wird diese besondere Beziehung noch einmal besiegeln. Großmutters letzte Frage wird die nach Dietrich sein.

Berufenere als ich haben über Dietrich Bonhoeffer geschrieben. Die kurzen und unendlich langen Jahre, die Maria und Dietrich miteinander hatten, sind in ihrem Briefwechsel niedergelegt. Sie begannen mit einem sonnenbeglänzten Wiedersehen in Klein Krössin. Hier hatte Dietrich in Großmutters langgestrecktem Fachwerkhaus mit dem großen blühenden Garten oft an seinen Büchern geschrieben. Eben hatte er erste Hinweise, daß man seiner Widerstandstätigkeit, die er nach Verlust aller geistlichen Ämter in Verbindung mit seinem Schwager Hans von Dohnanyi aufnahm, möglicherweise auf der Spur war. Sein Widerstand endete nach zwei Jahren Gefängnishaft, in denen Maria ihm zur Seite stand, auf persönlichen Befehl Hitlers mit seiner Ermordung am 9. April 1945.

Einmal hat Dietrich an Maria zu schreiben gewagt: «Ich will Dich lieben, solange ich lebe und darüber hinaus!» Diese Erfahrung hat sie für ihr ganzes weitgespanntes und wechselvolles Leben mit Kraft erfüllt. Sie starb 1977 in Boston. Sie hat 30 Jahre in Amerika gelebt und mit ihren beiden Söhnen diesen Kontinent ihrer deutschen Familie nahe gerückt. Vielleicht ist sie unter uns Kindern das gewesen, das unsere Mutter am wenigsten verstehen konnte. Umso mehr aber konnte es der Vater. So hat die Mutter ihr dieses Buch gewidmet.

Die Berneuchener Bewegung

Wir liebten sie, unsere alte Pätziger Kirche, mit den Lilien an den Wänden, die ein eifriger Stubenmaler regelmäßig über sie verteilt hatte und die im Kerzenschein, vor allem zu Weihnachten, einen gewissen Himmelsglanz annahmen. Aber für die Eltern war sie mit ihren fußbodenbraunen Bänken und ihrem schleppenden Gesang immer einen Ton hinter der Orgel her Sinnbild der äußersten Reformbedürftigkeit der preußischen evangelischen Kirche. Es herrschte im Osten noch die alte Patronatsordnung. Wenn einmal im Jahr an Karfreitag das Abendmahl gefeiert wurde, kniete zuerst der Patron vor dem Altar und dann die übrige, feierlich in Schwarz gekleidete Gemeinde. Zunächst zur Absolution von den Sünden, danach noch einmal zum Empfang des Sakraments.

Was hatte die unierte Kirche Preußens so reformbedürftig in den Augen unserer Eltern gemacht? Durch mehrfache Wellen von

Glaubensflüchtlingen aus dem Westen, die im liberalen Preußen Aufnahme fanden, waren Staat und Kirche aneinander erstarkt. Reformierte und Lutheraner waren durch königlichen Befehl verbunden und regiert worden. So entstand eine königsabhängige liberale, die «unierte» Kirche.

Vater und Mutter hatten aus ihren Elternhäusern aber eine durch besondere Leiden vertiefte Frömmigkeit mitgebracht. Sie waren dadurch vorbereitet für eine aus dem Westen kommende Reformbewegung und dankbar, ihr Gastfreundschaft gewähren zu können. Im tiefgedemütigten Deutschland nach «Versailles» und Flucht des Kaisers war der Boden aufgepflügt. Die reformatorischen Impulse kamen aus der Jugendbewegung. Aus den satten Bürgerhäusern der Gründerjahre waren sie ausgezogen und hatten nach Erneuerung aus alten Quellen gesucht. Wilhelm Stählin aus Nürnberg und Karl Bernhard Ritter aus Marburg gruben mit einer Handvoll anderer Theologen nach der wahren und unverfälschten Kirche der Reformation. Sie entdeckten, wie wenig Luther an der gottesdienstlichen Tradition geändert hatte und ändern wollte und wie der ganze liturgische Reichtum des Kirchenjahres erst langsam im Kampf zwischen den Kirchen verloren gegangen war. Was in der katholischen Kirche lateinisch und meist recht gewohnheitsmäßig und formal abgehandelt wurde, gewann in der Übersetzung und evangelischen Forschung dieser hochgebildeten Christen die Faszination eines neu entdeckten Kontinents. Wo aber war ein Freiraum, diesen auszuprobieren, um es als veredeltes Reis der verdorrenden Kirche wieder aufzupfropfen?

Zunächst fanden sie geöffnete Türen in der östlichen Mark bei Herrn von Viebahn in Berneuchen und nahmen diesen Namen an. Die Patronatsordnung in diesem östlichen Missions- und Kolonisationsland des Reiches gab dem Gutsherrn und Kirchenpatron die Souveränität, Tagungen in Haus und Kirche zu beherbergen. Nach dem Tode von Viebahns trat Pätzig die Nachfolge an. Die Lebensfreundschaft zwischen Karl Bernhard Ritter und unserem Vater hatte schon vorher begonnen. Konnte man besser, als es durch diese Bewegung geschah, Rückgriff auf Tradition und Aufbruch zu etwas Neuem verbinden? Beides entsprach unseren Eltern. Seelische Verwurzelung und kämpferische Kraft konnten sich zusammentun.

Das Ärgernis in der evangelischen Kirche war natürlich groß, als diese Männer den lutherischen Gelehrten-Talar aus- und dafür weiße Gewänder und farbige Stolen anzogen. Sie sangen Psalmen nach gregorianischen Melodien, aber auf Deutsch. Sie stellten dem subjektiv, individualistisch und gefühlsbetont gewordenen Gottesdienst die Härte, Distanz und Tiefe mittelalterlicher Frömmigkeit entgegen. Die Überzeugungskraft und Glaubensstärke dieser Männer aber war groß genug, eine Gruppe frommer und gebildeter Menschen zusammenzubringen, die dieses Abenteuer wagten. Ja, sie gingen noch weiter und gründeten nach einigen Jahren die «Michaelsbruderschaft», eine lose Ordensgemeinschaft aus Geistlichen und Laien. Mit den langen schwarzen Chormänteln, die sie zum Gottesdienst trugen, bezeugten sie eine gewisse Anlehnung an die Ritterorden. Entscheidend aber war die österliche Freude, die mit ihnen in die Kirche einzog. Das Sakrament wurde so oft als möglich gefeiert. Es war von der obligatorischen Beichte gelöst, die sie sich persönlich gegenseitig abnahmen. Hauptziel war es, «die in ihrem Auftrag erlahmte Kirche wieder zu befreien» und den auferstandenen Herrn wieder in die Mitte zu rücken.

Die Brüderlichkeit zwischen Geistlichen und Laien und das ritterliche Element gefielen unserem Vater, unsere Mutter zog das Kämpferische an. Vor allem aber waren unsere Eltern voll großer freudiger Lernbereitschaft. Nicht nur als Gastgeber bezauberte unser Vater diese differenzierten Menschen. Seine Natürlichkeit und fast kindhafte Verbundenheit mit der Schöpfung brachte kreative Impulse. Zwar konnte er, wenn bei der «Deutschen Messe» die Lobgesänge kein Ende nahmen, einfach beteuern, daß er dabei «so herrlich dösen» könne, aber doch eröffnete ihm sein Schöpfungsverständnis Zugang zur Bedeutung der Form. Wenn jeder Kreatur Gottes ihre bestimmte Aussage eigen war, sollte es entsprechend nicht auch mit der «neuen Schöpfung» so zugehen? Mit Hilfe des Michaelsbruders Gerhard Langmaack gelang den Eltern der Umbau, der die Pätziger Kirche weit, hell und in leuchtenden Farben erstrahlen ließ.

Vor dem Krieg blieben die Berneuchener eine elitäre Minderheit. Danach erst sollten sie erleben, wie ihr Same aufging und fast alle erarbeiteten liturgischen Elemente in der ganzen evangelischen Kirche in dieser oder jener Form wieder Leben gewannen. Während aber zunächt der Abend sich über dem alten Deutschland senkte, feierten sie schon den hellen Morgenstern. Und während unsere heimatliche Welt auf ihren Untergang zu immer mehr zur Insel wurde, ging doch das lebendige Wort – das Brot und der Wein – niemals aus.

VII.

Lebensdaten von Hans von Wedemeyer

31.07.1888	geboren zu Schönrade/Neumark, als Sohn des Maximilian von Wedemeyer auf Schönrade/Neumark und Alice von Wedel auf Gerzlow/Neumark.
1908	Abitur in Freienwalde/Oder, dazwischen längere Unterbrechung durch Erkrankung und Aufenthalt in Palästina.
1908–1910	Studium in Heidelberg und Breslau, abschließend juristisches Examen als Referendar.
1910–1911	Praktische Forstlehre in Hochzeit/Neumark.
1911–1912	Praktische Landwirtschaftslehre in Charlottenhof/Neumark.
1913–1914	Soldatische Ausbildung und Beförderung zum Leutnant im 3. Garde-Ulanen-Regiment in Potsdam.
1914–1918	Kriegszeit an der Westfront und in Palästina.
18.10.1918	Verlobung mit Ruth von Kleist-Retzow aus Kieckow/Pommern.
17.11.1918	Hochzeit in Kieckow.
ab 1918	Gutsherr auf Rittergut Pätzig, Kreis Königsberg/Neumark, außerdem: Arbeit im Grundbesitzerverband, Gründung und Führung der Berufsständischen Arbeitsgemeinschaft im Kreis Königsberg sowie später für die Provinz Brandenburg, Aufbau und Führung des Rotwild-Jagdvereins, Aufbau und Führung des «Stahlhelms» im Kreis Königsberg, «Stahlhelm» aufgelöst und Führung niedergelegt im Frühjahr 1933.

03.03.1920	Geburt von Ruth-Alice in Pätzig
13.01.1922	Geburt von Maximilian in Pätzig
20.04.1924	Geburt von Maria in Pätzig
03.07.1927	Geburt von Hans-Werner in Pätzig
06.11.1929	Geburt von Christine in Pätzig
13.05.1932	Geburt von Werburg in Pätzig
17.11.1932	Beginn der politischen Zusammenarbeit mit Reichskanzler von Papen in Berlin.
31.01.1933	Chef der Reichsvizekanzlei bis zum Rücktritt im Mai 1933.
01.09.1935	Ankauf von Rittergut Klein-Reetz, Kreis Rummelsburg/Ostpommern.
19.01.1936	Geburt von Peter-Christian in Pätzig.
10.07.1936	Verleumdungsprozeß vor dem Ehrengerichtshof Berlin.
19./20.03. 1937	Berufungsverhandlung vor dem Reichsgericht aus Leipzig in Bad Schönfliess: Freispruch und Ehrenerklärung.
1938/39	Umbau der Pätziger Kirche.
15.07.1939	Hochzeit von Ruth-Alice und Klaus von Bismarck in der Pätziger Kirche.
01.09.1939	Eingezogen als Rittmeister der Ersatz-Reiterschwadron des 9. Reiter-Regiments Fürstenwalde.
ab Dez. 1939	Übernahme der Abteilung Feindnachrichten bei den Heeresgruppenstäben West-Mitte von Koblenz bis Paris und Ost-Süd bis Poltava.
31.07.1942	Meldung an die Front, Einsatz als Bataillons- und Regiments-Kommandeur beim Vormarsch auf Stalingrad.
22.08.1942	Gefallen bei Werchnij Gniloy nach dem Übergang über den Don.

Anmerkungen

1 Unabkömmlichkeits-Stellung, bedeutete die Befreiung vom Wehrdienst.
2 Franz von Papen, 1879–1969, 1918 Stabschef der türkischen vierten Armee in Palästina, von Juni bis November 1932 Reichskanzler als Nachfolger Brünings, seit Juli 1932 auch Reichskommissar für Preußen. Am 30.1.1933 Vizekanzler unter Hitler (bis Juli 1934) und erneut Reichskommissar für Preußen. Ende Juli 1934 ging Papen als Gesandter (1936 Botschafter) nach Wien. 1939–1944 war er Botschafter in der Türkei.
3 Spes Stahlberg geb. von Kleist-Retzow.
4 Einschließlich der Schwägerin Maria (Mieze) geb. von Diest.
5 Zuckerrübensirup.
6 Abzeichen.
7 Karl Bernhard Ritter, 1890–1968, Dr. theol., Dr. phil., Pfarrer 1922 in Berlin, 1925 Marburg, Kirchenrat 1946, Dekan 1952 Kirchenkreis Marburg, 1931 Begründer der Ev.Michaelsbruderschaft. Verschiedene Veröffentlichungen zur liturgischen Erneuerung und zum Gebet.
8 S. die entsprechenden Abschnitte in den «Erinnerungen an die Familie».
9 Klaus von Bismarck, geb. 1912, landwirtschaftliche Lehre, Teilnahme als Reserveoffizier im Zweiten Weltkrieg, danach Leiter des Jugendhofes Vlotho und des Sozialamtes der Evangelischen Kirche im Haus Villigst, Mitglied des Präsidiums des Evangelischen Kirchentages, 1961–1976 Intendant des WDR, 1977–1989 Präsident der Goethe-Institute. Verheiratet mit Ruth-Alice, geb. von Wedemeyer.
10 Zügel an der Gebißstange des Pferdes.
11 Kleine Insel.
12 Verwalter.
13 In kleine Abschnitte unterteilt.
14 Gerhard Langmaack, Mitglied des Arbeitsausschusses des Evangelischen Kirchenbautages (gegründet 1949), erstellte 1962 die Hamburger Hauptkirche St. Nikolai. Er veröffentlichte: Geschichte des Evangelischen Kirchenbaus im 19. und 20. Jahrhundert, Kassel 1971.
15 Eiszeit.
16 Unveräußerliches und unteilbares Familienvermögen; in der Regel Grundbesitz, der stets geschlossen in der Hand eines Familienmitgliedes blieb; nur der Ertrag stand zu freier Verfügung; als Gesetz 1939 aufgelöst.
17 Eine bezahlte Gruppe von Beifallklatschern.
18 Bund von Frontsoldaten, im Nov. 1918 durch Franz Seldte gegründete Vereinigung von Teilnehmern des Ersten Weltkriegs. 1919–1923 nahm der «Stahlhelm» an den Kämpfen der Freiwilligenverbände teil, seit 1924 Ausbau zu einer Organisation für Nichtkämpfer, die den Wehrgedanken pflegte, seit 1929 mit

den Nationalsozialisten und Deutschnationalen zur «Nationalen Opposition» (Harzburger Front) gehörend. 1933 wurde der «Wehr-Stahlhelm» (bis zum 35. Lebensjahr) in die SA eingegliedert, der «Stahlhelm» der alten Soldaten 1935 aufgelöst, 1951 Neugründung in bescheidenem Umfang.

19 Fabian von Schlabrendorff, 1907–1980 Jurist, deutscher Widerstandskämpfer, zusammen mit seinem Vetter Henning von Tresckow bei einem (nicht entdeckten) Attentatsversuch gegen Hitler beteiligt. Als der Volksgerichtshof dem nach dem 20.7.44 verhafteten von Schlabrendorff trotz Folterverhör nichts nachweisen konnte, befahl Himmler, ihn zu erschießen, doch es kam nicht mehr dazu (Lit.: ders., Offiziere gegen Hitler, Zürich 1946). 1967–1975 Richter am Bundesverfassungsgericht.

20 Zum folgenden vgl. die Erinnerungen des Neffen Hans v. Wedemeyers Alexander Stahlberg, Die verdammte Pflicht. Erinnerungen 1932 bis 1945, Frankfurt/M. 1987, S. 20ff.

21 Alfred Hugenberg, 1865–1951, Industrieller und Politiker (DNVP), 1909 bis 1918 Vorsitzender des Direktoriums der Fa. Krupp, seit 1916 Aufbau des Hugenberg-Konzerns (Scherl-Verlag, Ufa, Telegraphen-Union, Ala-Anzeigenunternehmen u.a.), dadurch großer Einfluß auf die öffentliche Meinung, als MdR (seit 1920, seit 1928 Vorsitzender der DNVP) bekämpfte er die Außenpolitik der Reichsregierungen, mit Hitler und anderen bildete er 1931 die Harzburger Front, nach der Machtübernahme Hitlers bis 26.6.1933 Wirtschafts- und Ernährungsminister.

22 Herbert von Bismarck, 1884–1955, Landrat, Reichstagsabgeordneter (DNVP), Staatssekretär im Preußischen Innenministerium unter Göring bis zu seinem Rücktritt März 1933. Verheiratet mit Maria von Kleist-Retzow.

23 Kurt von Schleicher, 1882–1934 (ermordet), General, enger Mitarbeiter von Seeckts, an der Vorbereitung des Kabinetts Brüning maßgeblich beteiligt, großer Einfluß auf Hindenburg, 1932 Reichswehrminister, 1932–1933 Reichskanzler, versuchte vergeblich, eine nationalsozialistische Regierungsbildung durch eine Spaltung der NSDAP zu verhindern.

24 Henning von Tresckow, 1901–1944, deutscher General, bekämpfte aus Abscheu vor den nationalsozialistischen Maßnahmen in Rußland das deutsche Regime und bereitete selbst mehrere Attentate auf Hitler (zusammen mit Fabian von Schlabrendorff) vor, nach dem 20.7.1944 Freitod an der Front. Gerd von Tresckow, Bruder von Henning, 1898–1944.

25 Preise bei Reit- und Fahrturnieren.

26 Metallhaken.

27 Die Mutter der Autorin, Ruth von Kleist-Retzow, hatte diese eingerichtet! Vgl. dazu die entsprechenden Ausführungen in den «Erinnerungen an die Familie».

28 Siehe S. 112ff.

29 Siehe S. 119ff.

30 Vgl. dazu S. 159ff und: Brautbriefe Zelle 92. Dietrich Bonhoeffer. Maria von Wedemeyer. 1943–1945, hg. v. Ruth-Alice von Bismarck und Ulrich Kabitz, München 1992.

31 Motorrad ohne Beiwagen.

32 Redensart: wie ein Pastor sprechen, d.h. predigen.

33 Zuerst abgedruckt in: Dietrich Bonhoeffer, Ges. Schriften Bd. IV, hg. v. Eber-

hard Bethge, 3. Aufl., München 1975, S.441–447 (ergänzte Fassung aus dem Familienarchiv).

34 Minderwertigkeitskomplex.

35 Henning von Tresckow, siehe Anm. 24.

36 Kamarilla (span.: «Kämmerchen»), urspr.: einflußreiche, intrigierende Hofpartei.

37 Hans-Jürgen von Kleist-Retzow, der älteste Sohn von Ruth von Kleist-Retzow.

38 Wilhelm Stählin, 1883–1975, lutherischer Theologe, 1926–1945 Professor für Praktische Theologie in Münster, 1945–1952 Bischof der Evangelisch-Lutherischen Landeskirche Oldenburg, wirkte als maßgeblicher Mitbegründer der Berneuchener und der Michaelsbruderschaft für die Erneuerung der lutherischen Kirche aus der altkirchlichen Liturgie.

39 Zuerst abgedruckt in: Dietrich Bonhoeffer, Ges. Schriften, Bd. VI, hg. v. Eberhard Bethge, München 1974, S. 572f (ergänzte Fassung aus dem Familienarchiv).

40 Zuerst abgedruckt in: Dietrich Bonhoeffer, Widerstand und Ergebung, Neuausgabe, 2. Aufl., München 1977, S. 276f (ergänzte Fassung aus dem Familienarchiv).

41 Eberhard Bethge, Dietrich Bonhoeffer. Theologe, Christ, Zeitgenosse, 4. Aufl., München 1978, S. 1044.

42 A.a.O., S. 1041.

43 Das Gut der Familie von Tresckow.

44 Fabian von Schlabrendorff, siehe Anm. 19.

45 Einjährige Kuh, die noch nicht gekalbt hat.

46 Das Rettungshaus wurde als geschlossene Besserungsanstalt für verwahrloste Jugendliche im 19. Jahrhundert von Hans-Hugo von Kleist-Retzow, dem Großvater der Autorin, in Kieckow erbaut.

47 Superintendent.

Familie v. Kleist-Retzow, Kieckow

Jürgen v. Kleist-Retzow, Kieckow 1854–1897 ∞ Ruth, Gräfin v. Zedlitz und Trützschler, Großenborau 1867–1945

- 1886–1969 Hans Jürgen (Haji) ∞ Maria (Mieze) v. Diest
  - 1914–1924 Ferdinande (Fernande)
  - 1919– Konstantin
  - 1921–1941 Jürgen Christoph
  - 1923–1941 Hans Friedrich
  - 1926– Ruth (Ruthe) ∞ Heinrich Graf Pourtales
  - 1927– Elisabeth (Elli) ∞ Herbert Sittig
  - 1929– Heinrich ∞ Eva Freiin v. Tiele-Winckler
- 1888–1973 Spes (Pessi) ∞ Walter Stahlberg
  - 1909– Ruth Roberta (Raba) Heckscher ∞ Helmut Ripke
  - 1912– Alexander (Alla) ∞ 1. Alice (Ali) v. Wedemeyer 2. Friederike v. Hagen 3. Irmgard Freiin v. Reitzenstein
  - 1914–1987 Hans Conrad ∞ 1. Maria v. Lösch 2. Anja Termer
- 1891–1917 Konstantin
- 1893–1979 Maria (Tamee) ∞ Herbert v. Bismarck, Lasbeck
  - 1914– Luitgarde ∞ Fabian v. Schlabrendorff
  - 1916–1993 Jürgen ∞ Helga Gräfin v. d. Goltz
  - 1919–1940 Hans Otto
  - 1922– Spes ∞ Hans-Dietrich Pompe
  - 1925–1926 Maria
  - 1927–1929 Herbert
  - 1930– Gottfried ∞ Christine Kaderhandt
  - 1934 Fritz Christoph ∞ 1. Viola Niederstrasser-Grochocki 2. Katharina Filter
- 1897–1985 Ruth ∞ Hans v. Wedemeyer, Pätzig
  siehe unter Familie v. Wedemeyer, Pätzig

Familie v. Wedemeyer, Schönrade

Maximilian v. Wedemeyer, Schönrade 1853–1905 ∞ Alice (Omchen) v. Wedel, Gerzlow 1858–1928

- 1882–1972 Clara (Rusche) ∞ Siegfried Freiherr v. Rotenhan
  - 1903–1989 Marline ∞ Heinz Oskar Reschke
  - 1907– Hedwig (Hesi) ∞ Dietrich (Dietz) Freiherr Truchseß v. Wetzhausen
  - 1914–1964 Bertha (Tichter) ∞ Otto Boltze
  - 1917–1993 Gottfried ∞ Elisabeth (Bitha) Freiin v. Thüngen
- 1883–1965 Anna (Anne) ∞ Hans v. Klitzing, Charlottenhof
  - 1904–1945 Werner ∞ Ingrid v. Rodewald
  - 1906–1979 Anne-Marie (Mike) ∞ Leonhard v. Zabeltitz
  - 1909– Renate ∞ Erwin Frank-Schultz
  - 1911–1944 Joachim
  - 1915–1941 Gebhard
  - 1917– Hildegard (Hilde) ∞ Karl v. Hopffgarten-v. Laer
- 1884–1945 Friederike ∞ Karl v. Laer, Oberbehme
  - 1912– Annette ∞ Hans Reschke
  - 1914–1993 Otto ∞ Elisabeth v. Kleist
  - 1916–1979 Maximiliane (Maxa)
- 1886–1945 Franz-Just ∞ Erica v. Schuckmann
  - 1914–1965 Marita ∞ Reinhardt Freiherr v. Woolworth-Lauterberg, Hohenroden
  - 1916– Alice (Ali) ∞ 1. Reinhardt v. Dötinchen de Ronde; 2. Alexander Stahlberg
  - 1917–1943 Maximilian-Georg
  - 1919– Veronica ∞ 1. Oskar v. Dewitz; 2. Helmut Hoppe; 3. Bruno Zechell
  - 1921–1976 Hans-Hubertus (Fenn) ∞ 1. Juliane Freiin v. Thüngen; 2. Eva-Maria Seeland

1888–1942 ├ Hans ∞ Ruth v. Kleist, Retzow
siehe unter Familie v. Wedemeyer, Pätzig
1891–1917 └ Werner

Familie v. Wedemeyer, Pätzig

Hans v. Wedemeyer, Pätzig und Klein Reetz, 1888–1942, s. unter Familie v. Wedemeyer, Schönrade ∞ Ruth v. Kleist-Retzow, Kieckow, 1897–1985, s. unter Familie v. Kleist-Retzow, Kieckow

1920– ├ Ruth-Alice ∞ Klaus v. Bismarck, Kniephof und Jarchlin
- 1941– ├ Gottfried ∞ 1. Karen Abegglen
  - 1971– └ Alexander (Sascha)

  ∞ 2. Stephanie Sedlmeier
  - 1985– └ Amanda
- 1943–1990 ├ Hans ∞ Cornelie v. Schwerin
  - 1975– ├ Ines
  - 1979– └ Andreas
- 1945– ├ Klaus ∞ Gertrud (Gerti) Lindners
  - 1975– ├ Max
  - 1979– ├ Anna Sophia
  - 1987– └ Nikolaus
- 1947– ├ Ernst ∞ Cornelia v. Hase
  - 1982– ├ Leopold
  - 1984– ├ Marie
  - 1986– └ Coraly
- 1948– ├ Friedrich (Frieder) ∞ Magdalena Kiepenheuer
  - 1980– ├ Jonas
  - 1983– ├ Julius

- 1950– Christian (Chrischi) ∞ Carola Rothe
  - 1990– Olga
  - 1992– Aljoscha
- 1952– Thomas
- 1959– Maria
  - 1991– Leonie

1922–1942 Maximilian (Max)

1924–1977 Maria – vormals verlobt mit Dietrich Bonhoeffer
∞ 1. Paul Werner Schniewind / 2. Barton Weller
- Christopher (Chris)
- Paul Weller

1927– Hans Werner (Sönner) ∞ Maria Theresia (Thea) Hagspiel
- 1959– Ruth Alice
- 1960– Hans Georg ∞ Margret Tervoort
  - 1992– Christopher Justus
- 1963– Gerd ∞ Dagmar Bracke

1929– Christine (Ina) ∞ Robert (Bob) Beshar
- 1956– Cornelia (Conni) ∞ Robert (Bob) Spring
  - 1989– Hayette
  - 1990– Peter
- 1951– Jacky ∞ Jones Scott
  - 1989– Elisabeth (Lizzy)
  - 1991– Madeline (Maddy)
- 1958– Friedericia (Fritz) ∞ Peter Lehner
  - 1987– Nadine
  - 1988– Eliza
  - 1991– Marina
- 1961– Peter Justus ∞ Sarah Jones
  - 1992– Isabel

1932– Werburg (Lala) ∞ Klaus Doerr
- 1957– Elisabeth (Lilla) ∞ Christoph Korenke
  - 1988– Ruben
  - 1990– Jonas
  - 1992– David

1958– Hans Henning ∞ Christine Meyer

- 1989– Friederike

1959– Anne ∞ Bertram v. Moltke

- 1992– Maximilian

1960– Maria ∞ Christian v. Lenthe

- 1990– Alexander
- 1992– Sophie

1962– Johanna ∞ Fritz Freiherr v. Hammerstein

- 1988– Jasper
- 1989– Christian

1971 Clemens

1936– Peter-Christian ∞ Heidi Diehl

- 1968– Christian
- 1970– Friederike (Frieda)

0
65 km
N
DK
Ostsee
Nordsee
NL
Hamburg
Bremen
BUNDESREP.
Hannover
Oberbehme
Herford
Weser
Elbe
Magdeburg
Bad Sachsa
Göttingen
Essen
Dortmund
Duisburg
Düssel-
dorf
Köln
Bonn
DEUTSCHLAND
Bundorf
Coburg
Rentweinsdorf
Frankfurt
Main
Bamberg
Rhein
Leipzig
Dresden
Berlin
Neu-
brandenburg
Templin
Angermünde
Hohenfinow
Oder
Küstrin
Frankfurt/O.
Fürstenwalde
Neiße
Stettin
(Szczeczin)
Finkenwalde
Stargard
Pommern
Pomorze
Kolberg
Köslin
(Koszalin)
Klein Reetz
Belgard
Bublitz
Rummelsburg
(Miastko)
Grüssow
Klein Krössin
Kieckow
Kniephof
Schievelbein
(Swidwin)
Villnow
Lasbeck
Labes
(Lobes)
Schönrade
(Sieroty)
Landsberg
(Gorzów)
Schneidemühl
Bromberg
(Bydgoszcz)
Thorn
(Torun)
Danzig
(Gdánsk)
Allenstein
(Olsztyn)
Weichsel
Posen
(Poznan)
POLEN
Warthé
Oder
Breslau
(Wroclaw)
TSCHECHISCHE
REPUBLIK
Prag
Pilsen
Bad Schönfliess
(Trzcinsko Zdnig)
Stolzenfelde
(Stoleczna)
Königsberg
(Chojna)
Rohrbeck
(Kolki)
Pätzig
(Piazesno)
Hohenwartenburg
Babin
Wartenberg
(Chelm Dolny)
Warnitz
(Warnice)
Berneuchen
(Barnówko)
Neudamm
(Debno)
Charlottenhof
© 1993 Elsner&Schichor

Personenregister

Nicht aufgeführt sind Hans v. Wedemeyer und die Autorin, seine Ehefrau Ruth geb. v. Kleist-Retzow, und die Personen aus Lebenslauf und Stammbäumen.